高等职业教育财务会计类专业创新教材

RPA财务机器人开发与应用

RPA CAIWU JIQIREN
KAIFA YU YINGYONG

周彦　牟平　主编

张楚　王燕　任玉　副主编

东北财经大学出版社
Dongbei University of Finance & Economics Press
大连

图书在版编目（CIP）数据

RPA财务机器人开发与应用 / 周彦，牟平主编. —大连：东北财经大学出版社，2025.1.—（高等职业教育财务会计类专业创新教材）. —ISBN 978-7-5654-5538-4

Ⅰ.F275；TP242.3

中国国家版本馆CIP数据核字第2024XK7527号

东北财经大学出版社出版

（大连市黑石礁尖山街217号　邮政编码　116025）

网　址：http://www.dufep.cn

读者信箱：dufep@dufe.edu.cn

大连图腾彩色印刷有限公司印刷　东北财经大学出版社发行

幅面尺寸：185mm×260mm　字数：297千字　印张：13.5

2025年1月第1版　2025年1月第1次印刷

责任编辑：王天华　赵宏洋　责任校对：那　欣

封面设计：原　皓　版式设计：原　皓

定价：38.00元

教学支持　售后服务　联系电话：（0411）84710309

如有印装质量问题，请联系营销部：（0411）84710711

前　言

随着人工智能和大数据技术的不断发展，会计的智能化转型正在如火如荼地开展。财务机器人是一种结合了人工智能技术、自动化技术和数据分析技术的智能机器人，可以根据预设的规则和程序执行各种财务工作，财务机器人的出现不仅改变了财务工作的执行方式，也对会计人员的职业发展和能力要求产生了深远影响。

为顺应会计改革，越来越多的院校已经将财务机器人课程纳入课程体系。本课程团队携手财智未来（山东）教育科技有限公司，依托云账房自研的RPA软件AutoWork，通过需求—分析—设计—开发—测试—上线的真实企业RPA开发流程，完成六大常见财务会计类业务场景的自动化流程设计与开发。

本教材具有以下特色：

1.德技并修。党的二十大报告指出："全面贯彻党的教育方针，落实立德树人根本任务，培养德智体美劳全面发展的社会主义建设者和接班人。"为了贯彻党的二十大精神，全面落实立德树人根本任务，本教材开设"启思悟理"专栏，引导学生理解并践行党的二十大报告提出的"六个必须坚持"以及财政部印发的"三坚三守"会计职业道德规范，将素质教育融入专业学习中，在讲述财务机器人开发过程中，引导学生遵守法律法规、职业道德，坚持问题导向、系统观念，追求精益求精、开拓创新，注重"传授知识"和"立德树人"无缝对接，旨在为发展新质生产力、推动高质量发展培养智慧财经人才。

2.据实开发。本教材包括六个典型机器人的开发与设计项目，业务场景均取材于企业实际业务，将费用报销、发票审核等日常工作中业务量大、流程简单、易于标准化处理的工作由机器人来完成，最大限度地贴近企业实际需求，让学生直观感受机器人的工作效率，深切体会会计数智化转型的效果。

3.体例新颖。本教材借助五星教学模式，每个项目都包括层层递进的五个阶段，即聚焦问题、激活旧知、示证新知、尝试应用和融会贯通，把复杂的开发任务逐层分解，渐进展开，六个项目过程重复，难度递增，经过六个项目的循环、强化，学生可逐步掌握开发技术，实现独立开发机器人，充分激发学生的求知欲和探索精神。

4.课赛融合。顺应"智能财务"需求，财务机器人成为近几年会计领域的研究热点，相关的赛项也竞争激烈。"以赛促学"，将竞赛项目引入教材，每个项目的技能检测都源自竞赛赛题，通过设计竞赛项目的实施过程取得实践经验，激发学生的学习潜力，提高分析问题、解决问题和创新实践等能力。

本教材由山东商业职业技术学院周彦、牟平担任主编，山东商业职业技术学院张楚、王燕、任玉担任副主编，财智未来（山东）教育科技有限公司总经理张永娟审定。特别感谢财智未来（山东）教育科技有限公司提供练习平台及丰富的课程教学资源。

本教材在编写过程中参阅、借鉴了一些相关教材、著作和网络资源，在此对相关作者表示诚挚的感谢。由于编者水平和实践经验有限，书中不足之处在所难免，敬请读者批评指正。

编　者

2024年11月

教材使用说明

一、项目过程管理

作为一门设计开发课程，学生需要对要开发的任务有清晰的认知才能开发出满足需要的机器人。为方便教学实施，引导教、学、做一体化，教材中遵循学生认知规律，设置了任务过程管理表格。在聚焦问题阶段，提出问题后，引导学生填写“任务初认知表格”，此时学生因为缺乏工作经验及相关专业知识，而要解决的问题都是实际工作中面临的难点、痛点，学生对于问题的认识往往是不足的或者是片面的；在激活旧知阶段和示证新知阶段，老师引导学生复习已有知识技能，学习新的知识技能，在这个过程中，学生对任务的认知逐渐清晰，填写并不断修正“任务再认知表格”；在尝试应用阶段，学生通过亲自动手开发设计一些小的案例，逐渐形成问题解决思路，明确任务清单，填写“任务确认单”；在融会贯通阶段，可以开展小组讨论、头脑风暴，充分激发学生的创新能力，随着任务的实施，项目要解决的问题逐步得到处理，学生不断验证任务方案的优劣，填写“任务评价表”，并请同学及老师作出评价。设计没有标准答案，但有优劣之分，同学们可以在相互评价中，获取灵感，不断修正，争取更优，培养学生创新进取的优良品质。

二、配套开发文件下载

教材中开发任务需要的背景材料、相关的机器人流程参考答案，以及技能测试中的下载资料可以登录东北财经大学出版社网站（http://www.dufep.cn）免费下载。

目　录

项目一

费用审核机器人应用开发

项目一
电子课件

素养目标

1. 培养学生工作流程标准化的职业素养。
2. 培养学生逻辑思维能力。
3. 培养学生坚持准则、守责敬业的职业道德。

技能目标

1. 能够熟练运用AutoWork的基本功能。
2. 能够熟练运用AutoWork的条件分支、循环语句以及字符串组件。
3. 能够综合运用AutoWork的各项组件完成费用审核机器人的开发。

知识目标

1. 了解RPA的功能及特点。
2. 掌握AutoWork中常用变量、数据类型以及运算符。
3. 掌握AutoWork中条件分支、循环语句以及字符串组件。

第一阶段 聚焦问题

一、问题导入

W公司有严格的财务报销制度，费用报销会计每天要处理大量的报销单据，认真核对每一张单据的金额是否在公司的报销标准内，审核工作量非常大，而且技术含量非常低。本项目以员工差旅费报销为例，探讨如何通过设计RPA财务机器人帮助费用报销会计高效准确地完成报销单据审核工作。

【任务要求】设计费用审核机器人，审核员工提交的三张差旅费报销单据中的金额是否符合报销要求，输出不符合报销标准的数据。

公司差旅费报销标准见表1-1，差旅费报销单见表1-2、表1-3和表1-4。

表1-1 公司差旅费报销标准

地区	北京、上海、广州、深圳		其他地区		出差补助
类别	住宿费	市内交通费	住宿费	市内交通费	
标准	500元/间/天	200元/人/天	300元/间/天	100元/人/天	80元/人/天

表1-2 差旅费报销单-1

部门：销售部　　2024年 9月 12 日　　单位：元

项 目	金 额		
交通费	308.00	出差时间：2024年9月10日至9月11日共2天	
住宿费	550.00	出差地点：青岛	
市内交通费	220.00	出差事由：联系业务	
补助费	160.00		
其他		部门负责人（签字）**	财务主管（签字）**
合 计	1 238.00		
各项支出总计（大写）壹仟贰佰叁拾捌元整			结算人（签字）**

表1-3 差旅费报销单-2

部门：销售部　　2024年 9月 20 日　　单位：元

项 目	金 额		
交通费	422.00	出差时间：2024年9月17日至9月19日共3天	
住宿费	1 580.00	出差地点：北京	
市内交通费	576.00	出差事由：联系业务	
补助费	240.00		
其他		部门负责人（签字）**	财务主管（签字）**
合 计	2 818.00		
各项支出总计（大写）贰仟捌佰壹拾捌元整			结算人（签字）**

表1-4　差旅费报销单-3

部门：销售部　　2024年9月28日　　单位：元

项目	金额		
交通费	734.00	出差时间：2024年9月25日至9月27日共3天	
住宿费	830.00	出差地点：苏州	
市内交通费	280.00	出差事由：联系业务	
补助费	240.00	部门负责人（签字） **	财务主管（签字） **
其他			
合计	2 084.00		
各项支出总计（大写）贰仟零捌拾肆元整			结算人（签字） **

二、问题分析

第一步，报销人员发起报销申请，提供发票、凭证等原始单据。

第二步，主管领导核对金额是否正确，单据是否齐全，费用是否超支等。

第三步，费用会计核查发票、凭证、单据信息是否合规。

第四步，费用会计审核通过后进行账务处理。

员工费用报销审核业务流程如图1-1所示。

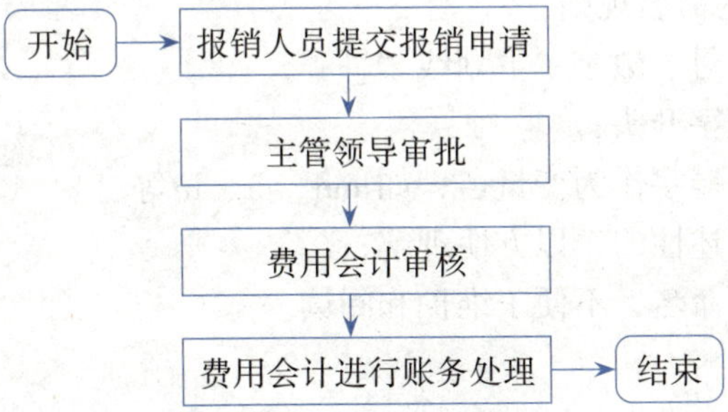

图1-1　员工费用报销流程

三、阶段小结

引导学生模拟员工费用审核过程，分析要完成的主要任务，梳理相关知识、技能储备，针对需要完成的任务，创新性地提出可能的解决方案，填写费用审核机器人开发任务初认知表格（见表1-5）。

表1-5　费用审核机器人开发任务初认知表格

总体目标	
工作流程	
主要任务	
任务难点	
解决思路	
知识、技能储备	

第二阶段　激活旧知

一、AutoWork产品结构

AutoWork是云帐房网络科技有限公司的RPA产品，该产品主要包含设计端、执行端、管理端三大模块，为机器人的生产、执行、分配提供了良好的载体。

管理端，即管理机器人又称管理者，主要包括需求管理、机器人管理、执行计划管理等。

设计端，即生产机器人又称设计者，可提供可视化的拖拽组件让流程开发者以流程图方式设计流程，同时支持智能元素识别、机器人调试等功能。

执行端，即执行机器人又称执行者，具有无人值守自动化运行方式、智能辅助半自动化运行方式和网页、桌面、软件自动化等执行方式。

二、变量

变量是对某个数据内容、表达式、控件的运行结果进行存储，是数据传递的“盒子”，扮演着重要的数据传递角色。通过三个元素描述变量：变量名、变量类型及变量值。

AutoWork中变量的命名规则：

1.名称只能包含字母、数字、下划线“_”；

2.变量名不能以数字开头；

3.不能使用内置关键字作为变量名，如and、or、in等；

4.变量名应该是描述性的，以方便理解；

5.不建议使用中文命名，不便于维护和阅读。

三、数据类型

变量的存储讲究“分门别类”。AutoWork中的数据类型包括数值型与非数值型两种，数值型数据主要是指整数型数据、非整数型数据；非数值型数据包括字符串型数据（str）、布尔型数据（boolean）、列表型数据（list）和字典型数据（dic）。

AutoWork中不同数据类型变量的设置见表1-6。

表1-6　**数据类型设置说明**

常见数据类型	含义	AutoWork中的变量表示
string/str（字符串）	表示存储一串文本字符	name='月亮'
Int（整数）	表示存储整数	year=365
Float（浮点数）	表示存储小数	price=8.5
Boolean（布尔型）	表示存储逻辑真、假数据，用True、False表示	a=True b=False

续表

常见数据类型	含义	AutoWork中的变量表示
List（列表）	表示存储一系列元素的集合，元素可以是字符串、整数等各种类型	data=['RPA','财务',1,2]
Dic（字典）	表示存储由键值对组成的一系列元素	exam={'subject':'数学','score':95}

四、运算符

AutoWork中常用的运算符有算术运算符和关系运算符两种。

（一）算术运算符

算术运算符用于计算两个数值型数据的数学运算，基本的算术运算符包含加、减、乘、除四类。基本的算术运算符见表1-7。

表1-7　**基本的算术运算符**

算术运算符	含义
+	两个数相加，或是字符串连接
-	两个数相减
*	两个数相乘，或是返回一个重复若干次的字符串
/	两个数相除，结果为浮点数（小数）

（二）关系运算符

算术运算符用于计算两个数值型数据的数学运算，那我们如何判断两个物体的高低、大小、长短呢？我们可以使用关系运算符，常用的关系运算符有>、<、==、!=、>=、<=。常用的关系运算符见表1-8。

表1-8　**常用的关系运算符**

关系运算符	示例	功能
>	a>b	a大于b时返回真；否则返回假
<	a<b	a小于b时返回真；否则返回假
==	a==b	a等于b时返回真；否则返回假
!=	a!=b	a不等于b时返回真；否则返回假
>=	a>=b	a大于等于b时返回真；否则返回假
<=	a<=b	a小于等于b时返回真；否则返回假

五、条件语句

条件语句是一种流程控制语句，主要用于判断。如果满足条件，则执行下面的语句；如果不满足条件，则执行另外的语句，或者什么也不执行。AutoWork中的条件语句通过条件分支组件实现。

条件分支组件功能：如果条件成立，则执行为真的组件块，否则执行为假的组件块。

条件分支的属性描述见表1-9。

表1-9 条件分支的属性描述

名称	默认值	描述
判断表达式	True	如果条件成立，则执行为真的组件块，否则执行为假的组件块

六、循环语句

循环语句也是一种流程控制语句，表示某个操作一直重复执行的过程。循环结构是由循环条件和循环操作构成的，当满足循环条件时，执行循环操作；当不满足循环条件时，循环中止。

在AutoWork中常用的循环语句有计次循环、条件循环、遍历列表和遍历字典等。

（一）计次循环

功能描述：循环执行组件块n次。

计次循环的属性描述见表1-10。

表1-10 计次循环的属性描述

名称	默认值	描述
循环次数	1	表示循环的次数
循环因子	i	循环变量，表示循环执行到第i次
初始值	0	循环初始的位置
循环步长	1	循环变量每次增加或减少的量

（二）条件循环

功能描述：当条件为真时，循环执行组件块中的组件，直到条件为假时退出循环。

条件循环的属性描述见表1-11。

表1-11 条件循环的属性描述

名称	默认值	描述
判断表达式	True	当条件为真时，循环执行组件块中的组件，直到条件为假时退出循环，可以使用【跳出循环】组件跳出循环

（三）遍历列表

功能描述：依次遍历列表中的每一项，每次将该项赋值给一个变量供用户在该组件块中使用，该变量在组件块外是无效的。

遍历列表的属性描述见表1-12。

表1-12　遍历列表的属性描述

名称	默认值	描述
列表项（变量）	value	必须为变量，每次遍历，列表中的项都赋值给该变量
列表		需要遍历的列表

（四）遍历字典

功能描述：依次遍历字典中的键，键赋值给一个变量，该键对应的值赋值给另一个变量，这些变量在组件块外是无效的。

遍历字典的属性描述见表1-13。

表1-13　遍历字典的属性描述

名称	默认值	描述
键（变量）	key	必须为变量，每次遍历，键都赋值给该变量
值（变量）	value	必须为变量，每次遍历，值都赋值给该变量
字典		需要遍历的字典

七、字符串组件

AutoWork中的字符串组件包含：替换字符串、将字符串转为大写、将字符串转为小写、获取字符串长度、查找字符串、倒序查找字符串、颠倒文字、获取字符、字符串比较、分割字符、合并字符、获取左侧字符串、获取右侧字符串、获取中间字符串、创建字符串、抽取指定位置字符、字符剪裁、取ASCII代码、取ASCII字符、转为数字、是否转为数字、数字转为字符串等组件。

（一）替换字符串

功能描述：将源字符串中的指定字符换为新字符串，并返回替换后的字符串。

替换字符串的属性描述见表1-14。

表1-14　替换字符串的属性描述

名称	默认值	描述
目标字符串	''	目标字符串
查找内容	''	查找要替换的字符串
替换内容	''	替换的新字符串
输出到	sRet	将替换的字符串输出到变量sRet

（二）将字符串转为大写

功能描述：将字符串中的所有字符转换为大写字母。

将字符串转为大写的属性描述见表1-15。

表1-15 将字符串转为大写的属性描述

名称	默认值	描述
目标字符串	''	目标字符串
输出到	sRet	将转为大写的字符串输出到变量sRet

（三）将字符串转为小写

功能描述：将字符串中的所有字符转换为小写字母。

将字符串转为小写的属性描述见表1-16。

表1-16 将字符串转为小写的属性描述

名称	默认值	描述
目标字符串	''	目标字符串
输出到	sRet	将转为小写的字符串输出到变量sRet

（四）获取字符串长度

功能描述：获取字符串的长度。

获取字符串长度的属性描述见表1-17。

表1-17 获取字符串长度的属性描述

名称	默认值	描述
目标字符串	''	目标字符串
输出到	iRet	将字符串的字符个数输出到变量iRet

（五）查找字符串

功能描述：在字符串内查找指定的字符串，返回查找到的第一个字符串位置，如果没有找到，返回-1。

查找字符串的属性描述见表1-18。

表1-18 查找字符串的属性描述

名称	默认值	描述
目标字符串	''	目标字符串
查找内容	''	查找指定的字符串
开始查找位置	0	从0开始查找
区分大小写	否	是否区分字母的大小写
输出到	iRet	将查找到的第一个字符串位置输出到变量iRet

（六）倒序查找字符串

功能描述：在字符串内倒序查找指定的字符串，返回查找到的第一个字符串位置，如果没有找到，返回-1。

倒序查找字符串的属性描述见表1-19。

表1-19 倒序查找字符串的属性描述

名称	默认值	描述
目标字符串	''	目标字符串
查找内容	''	查找指定的字符串
开始查找位置	0	从0开始查找
区分大小写	否	是否区分字母的大小写
输出到	iRet	将查找到的第一个字符串位置输出到变量iRet

（七）颠倒文字

功能描述：使字符串逆向排列。

颠倒文字的属性描述见表1-20。

表1-20 颠倒文字的属性描述

名称	默认值	描述
目标字符串	''	目标字符串
输出到	sRet	将逆向排列的字符串输出到变量sRet

（八）获取字符

功能描述：获取字符串指定位置的字符。

获取字符的属性描述见表1-21。

表1-21 获取字符的属性描述

名称	默认值	描述
目标字符串	''	目标字符串
获取位置	0	获取指定的位置
输出到	sRet	将获取的指定位置的字符输出到变量sRet

（九）字符串比较

功能描述：对两个字符串进行比较，字符串相同时返回True，否则返回False。

字符串比较的属性描述见表1-22。

表1-22 字符串比较的属性描述

名称	默认值	描述
字符串一	''	字符串一
字符串二	''	字符串二
不区分大小写	是	是否区分比较的两个字符串字母的大小写
转为数字比较	否	是否将字符串转为数字比较
输出到	bRet	将字符串比较结果输出到变量bRet

（十）分割字符

功能描述：使用特定分隔符将字符串分割为数组。

分割字符的属性描述见表1-23。

表1-23 分割字符的属性描述

名称	默认值	描述
目标字符串	''	目标字符串
分隔符	'|'	指定分割的字符
输出到	arrRet	将字符串分割为数组输出到变量arrRet

（十一）合并字符

功能描述：将两个字符串合并成一个字符串。

合并字符的属性描述见表1-24。

表1-24 合并字符的属性描述

名称	默认值	描述
字符串一	''	字符串一
字符串二	''	字符串二
输出到	sRet	将合并后的字符串输出到变量sRet

（十二）获取左侧字符串

功能描述：获取左侧字符串。

获取左侧字符串的属性描述见表1-25。

表1-25 获取左侧字符串的属性描述

名称	默认值	描述
目标字符串	''	目标字符串
截取长度	1	从字符串左侧开始截取字符长度
输出到	sRet	将截取字符串输出到变量sRet

（十三）获取右侧字符串

功能描述：获取右侧字符串。

获取右侧字符串的属性描述见表1-26。

表1-26　获取右侧字符串的属性描述

名称	默认值	描述
目标字符串	''	目标字符串
截取长度	1	从字符串右侧开始截取字符长度
输出到	sRet	将截取字符串输出到变量sRet

（十四）获取中间字符串

功能描述：获取中间字符串。

获取中间字符串的属性描述见表1-27。

表1-27　获取中间字符串的属性描述

名称	默认值	描述
目标字符串	''	目标字符串
截取位置	0	截取字符串的位置
截取长度	1	截取字符长度
输出到	sRet	将截取字符串输出到变量sRet

（十五）创建字符串

功能描述：创建一定数量的字符串。

创建字符串的属性描述见表1-28。

表1-28　创建字符串的属性描述

名称	默认值	描述
字符数量	1	创建字符串的数量
要创建的字符	''	要创建的字符
输出到	sRet	将创建的字符串输出到变量sRet

（十六）抽取指定位置字符

功能描述：从字符串中抽取指定位置开始到指定位置结束的字符。

抽取指定位置字符的属性描述见表1-29。

表1-29　抽取指定位置字符的属性描述

名称	默认值	描述
目标字符串	''	目标字符串
开始位置	0	截取字符串开始的位置（包含）
结束位置	0	截取字符串结束的位置（不包含）
输出到	sRet	将截取的字符串输出到变量sRet

（十七）字符裁剪

功能描述：删除指定字符串左侧、右侧或两侧的特定字符。

字符裁剪的属性描述见表1-30。

表1-30　字符裁剪的属性描述

名称	默认值	描述
目标字符串	''	目标字符串
裁剪字符	''	裁剪字符
裁剪位置	左侧	选择裁剪字符的左侧、右侧或两侧
输出到	sRet	将裁剪的字符串输出到变量sRet

（十八）取ASCII代码

功能描述：获取指定字符的ASCII代码。

取ASCII代码的属性描述见表1-31。

表1-31　取ASSCII代码的属性描述

名称	默认值	描述
对应字符	'A'	对应字符
输出到	sRet	将获取的指定字符的ASCII代码输出到变量sRet

（十九）取ASCII字符

功能描述：获取指定ASCII代码的对应字符。

取ASCII字符的属性描述见表1-32。

表1-32　取ASCII字符的属性描述

名称	默认值	描述
对应ASCII码	65	对应ASSCII码，输入0～255的整数
输出到	sRet	将获取的指定ASCII代码的对应字符输出到变量sRet

（二十）转为数字

功能描述：将字符串转化为整数或小数。

转为数字的属性描述见表1-33。

表1-33　转为数字的属性描述

名称	默认值	描述
目标字符串	''	目标字符串
数字类型	整数	选择整数或小数
输出到	bRet	将转化为整数或小数的字符串输出到变量bRet

（二十一）是否转为数字

功能描述：判断字符串是否可以转化为整数或小数。

是否转为数字的属性描述见表1-34。

表1-34　是否转为数字的属性描述

名称	默认值	描述
目标字符串	''	目标字符串
数字类型	整数	选择整数或小数
输出到	bRet	将判断结果输出到变量bRet

（二十二）数字转为字符串

功能描述：将数值型数据转换为字符串。

数字转为字符串的属性描述见表1-35。

表1-35　数字转为字符串的属性描述

名称	默认值	描述
目标数字	0	需要转化为字符串的数字
输出到	bRet	将转化后的字符串输出到变量bRet

八、列表组件

AutoWork中的列表组件包含：创建一个新列表、查找元素、在列表末尾添加元素等。

（一）创建一个新列表

功能描述：创建一个新列表。

创建一个新列表的属性描述见表1-36。

表1-36 创建一个新列表的属性描述

名称	默认值	描述
输出到	lRet	将创建的新列表输出到一个指定变量（lRet）

（二）查找元素

功能描述：根据下标获取目标列表中元素。

查找元素的属性描述见表1-37。

表1-37 查找元素的属性描述

名称	默认值	描述
目标列表	[ ]	目标列表,列表使用[ ]括起来,元素间用逗号隔开
位置序号	0	返回列表中第n个元素，下标从0开始
输出到	sRet	将查找列表的元素输出到变量sRet

（三）在列表末尾添加元素

功能描述：在列表末尾添加元素。

在列表末尾添加元素的属性描述见表1-38。

表1-38 在列表末尾添加元素的属性描述

名称	默认值	描述
目标列表	[ ]	目标列表，列表使用[ ]括起来，元素间用逗号隔开
元素		要插入的元素

九、字典组件

AutoWork中的字典组件包含创建字典、获取字典的值等。

（一）创建字典

功能描述：创建一个字典并保存到一个变量当中。

创建字典的属性描述见表1-39。

表1-39 创建字典的属性描述

名称	默认值	描述
输出到	dictRet	将创建的字典输出到变量dictRet

（二）获取字典的值

功能描述：根据键，获取字典的值，键不存在时返回默认值。

获取字典的值的属性描述见表1-40。

表1-40　获取字典的值的属性描述

名称	默认值	描述
目标字典	{ }	字典使用{ }括起来
字典的键		字典的键
默认值		如果没有找到该键，则返回默认值
输出到	dictValue	将字典的值输出到变量dictValue

十、阶段小结

引导学生根据对所学组件的初步认知，尝试分析这些组件的用途，选择在解决员工差旅费报销任务过程中可能用到的组件，修正、补充费用审核机器人开发任务初认知表格。

第三阶段　示证新知

一、运算符的应用

微课

运算符的应用

【例1-1】W公司管理部门固定资产原值为500 000元，预计使用年限为5年，预计净残值率为4%，按年限平均法计提折旧。请在AutoWork中设计自动化流程实现年折旧额的计算。

【RPA实现】如图1-2所示。

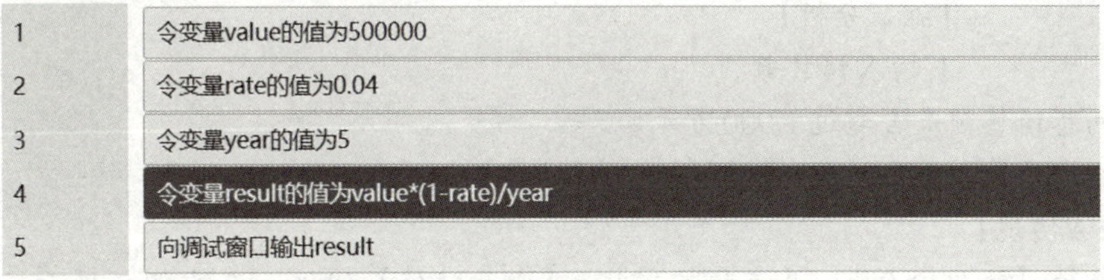

图1-2　例1-1的RPA实现流程

【RPA运行结果】如图1-3所示。

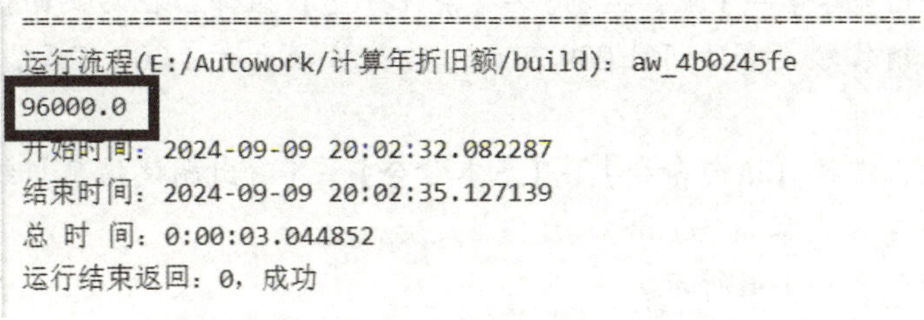

图1-3　例1-1的RPA运行结果

【例 1-2】假设W公司营业利润率的正常范围为10%~20%，本年度营业利润率为15%，请在AutoWork中设计自动化流程判断W公司的营业利润率是否在正常范围内。

【RPA实现】如图1-4所示。

1	令变量rate的值为0.15
2	令变量result的值为rate>=0.1 and rate<=0.2
3	向调试窗口输出result

图1-4 例1-2的RPA实现流程

【RPA运行结果】如图1-5所示，输出结果是布尔型的数据类型。

```
============================================================
运行流程(E:/Autowork/例2/build): aw_4b0245fe
True
开始时间: 2024-09-09 20:09:37.873716
结束时间: 2024-09-09 20:09:40.864713
总 时 间: 0:00:02.990997
运行结束返回: 0, 成功
```

图1-5 例1-2的RPA运行结果

二、条件语句的应用

微课

条件语句的应用

【例 1-3】W公司2023年销售部实现销售额1 100万元，按照公司相关规定，若年末销售额超过1 000万元，则给予现金奖励；销售额不足1 000万元，则没有现金奖励。请在AutoWork中设计自动化流程，判断是否给予销售部现金奖励。

【流程分析】

1.输入销售额。

2.判断销售额是否超过1 000万元。

3.输出结果。

【RPA实现】

1.选择【语句命令】-【流程控制】-【变量赋值】组件，在右侧属性面板中设置［变量名］：sales，［变量值］：1 100。

2.选择【语句命令】-【流程控制】-【条件分支】组件，在右侧面板中设置［判断表达式］，判断销售额是否大于1 000万元，若销售额大于1 000万元，则有奖金，否则，则无奖金。

3.输出结果，选择【语句命令】-【基本命令】-【输出调试信息】组件，在右侧属性面板中设置［输出内容］：result。

RPA实现流程如图1-6所示。

图1-6　例1-3的RPA实现流程

【RPA运行结果】如图1-7所示。

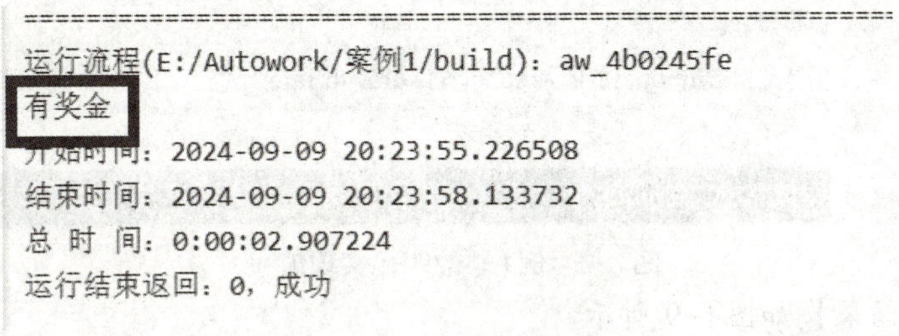

图1-7　例1-3的RPA运行结果

三、循环语句的应用

【例1-4】W公司2023年实现营业利润1 000万元，假如营业利润每年增长15%，请在AutoWork中设计自动化流程，计算五年后公司的营业利润是多少？

微课

计次循环的应用

【流程分析】

1. 输入2023年的营业利润1 000万元。
2. 输入营业利润年增长率15%。
3. 输入年份2023年。
4. 使用计次循环语句，输入循环次数。
5. 在计次循环内，计算每年营业利润，循环计算5次后退出循环。
6. 输出五年后公司的营业利润。

【RPA实现】

1. 设置2023年的营业利润。选择【语句命令】-【流程控制】-【变量赋值】组件，在右侧属性面板中设置［变量名］：money，［变量值］：1 000。

2. 设置营业利润年增长率。选择【语句命令】-【流程控制】-【变量赋值】组件，在右侧属性面板中设置［变量名］：growth_rate，［变量值］：0.15。

3. 设置年份。选择【语句命令】-【流程控制】-【变量赋值】组件，在右侧属性面板中设置［变量名］：year，［变量值］：2023。

4. 选择【语句命令】-【流程控制】-【计次循环】组件，在右侧属性面板中设置

［循环次数］：5，［循环因子］：i，［初始值］：1，［循环步长］：1。

5.在循环语句内，计算每年的营业利润，选择【语句命令】-【流程控制】-【变量赋值】组件，在右侧属性面板中设置［变量名］：money，［变量值］：money*(1+growth_rate)。

6.选择【语句命令】-【基本命令】-【输出调试信息】组件，在右侧属性面板中设置［输出内容］：money。

RPA实现流程如图1-8所示。

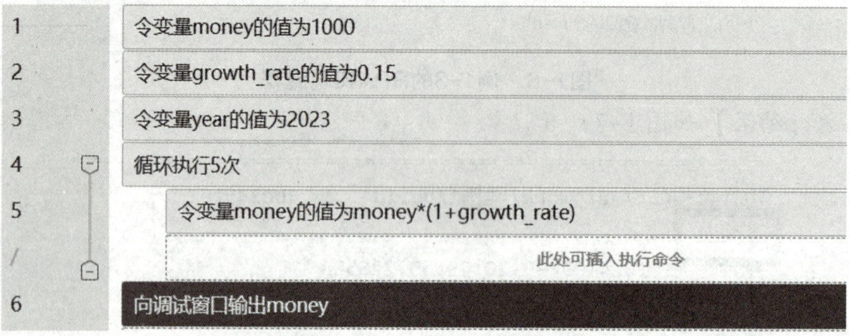

图1-8 例1-4的RPA实现流程

【RPA运行结果】如图1-9所示。

```
=====================================================
运行流程(E:/Autowork/例4/build)：aw_4b0245fe
2011.3571874999996
开始时间：2024-10-17 20:59:51.483704
结束时间：2024-10-17 20:59:53.660014
总 时 间：0:00:02.176310
运行结束返回：0，成功
```

图1-9 例1-4的RPA运行结果

微课

条件循环的应用

【例1-5】W公司2023年实现营业利润1 000万元，假如营业利润每年增长15%，请在AutoWork中设计自动化流程，计算到哪一年该公司营业利润将达到1亿元。

【流程分析】

1.输入2023年的营业利润1 000万元。

2.输入营业利润年增长率15%。

3.输入年份2023年。

4.使用循环语句，输入循环条件：营业利润小于1亿元。

5.在循环语句内计算每年营业利润，并判断每年的营业利润是否达到1亿元，若没有达到，继续计算，直到达到1亿元退出循环。

6.输出营业利润达到1亿元的年份。

【RPA实现】

1.设置2023年的营业利润。选择【语句命令】-【流程控制】-【变量赋值】组件，在右侧属性面板中设置［变量名］：money，［变量值］：1 000。

2.设置营业利润年增长率。选择【语句命令】-【流程控制】-【变量赋值】组件，在右侧属性面板中设置［变量名］：growth_rate，［变量值］：0.15。

3.设置年份。选择【语句命令】-【流程控制】-【变量赋值】组件，在右侧属性面板中设置［变量名］：year，［变量值］：2023。

4.设置循环条件。选择【语句命令】-【流程控制】-【条件循环】组件，在右侧属性面板中设置［判断表达式］：money<10 000。

5.在循环语句内，计算每年的营业利润。选择【语句命令】-【流程控制】-【变量赋值】组件，在右侧属性面板中设置［变量名］：money，［变量值］：money*(1+growth_rate)，［变量名］：year，［变量值］：year+1。

6.选择【语句命令】-【基本命令】-【输出调试信息】组件，在右侧属性面板中设置［输出内容］：year。

RPA实现流程如图1-10所示。

图1-10　例1-5的RPA实现流程

【RPA运行结果】如图1-11所示。

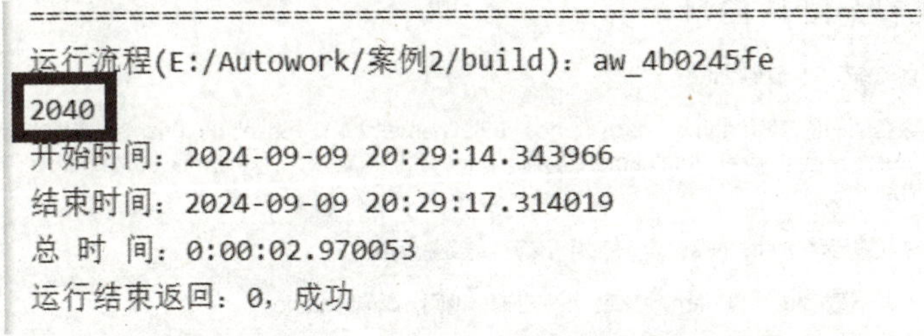

图1-11　例1-5的RPA运行结果

【例1-6】W公司需要采购一批办公用品，采购员收集了一些商品信息，已存储为列表形式：[{'name:':'章小','price':69},{'name:':'SKY','price':89},{'name:':'希和','price':60},{'name:':'卡欧','price':90},{'name:':'睿德','price':72},{'name:':'皮皮','price':65},{'name:':'合宇','price':78}]，请在AutoWork中设计自动化流程，输出价格小于70元的商品品名。

【流程分析】

1.创建一个新列表，用于存储价格小于70元的商品名称。

2.遍历存储商品信息的列表。

3.获取列表中'name:'和'price'的值。

4.使用条件分支语句，输入条件：商品价格小于70元。

5.当满足条件时，在新列表末尾添加商品名称。

【RPA实现】

1.选择【数据处理】-【列表】-【创建一个新列表】组件，在右侧属性面板中设置［输出到］：lRet，［输出日志］：是。

2.选择【语句命令】-【流程控制】-【变量赋值】组件，在右侧属性面板中设置［变量名］：list，［变量值］：[{'name:':'章小','price':69},{'name:':'SKY','price':89},{'name:':'希和','price':60},{'name:':'卡欧','price':90},{'name:':'睿德','price':72},{'name:':'皮皮','price':65},{'name:':'合宇','price':78}]。

3.选择【语句命令】-【流程控制】-【遍历列表】组件，在右侧属性面板中设置［列表项（变量）］：value，［列表］：list。

4.选择【数据处理】-【字典】-【获取字典的值】组件，在右侧属性面板中设置［目标字典］：value，［字典的键］：'name:'，［输出到］：name，［输出日志］：是。

5.选择【数据处理】-【字典】-【获取字典的值】组件，在右侧属性面板中设置［目标字典］：value，［字典的键］：'price'，［输出到］：price，［输出日志］：是。

6.选择【语句命令】-【流程控制】-【条件分支】组件，在右侧属性面板中设置［判断表达式］：price<70，选择【数据处理】-【列表】-【在列表末尾追加元素】组件，在右侧属性面板中设置［目标列表］：lRet，［元素］：name，［输出日志］：是。

7.选择【语句命令】-【基本命令】-【输出调试信息】组件，在右侧属性面板中设置［输出内容］：lRet，［输出日志］：是。

RPA实现流程如图1-12所示。

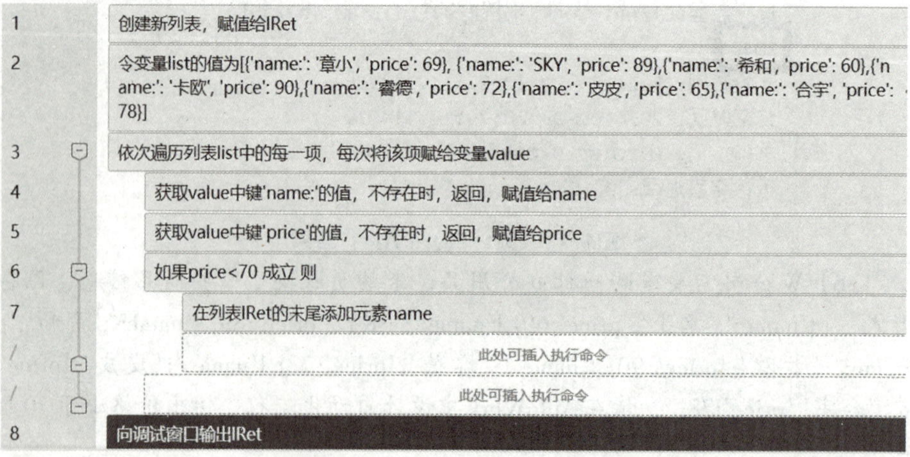

图1-12　例1-6的RPA实现流程

【RPA运行结果】如图1-13所示。

```
=================================================================
运行流程(E:/Autowork/例5/build): aw_4b0245fe
['章小', '希和', '皮皮']
开始时间: 2024-10-17 18:21:48.621531
结束时间: 2024-10-17 18:21:51.361256
总 时 间: 0:00:02.739725
运行结束返回: 0, 成功
```

图1-13　例1-6的RPA运行结果

四、字符串的应用

【例1-7】获取当前系统时间，并将系统时间转为字符串类型的数据，按照“某年某月某日”格式输出。

微课

字符串的应用

【流程分析】

1.获取当前系统时间。

2.将系统时间转换为字符串类型的数据。

3.分别截取指定位置的字符，赋值给year、month、day。

4.按照指定格式输出当前系统时间。

【RPA实现】

1.选择【数据处理】-【时间】-【获取系统时间（含日期）】组件，在右侧属性面板中设置［输出到］：dtRet。

2.选择【数据处理】-【字符串】-【数字转为字符串】组件，在右侧属性面板中设置［目标数字］：dtRet，［输出到］：sRet。

3.选择【数据处理】-【字符串】-【抽取指定字符】组件，在右侧属性面板中设置［目标字符串］：sRet，［开始位置］：0，［结束位置］：4，［输出到］：year。

4.选择【数据处理】-【字符串】-【抽取指定字符】组件，在右侧属性面板中设置［目标字符串］：sRet，［开始位置］：5，［结束位置］：7，［输出到］：month。

5.选择【数据处理】-【字符串】-【抽取指定字符】组件，在右侧属性面板中设置［目标字符串］：sRet，［开始位置］：8，［结束位置］：10，［输出到］：day。

6.选择【语句命令】-【基本命令】-【输出调试信息】组件，在右侧属性面板中设置［输出内容］：year+'年'+month+'月'+day+'日'。

RPA实现流程如图1-14所示。

1	获取系统时间（含日期），赋值给dtRet
2	将数字dtRet转化为字符串，赋值给sRet
3	在字符串sRet中抽取0与4之间的字符，赋值给year
4	在字符串sRet中抽取5与7之间的字符，赋值给month
5	在字符串sRet中抽取8与10之间的字符，赋值给day
6	向调试窗口输出year+'年'+month+'月'+day+'日'

图1-14　例1-7的RPA实现流程

【RPA运行结果】如图1-15所示。

```
=====================================================
运行流程(F:/Autowork/案例3/build): aw_4b0245fe
2024年09月09日
开始时间: 2024-09-09 20:36:04.178732
结束时间: 2024-09-09 20:36:07.108893
总 时 间: 0:00:02.930161
运行结束返回: 0, 成功
```

图1-15　例1-7的RPA运行结果

五、阶段小结

引导学生结合新知识及教师的演示操作，分析员工费用审核过程中要解决的主要问题，初步构思解决方案，填写费用审核机器人开发任务再认知表格（见表1-41），进一步明确开发任务及思路。

表1-41　　费用审核机器人开发任务再认知表格

总体目标		
任务分解	子任务	子目标
任务难点		
知识、技能储备		
尚待解决的问题	问题描述	拟解决方案

第四阶段　尝试应用

一、条件分支

（一）任务要求

W公司销售A产品取得销售收入50 000元，增值税税额为6 500元，合同约定现金折扣条件为：2/10、1/20、n/30，计算现金折扣时不考虑增值税。设计自动化流程，根据客户付款时间计算客户享有的现金折扣。

（二）任务实施

1.填写设计思路（见表1-42）

表1-42 设计思路

运用组件	
流程设计	

2.RPA实现

（三）参考流程

条件分支的RPA实现流程如图1-16所示。

图1-16 条件分支的RPA实现流程

二、循环结构

（一）任务要求

W公司2023年销售产品取得销售收入2 000万元，假如销售收入每年增长10%。设计自动化流程，计算按此增长速度，到哪一年该公司销售收入将达到2亿元。

（二）任务实施

1.填写设计思路（见表1-43）

表1-43 设计思路

运用组件	
流程设计	

2.RPA实现

（三）参考流程

循环结构的RPA实现流程如图1-17所示。

图1-17 循环结构的RPA实现流程

三、字符串操作

（一）任务要求

设计自动化流程，从身份证号码中读取并输出自己的出生日期。

（二）任务实施

1.填写设计思路（见表1-44）

表1-44 设计思路

运用组件	
流程设计	

2.RPA实现

（三）参考流程

字符串操作的RPA实现流程如图1-18所示。

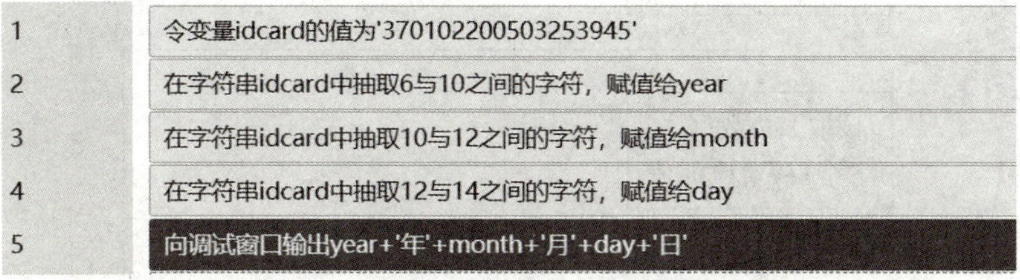

图1-18　字符串操作的RPA实现流程

四、阶段小结

引导学生结合尝试应用阶段的实际演练，确定员工费用审核的主要任务及解决方法，鼓励学生尝试用多种方法完成任务开发，填写费用审核机器人开发任务确认表格（见表1-45）。

表1-45　费用审核机器人开发任务确认表格

总体目标			
任务分解	子任务	解决方法	预期效果
任务流程			

第五阶段　融会贯通

一、费用审核机器人原型设计

（一）任务要求

设计费用审核机器人，审核员工提交的三张差旅费报销单据中的金额是否符合报销要求，输出不符合报销标准的数据。

（二）原型设计

费用审核机器人原型设计如图1-19所示。

二、费用审核RPA实现

第一步，设置列表型变量，保存员工提交的报销数据。选择【语句命令】-【流

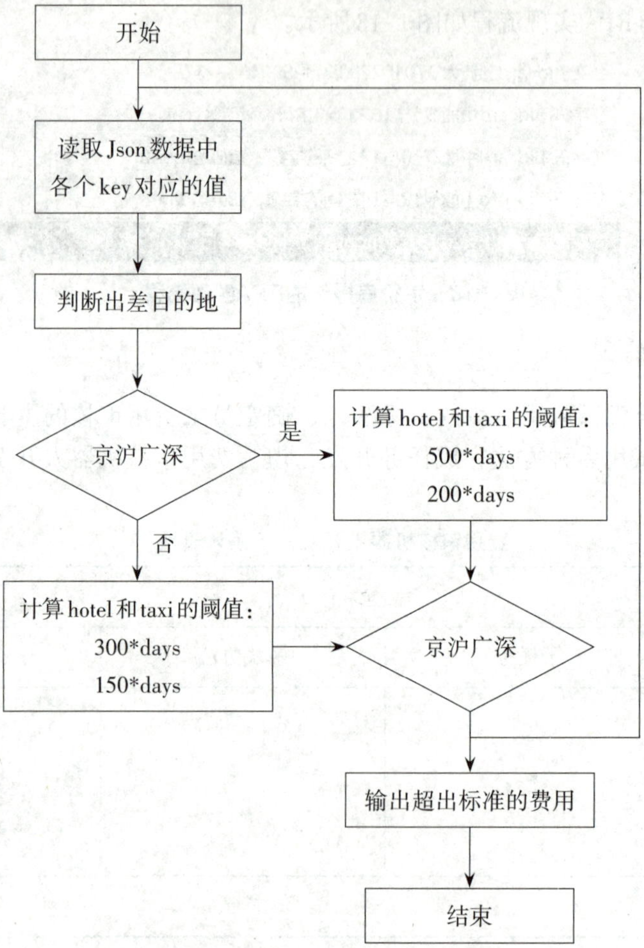

图1-19　费用审核机器人原型设计

程控制】-【变量赋值】组件，在右侧属性面板中设置［变量名］：data，［变量值］：[{'destination':'青岛','days':2,'traffic':308,'hotel':550,'taxi':220,'date':'2024-09-12'},{ 'destination':'北京','days':3,'traffic':422,'hotel':1580,'taxi':576,'date':'2024-09-20'},{'destination':'苏州','days':3,'traffic':734,'hotel':830,'taxi':280,'date':'2024-09-28' }]。

第二步，设置列表型变量，保存城市。选择【语句命令】-【流程控制】-【变量赋值】组件，在右侧属性面板中设置［变量名］：citys，［变量值］：['北京','上海','广州','深圳']。

第三步，设置hotel的阈值。选择【语句命令】-【流程控制】-【变量赋值】组件，在右侧属性面板中设置［变量名］：hotel_max，［变量值］：300。

第四步，设置taxi的阈值。选择【语句命令】-【流程控制】-【变量赋值】组件，在右侧属性面板中设置［变量名］：taxi_max，［变量值］：100。

第五步，创建一个新列表，保存不符合报销标准的数据。选择【数据处理】-【列表】-【创建一个新列表】组件，在右侧属性面板中设置［输出到］：lRet。

第六步，读取员工提交的报销数据。选择【语句命令】-【流程控制】-【遍历列表】组件，在右侧属性面板中设置［列表项（变量）］：value，［列表］：data。

第七步，获取字典数据中键对应的值。选择【数据处理】-【字典】-【获取字典的值】组件，在右侧属性面板中设置［目标字典］：value，［字典的键］：'destination'，［输出到］：dest。

第八步，获取字典数据中键对应的值。选择【数据处理】-【字典】-【获取字典的值】组件，在右侧属性面板中设置［目标字典］：value，［字典的键］：'days'，［输出到］：day。

第九步，获取字典数据中键对应的值。选择【数据处理】-【字典】-【获取字典的值】组件，在右侧属性面板中设置［目标字典］：value，［字典的键］：'date'，［输出到］：date。

第十步，获取字典数据中键对应的值。选择【数据处理】-【字典】-【获取字典的值】组件，在右侧属性面板中设置［目标字典］：value，［字典的键］：'hotel'，［输出到］：hotel。

第十一步，获取字典数据中键对应的值。选择【数据处理】-【字典】-【获取字典的值】组件，在右侧属性面板中设置［目标字典］：value，［字典的键］：'taxi'，［输出到］：taxi。

第十二步到第十四步，判断dest是否在［'北京','上海','广州','深圳'］列表中，如果在，设置不同的hotel阈值和taxi阈值。选择【语句命令】-【流程控制】-【条件分支】组件，在右侧属性面板中设置［判断表达式］：dest in citys。在条件分支内选择【语句命令】-【流程控制】-【变量赋值】组件，在右侧属性面板中设置［变量名］：hotel_max，［变量值］：500，［变量名］：taxi_max，［变量值］：200。

第十五步到第十六步，判断报销数据中hotel的值是否大于hotel的阈值，如果大于则把"date+'，hotel费用超过标准'"添加到结果列表中。选择【语句命令】-【流程控制】-【条件分支】组件，在右侧属性面板中设置［判断表达式］：hotel>hotel_max*day。在条件分支内选择【数据处理】-【列表】-【在列表末尾添加元素】组件，在右侧属性面板中设置［目标列表］：lRet，［元素］：date+',hotel费用超过标准'。

第十七步到第十八步，判断报销数据中taxi的值是否大于taxi的阈值，如果大于则把"date+',taxi费用超过标准'"添加到结果列表中。选择【语句命令】-【流程控制】-【条件分支】组件，在右侧属性面板中设置［判断表达式］：taxi>taxi_max*day。在条件分支内选择【数据处理】-【列表】-【在列表末尾添加元素】组件，在右侧属性面板中设置［目标列表］：lRet，［元素］：date+',taxi费用超过标准'。

第十九步，输出结果列表。选择【语句命令】-【基本命令】-【输出调试信息】组件，在右侧属性面板中设置［输出内容］：lRet。

RPA实现流程如图1-20所示。

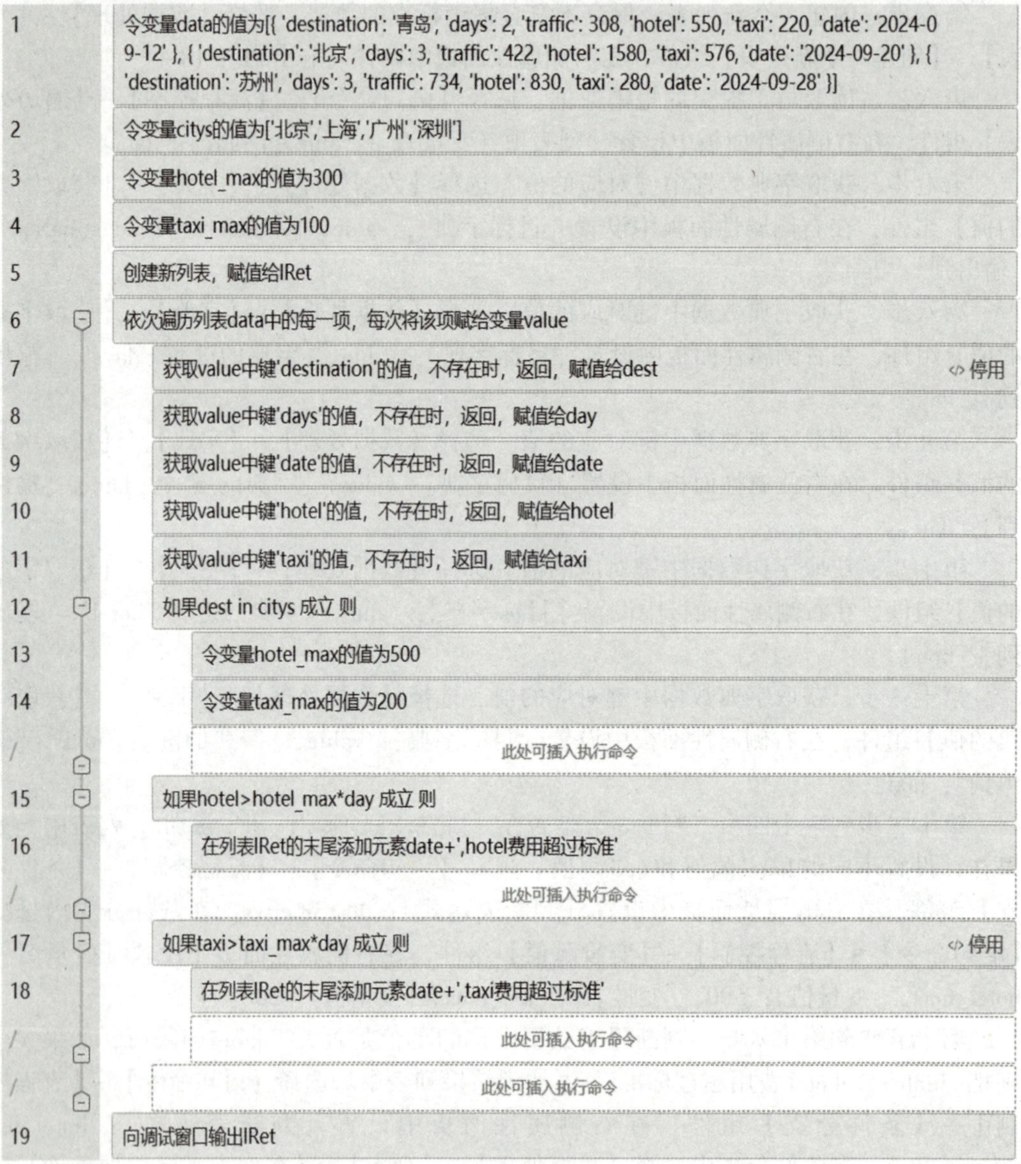

图1-20 员工费用报销审核RPA实现流程

三、阶段小结

通过展示多名学生设计的机器人，让学生看到任务可能存在的多种解决方案，引导学生对自己设计的机器人进行评价，及时发现问题，优化设计方案，填写费用审核机器人开发任务评价表格（见表1-46），并请同伴和教师对自己的表现作出评价，多角度了解自己，不断提升个人综合素质。

表1-46　**费用审核机器人开发任务评价表格**

<table>
<tr><td>总体目标</td><td colspan="6"></td></tr>
<tr><td rowspan="2">任务分解</td><td colspan="3">子任务</td><td colspan="3">完成情况</td></tr>
<tr><td colspan="3"></td><td colspan="3"></td></tr>
<tr><td rowspan="2">自我评价</td><td colspan="3">表现优异</td><td colspan="3">有待改进</td></tr>
<tr><td colspan="3"></td><td colspan="3"></td></tr>
<tr><td rowspan="5">同伴评价</td><td>考核项目</td><td>5</td><td>4</td><td>3</td><td>2</td><td>1</td></tr>
<tr><td>个人能力</td><td></td><td></td><td></td><td></td><td></td></tr>
<tr><td>参与度</td><td></td><td></td><td></td><td></td><td></td></tr>
<tr><td>领导力</td><td></td><td></td><td></td><td></td><td></td></tr>
<tr><td>合作精神</td><td></td><td></td><td></td><td></td><td></td></tr>
<tr><td rowspan="5">教师评价</td><td>考核项目</td><td>5</td><td>4</td><td>3</td><td>2</td><td>1</td></tr>
<tr><td>学习态度</td><td></td><td></td><td></td><td></td><td></td></tr>
<tr><td>逻辑思维</td><td></td><td></td><td></td><td></td><td></td></tr>
<tr><td>时间管理</td><td></td><td></td><td></td><td></td><td></td></tr>
<tr><td>创新精神</td><td></td><td></td><td></td><td></td><td></td></tr>
</table>

【启思悟理】　**坚持准则，守责敬业**

2001年4月16日，朱镕基在视察上海国家会计学院时，为该校题写了校训：“不做假账”。他说：“我希望每一个中国国家会计学院毕业的学生，永远都要牢记这四个大字！”不做假账是会计人员坚持准则的具体表现，是守责敬业的基本标准。

坚持准则，守责敬业，是对会计人员的履职要求。会计人员要严格执行准则制度，保证会计信息真实完整。勤勉尽责、爱岗敬业，忠于职守、敢于斗争，自觉抵制会计造假行为，维护国家财经纪律和经济秩序。

新时代、新环境、新机遇，会计人员也面临着新挑战、新考验。财务机器人作为一门新技术、新工具，在开发应用中务必牢守准则底线，不要心存侥幸，以咬定青山不放松的心态，坚持准则；以一颗初心，真诚对待财务工作；扣好准则学习的第一粒扣子，踏实走好每一步。

拓展阅读：RPA简介

一、RPA的定义

RPA全称是Robotic Process Automation，译作机器人流程自动化。

RPA是指一种依据预先设定的业务处理规则和操作行为，模拟并增强用户与计算机系统的交互过程，自动完成一系列特定的工作流程和预期任务，有效实现人和信息系统集成的智能化软件。

RPA概念中所谓的“Robot机器人”并非有物理实体的人形机器人，也不是工厂中的机器手臂、自动设备、家里的扫地机器人以及银行大堂里会说话和眨眼睛的迎宾机器人。而是一种软件机器人（Software Robot），其实就是软件代码，是以软件机器人及人工智能（AI）为基础的业务过程自动化科技。

二、RPA的功能

RPA可以记录用户在计算机上的任何操作行为，包括：键盘录入、鼠标移动和单击、触发调用桌面操作系统，如文件夹和文件操作，以及触发调用各类应用程序，如：收发Outlook邮件、Word/Excel操作、网页操作、打印文档，录音/录屏、打开摄像头、远程登录服务器、SQLserver客户端操作、ERP系统操作等，并将这些操作行为抽象成计算机能够理解和处理的对象，然后按照约定的规则在计算机上自动完成这些工作。

RPA可以识别UI用户界面的文字内容并读取，也可以识别UI用户界面的图形、颜色等属性。

RPA可以实现各类应用程序的自动启动和自动关闭，用户名、密码的自动输入等。

RPA可以与业务流程无缝连接，支持历史数据分析。

RPA可以实现在不同应用程序和业务系统间的数据共享。

RPA可以定时执行，支持远程操作，支持错误处理和分支处理。

三、RPA财务机器人的特点

RPA作为一款能够将人的工作自动化的机器人软件，其作用是代替人工在用户界面下完成重复性强、标准化程度高、规则明确、大批量的日常事务操作。它具有以下几项显著特点：

（一）程序处理

通过用户界面（UI）实现机器人对重复人工任务的自动化处理。

（二）基于明确的规则操作

流程必须有明确的、可被数字化的触发指令和输入规则。

（三）模拟用户手工操作及交互

机器人可以执行用户的日常基本操作，如鼠标点击、键盘输入、复制、粘贴等一系列日常电脑操作。

（四）非侵入性

RPA软件机器人通过遵循现有的安全和数据完整性标准，以与人完全相同的方式访问当前系统。

（五）无编程

编写RPA脚本，很少需要编码，可通过拖拽控件的方式实现自动化业务流程。

（六）其他

规则高度规范、安全可靠、全天候待命、技能可拓展。

四、RPA的发展

Everest Group发布了一份关于RPA变革的报告，该报告中对RPA框架定义和未来发展方向的阶段性进行了划分，分为RPA 1.0到RPA 4.0共4个阶段，其中RPA1.0被称为虚拟化助手，而后续三个阶段RPA被称为虚拟劳动力。显然，从RPA1.0到RPA2.0是一个非常大的飞跃，从RPA 2.0开始，RPA才被称为软件机器人，具有了代替人的可能。

RPA的框架定义非常有价值，体现了RPA的技术发展路线：

RPA 1.0，涵盖了现有的全部的桌面自动化软件操作，用以提高工作效率，部署在员工PC上；缺点是不支持端到端的自动化和难以成规模的应用。

RPA 2.0，涵盖了目前机器人流程自动化的主要功能要求，是实现端到端自动化和可伸缩的虚拟劳动力，具有工作自动协调机制、机器人智能管理方法、机器人性能分析等功能，部署在虚拟机上；缺点是需要手动控制和管理机器人。

RPA 3.0，涵盖了目前机器人流程自动化最期望的主要功能要求，是实现端到端的自动化和可扩展且灵活的虚拟劳动力，具有自动缩放、动态负载均衡、情景感知、高级分析和工作流等功能，部署在云服务器上；缺点是无法处理非结构化数据。

RPA 4.0，涵盖了未来机器人自动化的功能要求，使用人工智能AI和机器学习等技术，实现处理非结构化数据、预测性和规范性分析、涉及判断的任务自动化等功能。

五、RPA在财务领域的应用

RPA在财务领域的应用已经非常广泛，涵盖了多个具体的业务场景和行业。

（一）发票处理和核对

通过RPA技术，可以实现发票的自动处理和核对，减少人工操作的错误并降低时间成本。

（二）财务报表生成和整理

RPA可以自动化生成和整理财务报表，提高报表编制的效率和准确性。

（三）账户对账和调整

通过RPA自动化进行账户对账，解决了烦琐重复的人工操作问题。

（四）支付和收款处理

RPA可以自动化处理支付和收款事务，优化财务流程，提高业务处理效率和质量。

（五）税务申报

RPA技术可以用于自动化税务申报，减少手工操作的复杂性和出错率。

（六）采购业务中的货物验收入库会计处理

在采购业务中，RPA可以帮助会计人员在ERP系统内完成存货核算的任务，并生成相应的凭证。

（七）费用报销

在差旅费等费用报销业务中，RPA可以根据报销制度审核单据是否符合报销要求，显著减少了人工操作的工作量和差错，从而提高了工作效率。

通过引入RPA技术，企业可以实现自动化的人机协同工作模式，辅助财务人员完成交易量大、重复性高、易于标准化的基础业务，从而进一步提高业务处理效率；同时，为员工提供了更多机会，使他们能够专注于更有价值的工作，如管理咨询、数据分析和增值服务，从而提高了整体的财务管理水平。

资料来源：财智未来编委会. RPA财务机器人开发与应用［M］. 北京：电子工业出版社，2022.

项目检测

一、知识检测

1.变量的命名规则，包含（　　）。

A.不能以数字开头　　B.不能是关键字

C.区分大小写　　D.支持中文、英文、数字、下划线

2.输入员工正确的身份证号码，提取员工的出生年月日并输出，需要令变量result的值为（　　）。

A.year+month+day　　B.year+年+month+月+day+日

C.'year'+'年'+'month'+'月'+'day'+'日'　　D.year+'年'+month+'月'+day+'日'

3.在输入的一条报销数据中 'taxi':260 代表的含义是（　　）。

A.无意义　B.住宿费260元　C.错误数据　D.打车费260元

4.定义一个变量str，并给它赋值一个字符型数据abc，标准写法是（　　）。

A.str='abc'　B.str=abc　C.str=='abc'　D.str==abc

5.条件语句在Autowork的（　　）下。

A.流程控制组件　B.数据处理组件

C.JS代码组件　D.字典组件

6.下列各项不属于AutoWork产品三大模块的是（　　）。

A.设计端　B.执行端　C.管理端　D.监督端

7.计算100以内的偶数之和，需要调用的流程命令是（　　）。

A.令变量sum的值为0

B.如果i%2==0成立则

C.令变量sum的值为sum+i

D.令变量i的值为i+1

8.AutoWork中，要实现字符串'A'与整数变量tmp的合并，正确的写法是（　　）。

A.'A'+tmp　B.'A'+str(tmp)

C.'A'+String(tmp)　D.A+str(temp)

9.Autowork中字符串操作可以实现的操作是（　　）。

A.获取字符串长度

B.查找字符串

C.抽取指定位置字符

D.替换字符串

10.循环语句的类型有（　　）。

A.计次循环　B.条件循环　C.捕获异常　D.退出流程

11.员工费用报销流程中，费用会计核查发票、凭证、单据信息是否合规。（　　）

A.正确　B.错误

12.Autowork中，设计端的作用是发布机器人。（　　）

A.正确　B.错误

13.循环语句的使用场景是重复性、有结束条件。（　　）

A.正确　B.错误

14.条件语句只执行满足条件的操作。（　　）

A.正确　B.错误

15.变量的命名区分英文大小写。（　　）

A.正确　B.错误

二、技能检测

1.某超市开展暑期促销活动，促销方案如下：当顾客为普通顾客时，购物满100

元，享受9折优惠；当顾客为会员时，购物满200元，享受7.5折优惠，购物不满200元，享受8折优惠。

要求：设计一个自动化流程，根据会员类型和消费金额，计算最终的结算金额。

2.某公司组织知识竞赛，获奖成员的最终成绩按照参赛人员编号已转化为列表数据：[{'no:':'1005','score':99},{'no:':'2305','score':89},{'no:':'1022','score':90},{'no:':'3201','score':91},{'no:':'3018','score':85},{'no:':'4103','score':85}]

按照竞赛规则，成绩95分以上的，获得一等奖；成绩90分以上的，获得二等奖；成绩80分以上的，获得三等奖。

要求：设计一个自动化流程，分别输出获得不同奖项的参赛人员编号。

项目二

报表收发机器人应用开发

项目二
电子课件

素养目标	1. 培养学生工作流程标准化的职业素养。 2. 培养学生良好的数据安全意识。 3. 培养学生坚持学习、守正创新的职业道德。
技能目标	1. 能够熟练开启邮件中的POP3/SMTP服务。 2. 能够熟练运用AutoWork的邮件组件收发邮件。 3. 能够综合运用AutoWork的相关组件完成报表收发机器人的开发。
知识目标	1. 了解RPA财务机器人实施步骤。 2. 掌握AutoWork中邮件组件的功能及属性。 3. 掌握报表收发机器人的开发流程。

第一阶段　聚焦问题

一、问题导入

W公司财务专员每月都需要登录邮箱下载各个部门发来的各种报表、数据，然后将邮件按业务种类、部门归类，各部门提交的邮件既多又杂，汇总整理起来效率特别低，这些重复性、无技术含量的工作耗费大量时间。本项目以收集月度收支计划表为例，探讨通过设计RPA机器人帮助财务专员高效完成邮件收集整理工作。

【任务要求】设计报表收发机器人，帮助财务专员完成收集2024年8月业务部门月度收支计划表的工作。

二、问题分析

第一步，各部门填报收支计划后，发送邮件至财务专员的邮箱。

第二步，财务专员登录邮箱，依次查看所有标题包含“收支计划”的邮件。

第三步，向未发送邮件的部门发送提醒邮件，告知该部门尽快发送收支计划。

第四步，下载所有相关邮件附件至电脑指定文件夹。

第五步，按部门和月份创建不同的子文件夹，将收到的邮件附件移动到不同的目录下。

收集月度收支计划表业务流程如图2-1所示。

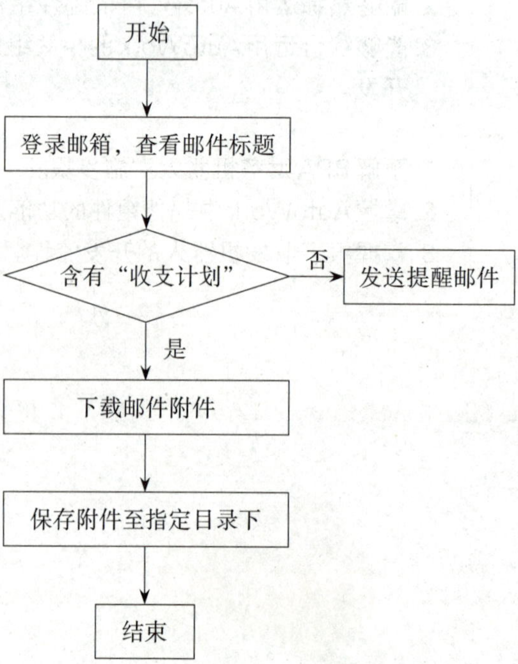

图2-1　收集月度收支计划表业务流程

三、阶段小结

引导学生模拟收集月度收支计划表工作流程，分析要完成的主要任务，梳理相关知识、技能储备，针对需要完成的任务，创新性地提出可能的解决方案，填写报表收发机器人开发任务初认知表格（见表2-1）。

表2-1　报表收发机器人开发任务初认知表格

总体目标	
工作流程	
主要任务	
任务难点	
解决思路	
知识、技能储备	

第二阶段　激活旧知

一、关于E-mail

电子邮件（E-mail）是一种用电子手段进行信息交换的通信方式，常用的电子邮件平台有QQ邮箱、Gmail、网易163、新浪等。互联网传送电子邮件是通过一套称为邮件服务器的程序进行硬件管理并储存的。电子邮件的应用通过两个协议来实现：简单邮件传输协议SMTP（Simple Mail Transfer Protocol），它的功能是把电子邮件送到收件人的电子邮箱里；邮局协议POP（Post Office Protocol），它的功能是让收件人从电子邮箱中将电子邮件读取到本地计算机上，在本地计算机的电子邮件软件支持下在屏幕上显示电子邮件。

二、获取邮箱授权码

通过RPA收发邮件，需要获取邮箱授权码。下面我们以QQ邮箱为例，描述邮箱授权码的获取流程。

（1）打开QQ邮箱，在邮箱设置中，切换到“账号”选项卡，如图2-2所示。

图2-2　“账号”选项卡

（2）点击开启“POP3/IMAP/SMTP/Exchange/CardDAV/CalDAV服务”，开启这个服务，需要一系列的验证操作流程，这样才能得到最终的授权码。按照QQ邮箱的提示，完成相关操作，开启“POP3/IMAP/SMTP/Exchange/CardDAV/CalDAV服务”如图2-3所示。

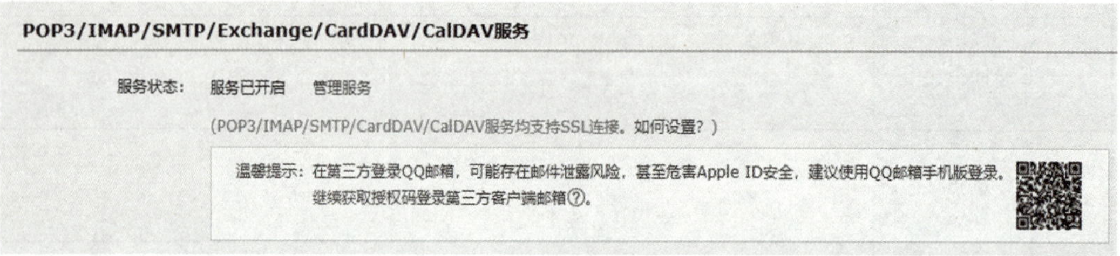

图2-3　开启“POP3/IMAP/SMTP/Exchange/CardDAV/CalDAV服务”

（3）用微信扫描二维码发送短信，或者用手机发送短信“1009”到“1069070087457”，发送完毕后，点击“我已发送”，如图2-4所示。

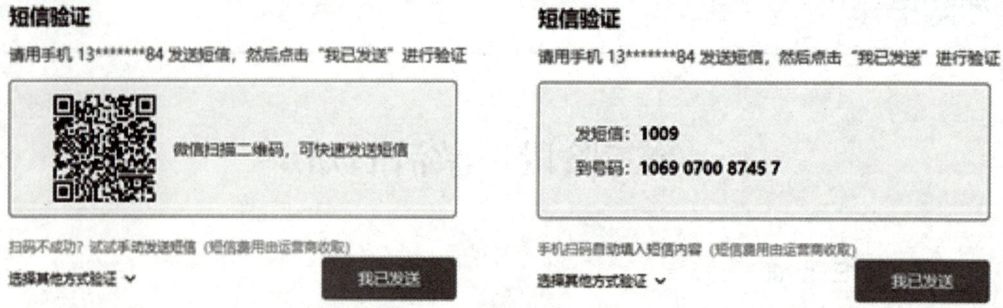

图2-4　配置邮件客户端

（4）获取到一组授权码，如图2-5所示，需要将授权码记录下来，在AutoWork的操作中会用到，注意，每个人的QQ邮箱授权码是不同的。

图2-5　邮箱授权码

三、邮件组件

AutoWork中的邮件组件包含：发送邮件、连接邮箱、获取邮件标题、获取邮件正文、获取邮件发件人、获取邮件地址、获取邮件时间、保存附件等。

（一）发送邮件

功能描述：发送邮件到指定邮箱。

发送邮件的属性描述见表2-2。

表2-2　发送邮件的属性描述

名称	默认值	描述
SMTP服务器	''	SMTP服务器地址
邮箱账号	''	邮箱账号
登录密码	''	登录密码
收信邮箱	''	目标邮箱地址
邮件标题	''	邮件标题
邮件正文	''	邮件正文
邮件附件	''	邮件附件路径
服务器端口	25	SMTP服务器端口，默认为25，一般不需要更改
SSL加密	否	是否使用SSL加密，默认为否
输出到	bRet	输出到指定变量
输出日志	是	是否输出日志

（二）连接邮箱

功能描述：连接一个邮箱，并作为操控对象。

连接邮箱的属性描述见表2-3。

表2-3　连接邮箱的属性描述

名称	默认值	描述
POP服务器	''	POP服务器地址
邮箱账号	''	邮箱账号
登录密码	''	登录密码
使用协议	POP3	使用协议
服务器端口	110	SMTP服务器端口，默认为110，一般不需要更改
SSL加密	否	是否使用SSL加密，默认为否
输出到	objMail	输出到指定变量
输出日志	是	是否输出日志

（三）获取邮件标题

功能描述：获取指定序号邮件的标题，并存储到变量，获取失败返回空字符串。

获取邮件标题的属性描述见表2-4。

表2-4　获取邮件标题的属性描述

名称	默认值	描述
邮箱对象	objMail	要操作的邮箱对象
邮箱序号	1	要收取的邮件序号
输出到	sRet	输出到指定变量
输出日志	是	是否输出日志

（四）获取邮件正文

功能描述：获取指定序号邮件的正文内容，并存储到变量，获取失败返回空字符串。

获取邮件正文的属性描述见表2-5。

表2-5　获取邮件正文的属性描述

名称	默认值	描述
邮箱对象	objMail	要操作的邮箱对象
邮箱序号	1	要收取的邮件序号
输出到	sRet	输出到指定变量
输出日志	是	是否输出日志

（五）获取邮件发送人

功能描述：获取指定序号邮件的发送人，并存储到变量，获取失败返回空字符串。

获取邮件发送人的属性描述见表2-6。

表2-6　获取邮件发送人的属性描述

名称	默认值	描述
邮箱对象	objMail	要操作的邮箱对象
邮箱序号	1	要收取的邮件序号
输出到	sRet	输出到指定变量
输出日志	是	是否输出日志

（六）获取邮件地址

功能描述：获取指定序号邮件的发送方地址。

获取邮件地址的属性描述见表2-7。

表2-7　获取邮件地址的属性描述

名称	默认值	描述
邮箱对象	objMail	要操作的邮箱对象
邮箱序号	1	要收取的邮件序号
输出到	sRet	输出到指定变量
输出日志	是	是否输出日志

（七）获取邮件时间

功能描述：获取指定序号邮件的发送时间。

获取邮件时间的属性描述见表2-8。

表2-8　获取邮件时间的属性描述

名称	默认值	描述
邮箱对象	objMail	要操作的邮箱对象
邮箱序号	1	要收取的邮件序号
输出到	sRet	输出到指定变量
输出日志	是	是否输出日志

（八）保存附件

功能描述：获取指定序号邮件的附件，并存储在指定目录下。

保存附件的属性描述见表2-9。

表2-9　保存附件的属性描述

名称	默认值	描述
邮箱对象	objMail	要操作的邮箱对象
保存路径	''	要保存附件的路径
邮箱序号	1	要收取的邮件序号
输出日志	是	是否输出日志

四、时间组件

AutoWork 中的时间组件有：获取系统时间（含日期）、获取系统时间（不含日期）、获取年份、获取月份、获取第几天等。

（一）获取系统时间（含日期）

功能描述：获取系统时间，包含日期。

获取系统时间（含日期）的属性描述见表2-10。

表2-10 获取系统时间（含日期）的属性描述

名称	默认值	描述
输出到	dtRet	将获取的系统时间输出到指定变量

（二）获取系统时间（不含日期）

功能描述：获取系统时间，不包含日期。

获取系统时间（不含日期）的属性描述见表2-11。

表2-11 获取系统时间（不含日期）的属性描述

名称	默认值	描述
输出到	dtRet	将获取的系统时间输出到指定变量

（三）获取年份

功能描述：获取时间中的年份。

获取年份的属性描述见表2-12。

表2-12 获取年份的属性描述

名称	默认值	描述
时间	dtRet	系统时间
输出到	iRet	将获取的年份输出到指定变量

（四）获取月份

功能描述：获取时间中的月份。

获取月份的属性描述见表2-13。

表2-13 获取月份的属性描述

名称	默认值	描述
时间	dtRet	系统时间
输出到	iRet	将获取的月份输出到指定变量

（五）获取第几天

功能描述：获取时间中的日期。

获取第几天的属性描述见表2-14。

表2-14　获取第几天的属性描述

名称	默认值	描述
时间	dtRet	系统时间
输出到	iRet	将获取的日期输出到指定变量

五、文件组件

AutoWork中的文件组件有：创建文件夹、判断是否是文件夹、复制文件、获取文件列表等。

（一）创建文件夹

功能描述：创建文件夹，如果文件夹已存在则直接返回。

创建文件夹的属性描述见表2-15。

表2-15　创建文件夹的属性描述

名称	默认值	描述
父文件夹	''	创建文件夹的目录
文件夹名称	''	创建文件夹的名称
输出到	bRet	将创建的文件夹输出到指定变量

（二）判断是否是文件夹

功能描述：判断是否是文件夹。

判断是否是文件夹的属性描述见表2-16。

表2-16　判断是否是文件夹的属性描述

名称	默认值	描述
文件夹路径	''	文件夹路径
输出到	bRet	将判断是否是文件夹的结果输出到指定变量

（三）复制文件

功能描述：复制文件。

复制文件的属性描述见表2-17。

表2-17　复制文件的属性描述

名称	默认值	描述
源文件路径	''	需要复制的源文件路径
目标文件路径	''	目标文件路径
输出到	bRet	将复制文件结果输出到指定变量
输出日志	是	是否输出日志

（四）获取文件列表

功能描述：获取指定文件夹下符合条件的所有文件。

获取文件列表的属性描述见表2-18。

表2-18 获取文件列表的属性描述

名称	默认值	描述
文件夹路径	''	文件夹的打开路径
输出到	lRet	将获取的文件和文件夹的路径赋值给lRet
文件类型	文件和文件夹	文件类型
包含名称	'*'	包含的文件名称列表，*表示所有文件
文件后缀	'*'	文件后缀，*表示所有文件后缀

六、阶段小结

引导学生根据对所学组件的初步认知，尝试分析这些组件的用途，选择在解决月度收支计划表收发任务过程中可能用到的组件，修正、补充报表收发机器人开发任务初认知表格。

第三阶段　示证新知

一、获取邮件内容

微课

获取邮件内容

【例2-1】获取邮箱中的第一封邮件的标题、正文、发送人、发送地址、时间和附件信息，获取当天的系统日期，在电脑建立以系统日期命名的文件夹，将邮件附件保存到该文件夹中。

【流程分析】

1.连接指定邮箱。

2.获取邮箱中第一封邮件的标题。

3.获取邮箱中第一封邮件的正文。

4.获取邮箱中第一封邮件的发送人。

5.获取邮箱中第一封邮件的发送地址。

6.获取邮箱中第一封邮件的发送时间。

7.获取当天系统日期，在电脑建立以系统日期命名的文件夹。

8.获取邮箱中第一封邮件的附件，并保存到以系统日期命名的文件夹中。

【RPA实现】

1.在AutoWork中，选择【软件自动化】-【邮件】-【连接邮箱】组件，在右侧属性面板中设置［POP服务器］：'pop.qq.com'，［邮箱账号］：QQ邮箱账号，［登录密码］：QQ邮箱授权码，［使用协议］、［服务器端口］、［SSL加密］、［输出到］、［输出日志］无须修改，均采用默认值。连接邮箱属性面板如图2-6所示。

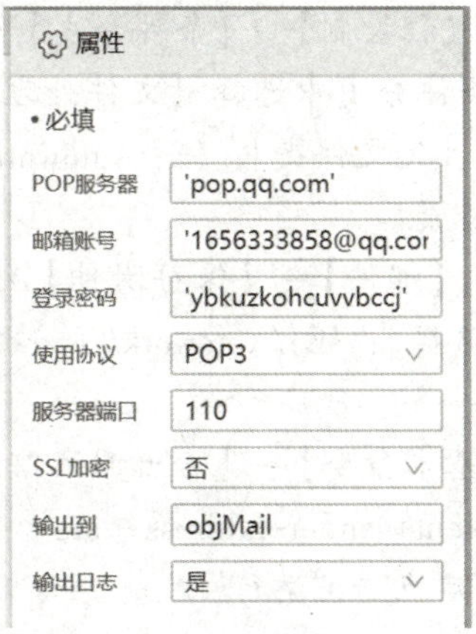

图2-6　连接邮箱属性面板

2. 选择【软件自动化】-【邮件】-【获取邮件标题】组件，在右侧属性面板中设置［邮箱对象］：objMail，［邮箱序号］：1，［输出到］：subjet，［输出日志］：是。

3. 选择【软件自动化】-【邮件】-【获取邮件正文】组件，在右侧属性面板中设置［邮箱对象］：objMail，［邮箱序号］：1，［输出到］：content，［输出日志］：是。

4. 选择【软件自动化】-【邮件】-【获取邮件发送人】组件，在右侧属性面板中设置［邮箱对象］：objMail，［邮箱序号］：1，［输出到］：sender，［输出日志］：是。

5. 选择【软件自动化】-【邮件】-【获取邮件地址】组件，在右侧属性面板中设置［邮箱对象］：objMail，［邮箱序号］：1，［输出到］：address，［输出日志］：是。

6. 选择【软件自动化】-【邮件】-【获取邮件时间】组件，在右侧属性面板中设置［邮箱对象］：objMail，［邮箱序号］：1，［输出到］：date，［输出日志］：是。

7. 选择【数据处理】-【时间】-【获取系统时间（含日期）】组件，在右侧属性面板中设置［输出到］：dtRet。

8. 选择【数据处理】-【时间】-【获取年份】组件，在右侧属性面板中设置［时间］：dtRet，［输出到］：year。

9. 选择【数据处理】-【时间】-【获取月份】组件，在右侧属性面板中设置［时间］：dtRet，［输出到］：month。

10. 选择【语句命令】-【流程控制】-【条件分支】组件，在右侧属性面板中设置［判断表达式］：month<=9，［变量名］：month，［变量值］：'0'+str(month)。

11. 选择【数据处理】-【时间】-【获取第几天】组件，在右侧属性面板中设置［时间］：dtRet，［输出到］：day。

12. 选择【语句命令】-【流程控制】-【条件分支】组件，在右侧属性面板中设置［判断表达式］：day<=9，［变量名］：day，［变量值］：'0'+str(day)。

13. 选择【语句命令】-【流程控制】-【变量赋值】组件，在右侧属性面板中设置

［变量名］：nowDate，［变量值］：str(year)+str(month)+str(day)。

14.选择【文件处理】-【文件】-【判断是否是文件夹】组件，在右侧属性面板中设置［文件夹路径］：'E:/Autowork/'+nowDate，［输出到］：bRet，［输出日志］：是。

15.选择【语句命令】-【流程控制】-【条件分支】组件，在右侧属性面板中设置［判断表达式］：not bRet。在条件分支中选择【文件处理】-【文件】-【创建文件夹】组件，在右侧属性面板中设置［父文件夹］：'E:/Autowork'，［文件夹名称］：nowDate，［输出到］：bRet，［输出日志］：是。

16.选择【软件自动化】-【邮件】-【保存附件】组件，在右侧属性面板中设置［邮箱对象］：objMail，［保存路径］：'E:/Autowork/'+nowDate，［邮箱序号］：1，［输出日志］：是。

17.选择【语句命令】-【基本命令】-【输出调试信息】组件，在右侧属性面板中设置［输出内容］：subject+content+sender+address+date。

18.点击“保存”文件，然后点击“运行”。

RPA实现流程如图2-7所示。

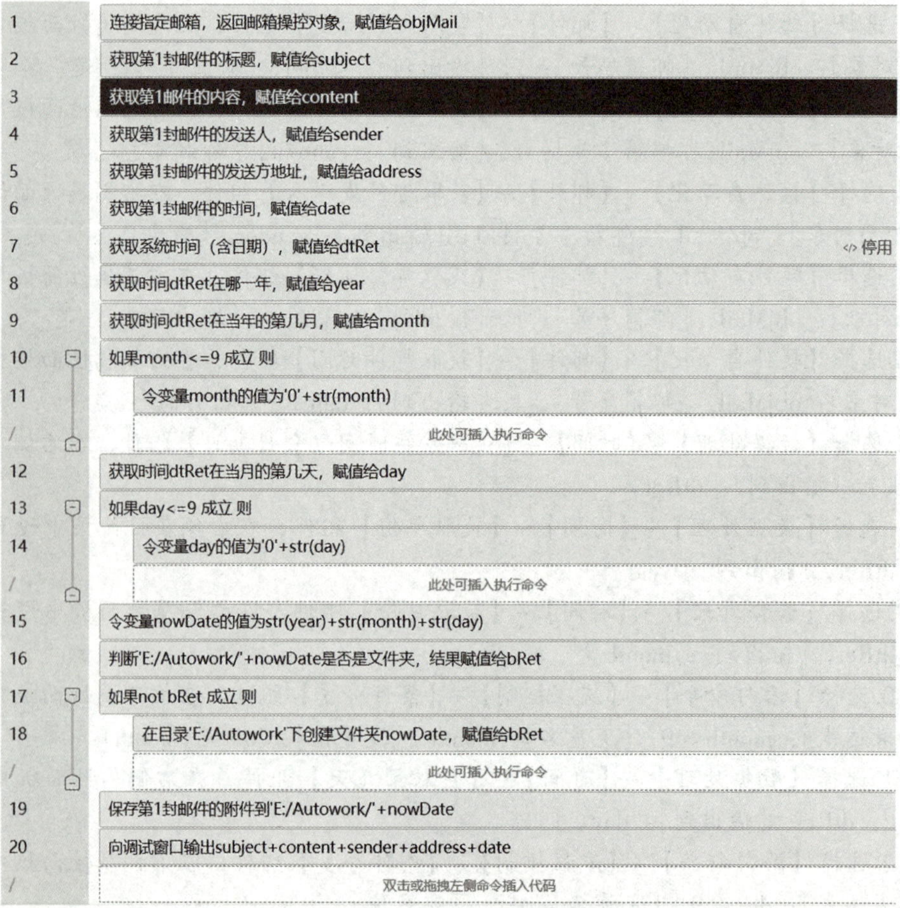

图2-7 例2-1的RPA实现流程

【RPA运行结果】如图2-8所示。

```
============================================================================================
运行流程(E:/Autowork/案例2-7/build): aw_4b0245fe
业务一部收支计划<div data-ntes="ntes_mail_body_root" style="line-height:1.7;color:#0000
开始时间: 2024-09-09 22:28:47.966548
结束时间: 2024-09-09 22:28:53.089941
总 时 间: 0:00:05.123393
运行结束返回: 0, 成功
```

图2-8　例2-1的RPA运行结果

二、发送邮件

【例2-2】向未提交本月收支计划的业务部门发送提醒邮件。

微课

发送邮件

【流程分析】

1. 在AutoWork【软件自动化】-【邮件】中，找到【发送邮件】组件。

2. 设置发送邮件的相关属性。

【RPA实现】

选择【软件自动化】-【邮件】-【发送邮件】组件，在右侧属性面板中设置[SMTP服务器]: 'smtp.qq.com'，[邮箱账号]: 发送邮件的QQ邮箱账号，[登录密码]: QQ邮箱授权码，[收信邮箱]: 接收邮件邮箱账号，[邮件标题]: '提交收支计划'，[邮件正文]: '请提交本月收支计划！'，其他各项均采用默认值。

RPA实现流程如图2-9所示。

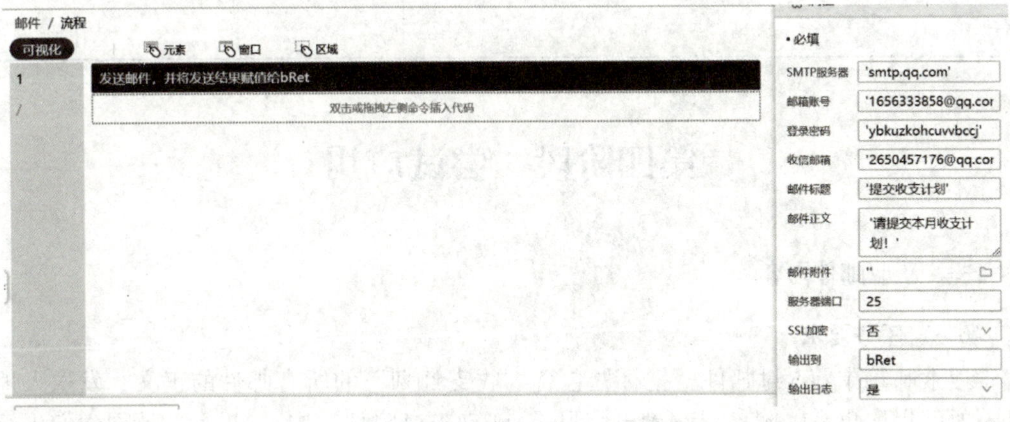

图2-9　例2-2的RPA实现流程

【RPA运行结果】如图2-10所示。

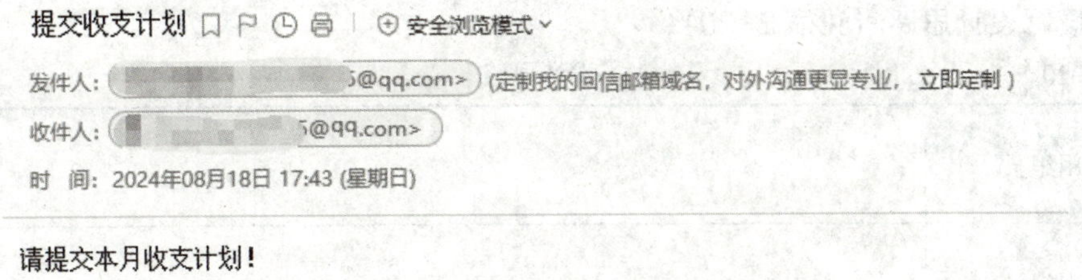

图2-10　例2-2的RPA运行结果

三、阶段小结

引导学生结合新知识及教师的演示操作，分析邮件收发过程中要解决的主要问题，初步构思解决方案，填写报表收发机器人开发任务再认知表格（见表2-19），进一步明确开发任务及思路。

表2-19 报表收发机器人开发任务再认知表格

总体目标		
任务分解	子任务	子目标
任务难点		
知识、技能储备		
尚待解决的问题	问题描述	拟解决方案

第四阶段 尝试应用

一、获取邮件内容

（一）任务要求

搜索邮箱中前5封邮件，把标题包含“收支计划”的所有邮件的正文、发送人地址、时间提取出来，附件保存到电脑目录（E:/email附件）中。（提示：请同学们先给自己的邮箱发送至少一封标题包含“收支计划”的邮件）

（二）任务实施

1.填写设计思路（见表2-20）

表2-20 设计思路

运用组件	
流程设计	

2.RPA 实现

（三）参考流程

获取邮件内容的 RPA 实现流程如图 2-11 所示。

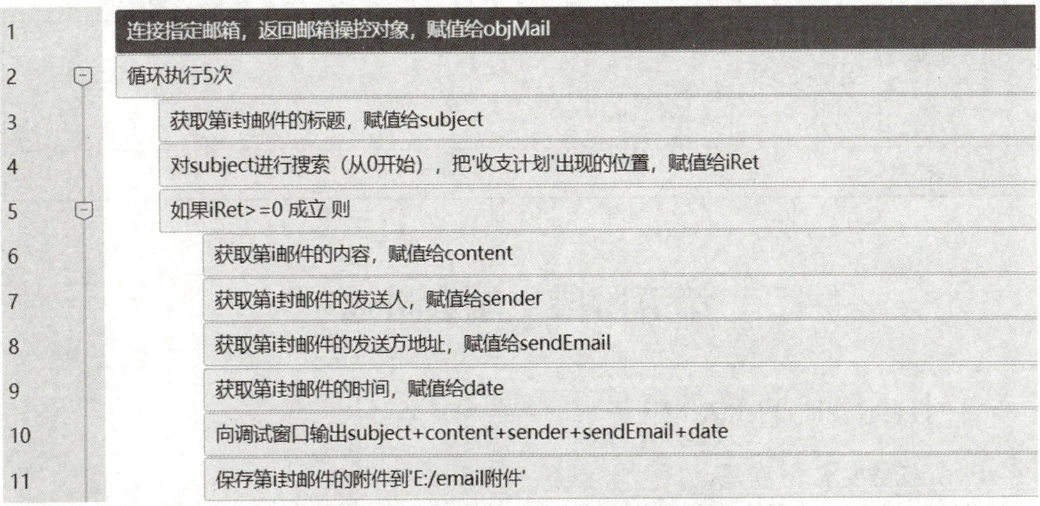

图2-11　获取邮件内容的RPA实现流程

二、发送邮件

（一）任务要求

给老师发送邮件，邮件主题为自己的姓名和学号，附件为自己完成的“获取邮件内容 RPA 实现流程”。

（二）任务实施

1. 填写设计思路（见表 2-21）

表2-21　设计思路

运用组件	
流程设计	

2.RPA 实现

三、阶段小结

引导学生结合尝试应用阶段的实际演练，确定收发邮件的主要任务及解决方法，鼓励学生尝试用多种方法完成任务开发，填写报表收发机器人开发任务确认表格（见表 2-22）。

表2-22 报表收发机器人开发任务确认表格

总体目标			
任务分解	子任务	解决方法	预期效果
任务流程			

第五阶段 融会贯通

一、报表收发机器人原型设计

（一）任务要求

设计RPA财务机器人，帮助财务专员完成收集2024年8月业务部门月度收支计划表的工作。

（二）原型设计

报表收发机器人原型设计如图2-12 所示。

二、报表收发机器人RPA实现

第一步，设置字典型的变量，保存部门和邮箱地址的对应关系。选择【语句命令】-【流程控制】-【变量赋值】组件，在右侧属性面板中设置［变量名］：emailDict，［变量值］：{'业务一部'：'13156154417@163.com'，'业务二部'：'muping760725@126.com'}。

第二步，获取系统时间。选择【数据处理】-【时间】-【获取系统时间（包含日期）】组件，在右侧属性面板中设置［输出到］：dtRet。

第三步，获取年份。选择【数据处理】-【时间】-【获取年份】组件，在右侧属性面板中设置［时间］：dtRet，［输出到］：year。

第四步，获取月份。选择【数据处理】-【时间】-【获取月份】组件，在右侧属性面板中设置［时间］：dtRet，［输出到］：month。

第五步到第七步，年份的字符串占4位，月份的字符串占2位，月份不够位数在左侧补零。选择【语句命令】-【流程控制】-【条件分支】组件，在右侧属性面板中设置［判断表达式］：month<=9，若month<=9，则变量month的值为'0'+str（month），否则month的值为str（month）。

第八步，将年份和月份合并成字符串。选择【语句命令】-【流程控制】-【变量赋值】组件，在右侧属性面板中设置［变量名］：nowDate，［变量值］：str（year）+month。

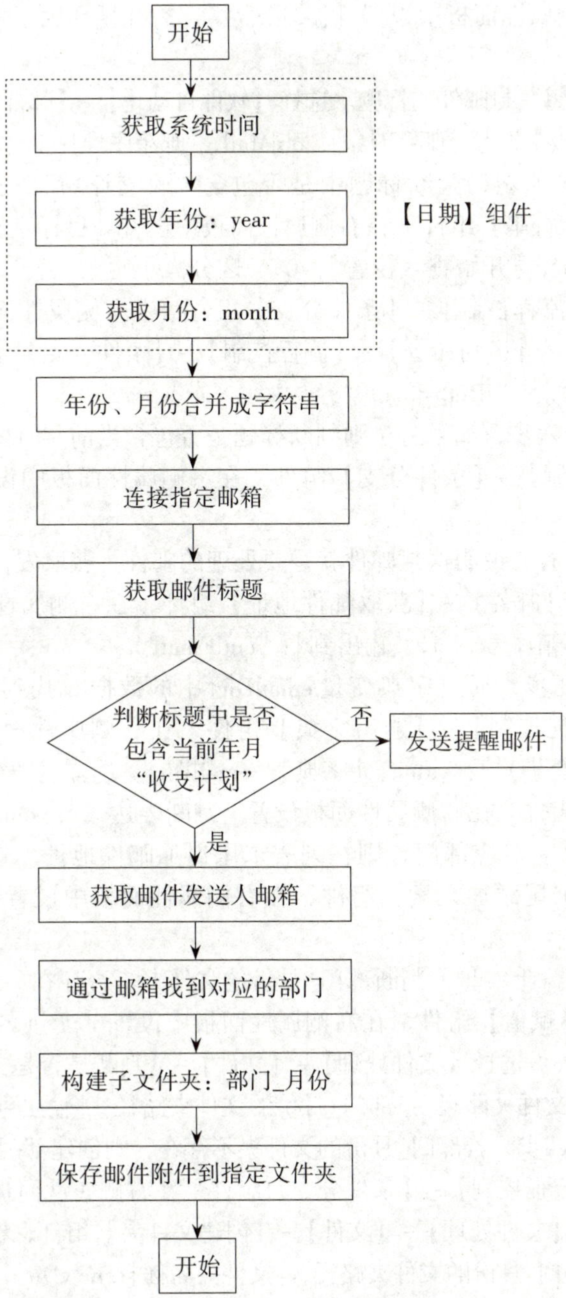

图2-12　报表收发机器人原型设计

第九步，创建新列表，保存发送过收支计划的部门的邮箱地址。选择【数据处理】-【列表】-【创建一个新列表】组件，在右侧属性面板中设置［输出到］：list。

第十步，连接指定邮箱。选择【软件自动化】-【邮件】-【连接邮箱】组件，在右侧属性面板中设置［POP服务器］：'pop.qq.com'，［邮箱账号］：接收邮件的邮箱账号，［登录密码］：接收邮件的邮箱授权码。

第十一步，循环读取指定数量的邮件。选择【语句命令】-【流程控制】-【计次循环】组件，在右侧属性面板中设置［循环次数］：3，［循环因子］：i，［初始值］：1，［循环步长］：1。

第十二步，获取每一封邮件的标题。选择【软件自动化】-【邮件】-【获取邮件标题】组件，在右侧属性面板中设置［邮箱对象］：objMail，［邮箱序号］：i，［输出到］：subject。

第十三步到第十四步，判断标题中是否包含“收支计划”。选择【数据处理】-【字符串】-【查找字符串】组件，在右侧属性面板中设置［目标字符串］：subject，［查找内容］：'收支计划'，［开始查找位置］：0，［区分大小写］：否，［输出到］：iRet。选择【语句命令】-【流程控制】-【条件分支】组件，在右侧属性面板中设置［判断表达式］：iRet>=0，选择【语句命令】-【流程控制】-【条件分支】组件，在右侧属性面板中设置［判断表达式］：iRet>=0。

第十五步到第十六步，如果有，则判断标题是否包含当前年月的字符串。选择【语句命令】-【流程控制】-【条件分支】组件，在右侧属性面板中设置［判断表达式］：iRet>=0。

第十七步，如果有，说明这封邮件就是要处理的邮件，获取发件人的邮箱地址。选择【软件自动化】-【邮件】-【获取邮件地址】组件，在右侧属性面板中设置［邮箱对象］：objMail，［邮箱序号］：i，［输出到］：sendEmail。

第十八到第十九步，通过字典变量emailDict中的数据，找到对应的部门。选择【语句命令】-【流程控制】-【遍历字典】组件，在右侧属性面板中设置［键（变量）］：key，［值（变量）］：value，［字典］：emailDict。选择【语句命令】-【流程控制】-【条件分支】组件，在右侧属性面板设置［判断表达式］：sendEmail==value。

第二十步，如果有对应部门，则在列表末尾追加邮件地址。选择【数据处理】-【列表】-【在列表末尾添加元素】组件，在右侧属性面板中设置［目标列表］：list，［元素］：value。

第二十一步到第二十二步，判断部门_月份的文件夹是否存在。选择【语句命令】-【流程控制】-【变量赋值】组件，在右侧属性面板中设置［变量名］：newDir，［变量值］：key+'_'+nowDate。选择【文件处理】-【文件】-【判断是否是文件夹】组件，在右侧属性面板中输入［文件夹路径］：部门_月份的文件夹路径，［输出到］：bRet。

第二十三第二十四步，若部门_月份的文件夹不存在，则创建部门_月份的文件夹。选择【语句命令】-【流程控制】-【条件分支】组件，在右侧属性面板中设置［判断表达式］：not bRet。选择【文件处理】-【文件】-【创建文件夹】组件，在右侧属性面板中设置［文件夹路径］：部门_月份的文件夹路径，［文件夹名称］：newDir，［输出到］：bRet。

第二十五步，保存邮件的附件到指定文件夹。选择【软件自动化】-【邮件】-【保存附件】组件，在右侧属性面板中设置［邮箱对象］：objMail，［保存路径］：附件保存路径，［邮箱序号］：i。

第二十六步，遍历字典变量emailDict中的每个value值。选择【语句命令】-【流程控制】-【遍历字典】组件，在右侧属性面板中设置［键（变量）］：key，［值（变量）］：value，［字典］：emailDict。

第二十七步，判断value是否在列表内。选择【语句命令】-【流程控制】-【条件分支】组件，在右侧属性面板中设置［判断表达式］：len（list）==0 or（value not in list）。

第二十八到第三十到步，若不在，则发送提醒邮件。选择【软件自动化】-【邮件】-【发送邮件】组件，在右侧属性面板在设置［SMTP服务器］：'smtp.qq.com'，［邮箱账号］：发送邮件的邮箱账号，［登录密码］：发送邮件的邮箱授权码，［收信邮箱］：value，［邮件标题］：'请尽快发送收支计划'，［邮件正文］：'请尽快发送本月收支计划！'。

RPA实现流程如图2-13所示。

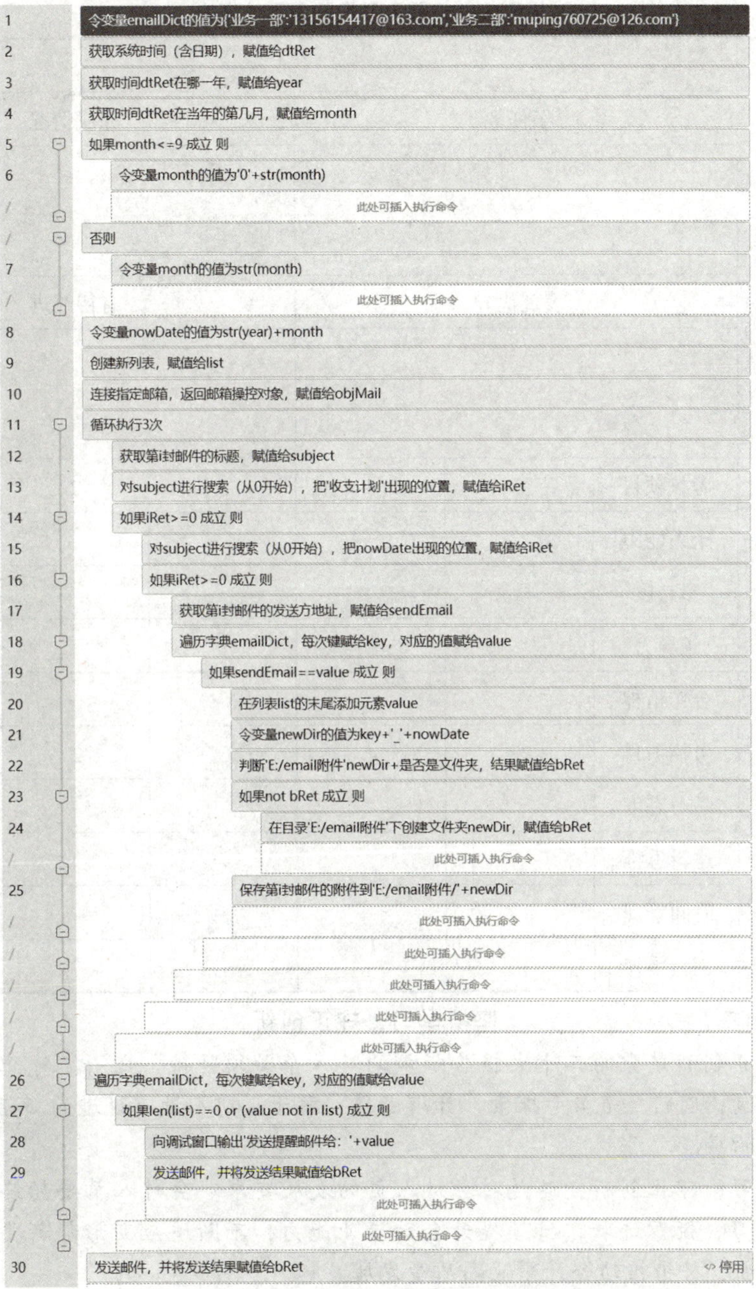

图2-13　报表收发机器人RPA实现流程

三、阶段小结

通过运行展示多名学生设计的机器人，让学生看到任务可能存在的多种解决方案，引导学生对自己设计的机器人进行评价，及时发现问题，优化设计方案，填写报表收发机器人开发任务评价表格（见表2-23），并请同伴和教师对自己的表现作出评价，多角度了解自己，不断提升个人综合素质。

表2-23　　**报表收发机器人开发任务评价表格**

<table>
<tr><td>总体目标</td><td colspan="6"></td></tr>
<tr><td rowspan="2">任务分解</td><td colspan="3">子任务</td><td colspan="3">完成情况</td></tr>
<tr><td colspan="3"></td><td colspan="3"></td></tr>
<tr><td rowspan="2">自我评价</td><td colspan="3">表现优异</td><td colspan="3">有待改进</td></tr>
<tr><td colspan="3"></td><td colspan="3"></td></tr>
<tr><td rowspan="5">同伴评价</td><td>考核项目</td><td>5</td><td>4</td><td>3</td><td>2</td><td>1</td></tr>
<tr><td>个人能力</td><td></td><td></td><td></td><td></td><td></td></tr>
<tr><td>参与度</td><td></td><td></td><td></td><td></td><td></td></tr>
<tr><td>领导力</td><td></td><td></td><td></td><td></td><td></td></tr>
<tr><td>合作精神</td><td></td><td></td><td></td><td></td><td></td></tr>
<tr><td rowspan="5">教师评价</td><td>考核项目</td><td>5</td><td>4</td><td>3</td><td>2</td><td>1</td></tr>
<tr><td>学习态度</td><td></td><td></td><td></td><td></td><td></td></tr>
<tr><td>逻辑思维</td><td></td><td></td><td></td><td></td><td></td></tr>
<tr><td>时间管理</td><td></td><td></td><td></td><td></td><td></td></tr>
<tr><td>创新精神</td><td></td><td></td><td></td><td></td><td></td></tr>
</table>

【启思悟理】　　**坚持学习，守正创新**

坚持守正创新是党的二十大报告强调的“六个必须坚持”之一。守正就是坚守真理、坚守正道；创新就是勇于探索、开辟新境，敢于说前人没有说过的新话，敢于干前人没有干过的事情。

坚持学习，守正创新，这是对会计人员的发展要求。会计人员要始终秉持专业精神，勤于学习、锐意进取，持续提升会计专业能力；不断适应新形势新要求，与时俱进、开拓创新，努力推动会计事业高质量发展。

当代大学生要勤于学习、锐意进取，持续提升专业能力；要有意识地培养自己的创新精神。在开发财务机器人的过程中，通过参与讨论、头脑风暴等方式，锻炼自己的发散性思维能力，对问题进行深入分析，勇于挑战传统观念，打破思维定式，以新的视角看待问题，从而提出创新性的观点和解决方案。

拓展阅读：RPA财务机器人实施步骤

RPA财务机器人项目是以业务流程自动化为主要建设内容的信息化系统建设项目。实施RPA财务机器人项目，通常包括需求规划、设计与开发、部署与运维三个阶段。

一、需求规划阶段

企业想要引入财务机器人以优化财务流程、提高流程的效能和质量、转变财务工作方式、促进财务转型升级，必须明确财务机器人是否适合自身的需求。因此，需求规划是实施财务机器人的第一步。企业应在组织内广泛讨论，听取意见，对各个业务场景进行识别。可先列举财务场景，明确实施财务机器人的目的或需要解决的痛点，对流程进行分析和评价，评价财务机器人的适用性和可行性，以明确财务机器人项目需求。基于RPA技术和项目的特点，财务机器人需求规划本质上是对财务流程的管理，通过全面梳理企业财务流程的各环节、各要素及其相关性，实现对整个财务流程体系的有效管理。

财务机器人需求规划的总体框架分为战略目标与定位、财务自动化流程发现、财务自动化流程评价与选择三个部分。

（一）战略目标与定位

战略目标与定位是财务机器人需求规划的第一步，一个财务机器人项目能否成功实施，很大程度上取决于战略目标与定位，清晰、明确的战略目标与定位给财务机器人项目的实施指明了方向。

财务机器人作为企业财务数字化建设的重要内容之一，服务和服从于企业的财务转型、财务工作方式转型和财务人员转型战略目标的实现。企业在实施财务机器人项目时，要在明晰战略目标的前提下，通过端到端的流程审查，结合发展战略、业务驱动力和目前急需解决的痛点，确定自己的战略定位，包括降低人力成本、提升工作效率、提高工作质量、提高会计信息质量、强化合规与风险管控、促进业财融合等。根据企业的经营规模、业务类型、业务特征、管理模式和人员规模等不同情况，战略定位会有所差异。

（二）财务自动化流程发现

财务自动化流程发现的本质是财务机器人的需求获取，获取需求是财务机器人需求分析的基础。为了有效地获取自动化流程需求，企业应采取科学的获取方法和明确的判断依据。常见的财务自动化流程发现方法包括自上而下、自下而上、问题导向和流程挖掘四种。在寻找哪些财务流程可以进行自动化实现时，可以从标准化、重复性、稳定性、异构系统、例外情况、数据结构化、合规与风险、用户体验等维度考虑，回顾端到端的流程或特定功能的流程，识别具有高度自动化潜力的流程区域，并且对已识别的流程区域进行开发流程和子流程的分类。

（三）财务自动化流程评价与选择

并不是所有可以实现自动化的财务流程都一定要开发成财务机器人。企业流程负责人和内部专家可以组织研讨会，依据流程成本、流程效率、流程质量、用户满意度、技术成熟度、技术复杂度、资源利用率、投资回报率、业务变革与创新、组织变革与创新、人员转型与成长等评价指标，采用科学的方法进行评价和排序，确定自动化类型是无人值守型还是有人值守型，并创建自动化的规划图，最后进行详细的机会评估，对无人值守型的自动化流程确定具体步骤，并根据收集的数据确定候选的自动化流程。

二、设计和开发阶段

设计和开发是财务机器人项目实施的核心阶段。在进行财务机器人的设计时，需要编写设计方案，确定设计内容，然后对数据标准与规范、自动化流程进行设计。在进行财务机器人开发时，需要从开发语言、平台功能、扩展功能以及可用性角度来考虑开发平台的选择，从变量命名、文件命名与储存、操作日志、版本控制等方面规范开发过程，同时要注意开发过程中的流程步骤。在进行财务机器人的设计与开发过程中，开发人员不仅要考虑整个系统的安全性、灵活性、稳定性和高效性，同时还要考虑后续的可延展性需求，结合财务流程的长度、复杂度、关键流转节点、检核点、校验逻辑等内部影响因素，机器人运行时间、运行时长、运行环境等外部影响因素，以及需求衔接、本地化参数与配置、风控与恢复机制、结构化开发、快速拓展需求、全局性维护、参数配置安全、信息存储安全、信息传输安全、网络端口与访问安全、物理环境安全、日志安全、代码安全、账号密码安全等方面来设计和开发。

（一）财务机器人设计

财务机器人的整体框架设计至关重要，将影响后续的开发、部署与运维。财务机器人的设计包括编写设计方案、确定设计内容、数据标准与规范化设计、自动化流程设计四个方面。

对RPA融入财务工作的流程设计，如果缺乏科学、合理的规划和思考，会导致流程复杂、RPA技术资源浪费等诸多弊端，从而出现部署困难、难以落地等问题。同时，企业在实施财务机器人项目的过程中，难免需要在一定程度上对原有的财务流程进行重塑和改造，进而对财务业务本身及与其关联的上下游业务流程都带来变革，因此需要妥善考虑角色分工和流程控制的重新设计。将设计思想贯穿于财务流程执行的前、中、后三个阶段。在流程执行前，要进行大量的环境检查和分析，包括输入文档、配置文件、初始运行环境状态等。在流程执行中，要根据流程运行涉及的系统、流程执行节点、流程长度等因素对整个流程进行切分，以确保不同功能模块的低耦合性；充分考虑未来业务的增长或拓展，预留衔接位置；梳理常见业务的异常状态和可预见的系统异常状态，将其按照异常类型、后续影响、特殊性等维度进行分类，在关键节点进行异常捕获，根据异常的不同类型进行不同的自动化流程指向，以确保异常发生时能够及时停止、及时跳过当前子流程并继续运行，或者尝试重新执行；对贯穿整个流程的关键数据节点进行质量检查及信息反馈，以提高整个自动化流程的质量。在流程执行后，按需进行执行结果的反馈、运行环境的恢复以及与运行相关数据的备份和归档等，以保证后续流程的正常运行，以及历史记录的可追溯。

（二）财务机器人开发

财务机器人的开发包括平台选择、开发规范和开发流程等内容。如何选择合适的开发平台，遵循什么样的开发规范，如何一步一步地进行财务机器人开发，这是在财务机器人开发阶段要厘清的内容。

财务机器人的开发并非遵循传统的瀑布式软件开发方法，而是遵循敏捷开发方法。敏捷开发以用户的需求进化为核心，采用迭代、循序渐进的方法进行财务机器人开发，其目的是提高开发效率和响应能力。在敏捷开发中，财务机器人项目在构建初期被切分成多个子项目，各个子项目的成果都要经过测试，具备可视、可集成和可运行使用的特征。换言之，就是把一个大项目分为多个相互联系但也可独立运行的小项目，并分别完成，在此过程中，财务机器人一直处于可使用状态。

采用敏捷开发方法，可以实现财务机器人快速和高质量的开发。特别是在用户需求不确定、变化较大的情况下，敏捷开发方法可以用户需求为导向和驱动，在满足用户基本需求的基础上，细分机器人架构层次，划分功能模块，采用更加灵活的机器人架构，快速实现用户的个性化需求。

在开发财务机器人时，首先需要构建基本功能模块平台，实现财务机器人的基本功能，这是财务机器人个性化定制的基础。同时，开发基本功能平台的接口模块，作为个性化财务机器人与基本功能平台的桥梁。然后在此基础上，根据用户的不同需求，开发拓展功能。这样在用户需求变化的情况下，开发人员只要对拓展模块进行开发，就能满足多种用户的个性化需求，极大减少了财务机器人开发的工作量，使个性化财务机器人的快速开发成为可能。

三、部署与运维

相较于传统IT系统的部署，财务机器人的部署较为简单快捷。企业部署财务机器人的过程，往往也是企业自动化思维从无到有的发展过程。因此，匹配企业真实的财务场景进行概念验证（Proof Of Concept，POC），构建一个跨职能、跨部门的RPA卓越中心（COE），采用科学有效的财务机器人测试与部署方法，确保财务业务的连续性和财务机器人运行的安全性，做好财务流程自动化需求的变更与控制管理，对推动企业财务机器人的实施极为重要。

虽然不同行业的企业采用RPA财务机器人的规模不同，但在采用RPA初期，企业通常会在一些常见的财务流程中进行POC，以获得早期的成功并逐渐扩大规模。POC是以低成本在企业验证RPA技术和业务可行性的绝佳时机，企业应充分利用RPA供应商的丰富经验，并获得RPA使用者、决策者、影响者等多方的反馈意见。选取典型的简单财务场景，通过POC的实施和反馈，对该场景中的财务流程进行优化，定义企业RPA运行的模型，能够帮助企业判断RPA与企业的适配程度。

财务机器人在部署之前需要进行测试，以判断财务机器人是否满足企业规定的功能与性能指标。财务机器人测试工作的开展，需要满足测试需求、测试环境、测试过程及测试结果的总体要求，这是测试项目中其他文档编写及结果评价的基础。测试过程中，供应商需要根据签订的财务机器人项目合同和需求文档，说明测试范围，列出要测试的种类和测试内容。财务机器人测试的关键过程有测试计划制订、编写测试用例、测试环境准备、测试执行、测试结果分析和测试情况汇报。

在企业的财务部门部署财务机器人需要强大的变革管理技能和能力，在应用过程中清楚展示并持续宣传机器人流程自动化带来的诸多好处对项目的有效实施起着至关重要的作用。同时，让财务人员参与财务流程自动化的实施，并且知晓可能带来的益处以及对其角色和职责的潜在影响，具有非常重要的意义。这不但可以减少企业在变革过程中遭遇的阻力，而且有机会识别出那些变革倡导者。此外，确保财务团队了解机器人流程自动化技术，能够减少对外部第三方或企业内少数专家的依赖，这有助于降低风险。由真正熟悉财务流程的员工负责，可为技术推广和扩大规模打下坚实基础。

成功部署财务机器人的关键因素包括易用性、多功能性、用户支持、可扩展性等。可扩展性是一个被广泛关注的问题，特别是那些希望扩大其RPA实施规模的大企业。RPA安装的复杂性会随着财务机器人数量的增加而迅速增长，财务机器人遇到的问题以及受财务机器人影响的流程也会增加。确保财务机器人在实施后进行审核，简化财务机器人体系结构并逐步实现自动化，有助于促进RPA安装的管理。

运行维护是财务机器人实施后面临的最重要挑战，其中确保业务的连续性和保障运行的安全性是关键。在财务机器人的过程监视、过程更改、开发、重用等方面，应该具有较高的可见性和控制性。监管或网页环境的变化迟早会倒逼企业改变财务机器人的部署。由于大多数财务机器人都已编程，因此遵循软件编程中的最佳实践可以相对轻松地维护财务机器人。尽管如此，需要对变更进行优先级排序，并且需要将必要的工作用于财务机器人维护上面。RPA财务机器人上线后如果没有组织正确的引导和推广，会产生各种问题，比如部门间沟通不到位、运维流程缺失、技术支持不及时、企业自动化能力中断等，因此要加强业务部门和IT部门之间的互相协作，创立RPA财务机器人维护中心，确保RPA财务机器人项目在企业内持续运营。

资料来源：程平．RPA财务机器人：原理、应用与开发［M］．北京：中国人民大学出版社，2022.

项目检测

一、知识检测

1.连接邮件组件中，使用的协议是（　　）。

A.POP3　　B.pop.163.com　　C.smtp.163.com　　D.SMTP

2. 如果需要将包含“测试”标题的所有邮件的正文、发送人地址提取出来，需要（　　）流程组件。

A. 变量赋值　　B. 捕获异常　　C. 条件循环　　D. 获取输入参数

3. 对于邮箱中获取到的邮件，判断标题中是否含“收支计划”，需要调用的流程组件是（　　）。

A. 文本组件　　B. 字符串组件　　C. 时间组件　　D. 列表组件

4.AutoWork 判断邮件是否要自动处理的方式是（　　）。

A. 通过获取邮件的时间和当前系统时间做条件判断

B. 通过人工判断

C. 通过邮件标题

D. 通过邮件内容

5. 管理端审核机器人的前置条件是（　　）。

A. 按机器人名称筛选　　B. 按机器人状态筛选

C. 机器人开发完成　　D. 机器人已发布

6. 常用的 Email 有（　　）。

A.Outlook　　B.Gmail　　C. 网易 163　　D. 新浪

7. 邮件流程组件包括（　　）组件。

A. 发送邮件　　B. 连接邮箱　　C. 获取邮件标题　　D. 获取邮件正文

8.AutoWork 实现邮件收发流程自动化，需要使用的组件有（　　）。

A. 邮件组件　　B. 时间组件　　C. 列表组件　　D. 字典组件

9.AutoWork 实现获取目标邮件的附件，需要的流程有（　　）。

A. 获取第 temp 封邮件的时间，赋值给 sRet

B. 将 SendDate 转换为时间，赋值给 dtRet

C. 获取系统时间，赋值给 dtRet

D. 发送邮件，并将发送结果赋值给 bRet

10. 利用 AutoWork 进行 Email 处理自动化的流程主要有（　　）。

A. 连接邮箱　　B. 获取邮件标题

C. 判断是否包含“测试”　　D. 获取邮件正文、发件地址、时间

11. 文件组件包括（　　）组件。

A. 读取文件　　B. 复制文件　　C. 创建文件　　D. 删除文件

12. 电子邮件的应用只通过 POP3 一个协议来实现。（　　）

A. 正确　　B. 错误

13.AutoWork 无法实现创建文件夹，需要提前手动创建好。（　　）

A. 正确　　B. 错误

14.AutoWork 可以将获取邮件的时间转换为时间类型的数据。（　　）

A. 正确　　B. 错误

15. 利用 AutoWork 发送的邮件，无法发送附件。（　　）

A. 正确　　B. 错误

二、技能检测

W公司财务部要编制办公用品采购预算，将办公用品清单发送至各部门邮箱，各部门将填写完成的办公用品清单通过邮件提交给财务部，财务部收到邮件后，保存到指定文件夹。

1.测试准备：

（1）下载“办公用品清单-空白”，保存到测试文件夹中；

（2）下载“办公用品清单-办公室”，并发送到自己的邮箱，邮件正文“办公用品清单”。

（3）下载保存各部门邮箱列表。

2.根据以下要求，设计RPA自动化流程：

（1）进入“管理端”发布并认领需求；

（2）遍历列表，将“办公用品清单-空白”发送至各部门邮箱；

（3）获取当前系统日期；

（4）在电脑上建立以当天日期命名的文件夹；

（5）搜索邮箱前3封邮件，找到正文中含有“办公用品清单”的邮件，将附件保存到新建文件夹中；

（6）运行设计好的机器人自动化流程，运行成功后在设计端上传机器人。

项目三

财务分析机器人应用开发

项目三
电子课件

素养目标	1. 培养学生工作流程标准化的职业素养。 2. 培养学生勇于创新的精神。 3. 培养学生发现问题、分析问题、解决问题的能力。
技能目标	1. 能够熟练运用Excel组件。 2. 能够熟练运用AutoWork完成Excel数据操作。 3. 能够综合运用AutoWork的相关组件完成财务分析机器人的开发。
知识目标	1. 了解RPA与人工智能的关系。 2. 掌握AutoWork中Excel组件的功能及属性。 3. 掌握财务分析机器人的开发流程。

第一阶段　聚焦问题

一、问题导入

W公司财务分析员经常要进行大量的财务分析工作，从各部门收集财务数据，按照管理需求在Excel里不停地查找数据、定义公式，运用公式计算，再对各项指标进行排序、整理，工作费时又费力。本项目通过设计RPA机器人帮助财务分析员高效准确地完成财务分析工作。

【任务要求】设计财务分析机器人，帮助财务分析员收集2022年和2023年的财务报表，实现报表数据合并，计算公司盈利能力指标和偿债能力指标，并将财务分析报告发送至财务总监的邮箱。

二、问题分析

第一步，登录财务分析员邮箱，下载“W公司2022年度财务报表”和“W公司2023年度财务报表”。

第二步，将2022年度和2023年度财务报表上的数据合并，并写入合并财务报表中，将财务分析表中的“盈利能力分析”和“偿债能力分析”工作表复制到合并财务报表中。

第三步，根据财务报表信息，计算盈利能力指标和偿债能力指标。

第四步，将财务分析报告发送至财务总监的邮箱。

财务分析机器人编制的业务流程如图3-1所示。

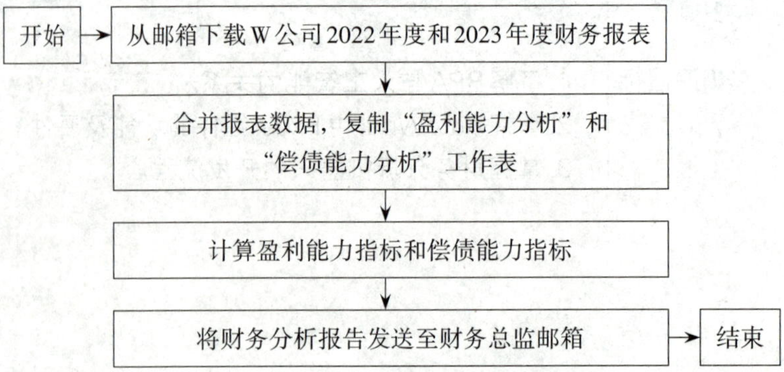

图3-1　财务分析机器人编制业务流程

三、阶段小结

引导学生模拟财务分析过程，分析要完成的主要任务，梳理相关知识、技能储备，针对需要完成的任务，创新性地提出可能的解决方案，填写财务分析机器人开发任务初认知表格（见表3-1）。

表3-1 财务分析机器人开发任务初认知表格

总体目标	
工作流程	
主要任务	
任务难点	
解决思路	
知识、技能储备	

第二阶段 激活旧知

一、财务指标分析

财务指标分析是指总结和评价企业财务状况与经营成果的分析指标，包括盈利能力指标、偿债能力指标、运营能力指标和发展能力指标等。

盈利能力是指企业获取利润的能力，也称企业的资金或资本增值能力，通常表现为一定时期内企业收益数额的多少及收益水平的高低。

盈利能力指标主要包括营业利润率、成本费用利润率、盈余现金保障倍数、总资产报酬率、净资产收益率和资本收益率等指标。

偿债能力是指企业偿还到期债务（包括本息）的能力。偿债能力分析包括短期偿债能力分析和长期偿债能力分析。短期偿债能力衡量指标主要有净营运资本、流动比率、速动比率等。长期偿债能力衡量指标主要有资产负债率、产权比率、权益乘数、长期资本负债率等。

二、Excel组件

AutoWork中的Excel组件有：打开Excel、关闭Excel、保存Excel、另存为Excel、获取行数量、获取列数量、读取单元格内容、设置单元格内容、获取单元格类型、读取行、读取列、插入行、设置行高、设置列宽、创建工作表、删除工作表、复制工作表、获取当前表名、重命名工作表、获取Excel路径、获取表数量、设置数据类型、设置对齐方式、设置背景颜色、设置字体样式、清除样式、获取公式、设置公式。

（一）打开Excel

功能描述：通过指定路径打开一个Excel工作簿（如果文件不存在则会创建此文件），并返回Excel对象，支持xls、xlsx格式。

打开Excel的属性描述见表3-2。

表3-2 打开Excel的属性描述

名称	默认值	描述
文件路径	''	Excel文件路径，如果指定路径不存在对应文件，在此路径创建该文件
输出到	excelRet	将打开的Excel输出到指定变量（excelRet）

（二）关闭Excel

功能描述：关闭打开的Excel对象。

关闭Excel的属性描述见表3-3。

表3-3 关闭Excel的属性描述

名称	默认值	描述
工作簿对象	excelRet	Excel工作簿对象（使用“打开Excel”命令（open_excel）打开的工作簿）
立即保存	是	退出时是否进行保存

（三）保存Excel

功能描述：保存指定的Excel。

保存Excel的属性描述见表3-4。

表3-4 保存Excel的属性描述

名称	默认值	描述
工作簿对象	excelRet	Excel工作簿对象（使用“打开Excel”命令（open_excel）打开的工作簿）

（四）另存为Excel

功能描述：将Excel另存为。

另存为Excel的属性描述见表3-5。

表3-5 另存为Excel的属性描述

名称	默认值	描述
工作簿对象	excelRet	Excel工作簿对象（使用“打开Excel”命令（open_excel）打开的工作簿）
文件路径	''	另存为文件的文件路径

（五）获取行数量

功能描述：获取sheet中已使用的行数。

获取行数量的属性描述见表3-6。

表3-6　获取行数量的属性描述

名称	默认值	描述
工作簿对象	excelRet	Excel工作簿对象（使用“打开Excel”命令（open_excel）打开的工作簿）
工作表	'Sheet1'	如果使用字符串，则表示指定sheet的名字；使用数字，则表示指定sheet的顺序（从0开始）
输出到	rows_count	将获取的行数量输出到指定变量（rows_count）

（六）获取列数量

功能描述：获取sheet中已使用的列数。

获取列数量的属性描述见表3-7。

表3-7　获取列数量的属性描述

名称	默认值	描述
工作簿对象	excelRet	Excel工作簿对象（使用“打开Excel”命令（open_excel）打开的工作簿）
工作表	'Sheet1'	如果使用字符串，则表示指定sheet的名字；使用数字，则表示指定sheet的顺序（从0开始）
输出到	colums_count	将获取的列数量输出到指定变量（colums_count）

（七）读取单元格内容

功能描述：读取sheet指定单元格的值。

读取单元格内容的属性描述见表3-8。

表3-8　读取单元格内容的属性描述

名称	默认值	描述
工作簿对象	excelRet	Excel工作簿对象（使用“打开Excel”命令（open_excel）打开的工作簿）
工作表	'Sheet1'	如果使用字符串，则表示指定sheet的名字；使用数字，则表示指定sheet的顺序（从0开始）
单元格	''	指定的单元格，支持单元格名如“A1”与行列数组如[行号,列号]两种形式，当使用单元格名时不区分大小写
输出到	cell_value	将读取的单元格内容输出到指定变量（cell_value）

（八）设置单元格内容

功能描述：将数据写入sheet指定单元格。

设置单元格内容的属性描述见表3-9。

表3-9　设置单元格内容的属性描述

名称	默认值	描述
工作簿对象	excelRet	Excel工作簿对象（使用“打开Excel”命令（open_excel）打开的工作簿）
工作表	'Sheet1'	如果使用字符串，则表示指定sheet的名字；使用数字，则表示指定sheet的顺序（从0开始）
单元格	''	指定的单元格，支持单元格名如“A1”与行列数组如[行号,列号]两种形式，当使用单元格名时不区分大小写
数据	''	要写入的数据
立即保存	是	操作完成是否立即保存

（九）获取单元格类型

功能描述：获取单元格类型，-1=未知、0=数值、1=字符串、2=公式、3=空、4=布尔、5=错误。

获取单元格类型的属性描述见表3-10。

表3-10　获取单元格类型的属性描述

名称	默认值	描述
工作簿对象	excelRet	Excel工作簿对象（使用”打开Excel”命令（open_excel）打开的工作簿）
工作表	'Sheet1'	如果使用字符串，则表示指定sheet的名字；使用数字，则表示指定sheet的顺序（从0开始）
单元格	''	指定的单元格，支持单元格名如“A1”与行列数组如[行号,列号]两种形式，当使用单元格名时不区分大小写
输出到	cellType	将获取的单元格类型输出到的指定变量（cellType）

（十）读取行

功能描述：读取表格的一行数据。

读取行的属性描述见表3-11。

表3-11　读取行的属性描述

名称	默认值	描述
工作簿对象	excelRet	Excel工作簿对象（使用“打开Excel”命令（open_excel）打开的工作簿）
工作表	'Sheet1'	如果使用字符串，则表示指定sheet的名字，使用数字，则表示指定sheet的顺序（从0开始）
行号	1	获取表格的一行数据，如第一行'1'
输出到	row_value	将获取的表格的一行数据输出到指定变量（row_value）

（十一）读取列

功能描述：读取表格的一列数据。

读取列的属性描述见表3-12。

表3-12 读取列的属性描述

名称	默认值	描述
工作簿对象	excelRet	Excel工作簿对象（使用“开Excel”命令（open_excel）打开的工作簿）
工作表	'Sheet1'	如果使用字符串，则表示指定sheet的名字；使用数字，则表示指定sheet的顺序（从0开始）
列号	1	获取表格的一列数据，如第一列'A'
输出到	col_value	将获取的表格的一列数据输出到指定变量（col_value）

（十二）插入行

功能描述：在工作簿的指定工作表中插入数据。

插入行的属性描述见表3-13。

表3-13 插入行的属性描述

名称	默认值	描述
工作簿对象	excelRet	Excel工作簿对象（使用“打开Excel”命令（open_excel）打开的工作簿）
工作表	'Sheet1'	如果使用字符串，则表示指定sheet的名字；使用数字，则表示指定sheet的顺序（从0开始）
行号	-1	在指定的单元格上插入一行，支持单元格名如“A1”
插入数据	[ ]	插入list（列表）数据
立即保存	是	操作完成是否立即保存

（十三）设置行高

功能描述：设置单元格所在行的行高。

设置行高的属性描述见表3-14。

表3-14 设置行高的属性描述

名称	默认值	描述
工作簿对象	excelRet	Excel工作簿对象（使用“打开Excel”命令（open_excel）打开的工作簿）
工作表	'Sheet1'	如果使用字符串，则表示指定sheet的名字；使用数字，则表示指定sheet的顺序（从0开始）
行号	1	指定的单元格，支持单元格名如“A1”与行列数组如[行号,列号]两种形式，当使用单元格名时不区分大小写
行高	13.5	设置行高
立即保存	是	操作完成是否立即保存

（十四）设置列宽

功能描述：设置单元格所在列的列宽。

设置列宽的属性描述见表3-15。

表3-15 设置列宽的属性描述

名称	默认值	描述
工作簿对象	excelRet	Excel工作簿对象（使用“打开Excel”命令（open_excel）打开的工作簿）
工作表	'Sheet1'	如果使用字符串，则表示指定sheet的名字；如果使用数字，则表示指定sheet的顺序（从0开始）
列号	1	指定的单元格，支持单元格名如“A1”与行列数组如[行号,列号]两种形式，当使用单元格名时不区分大小写
列宽	8.38	设置列宽
立即保存	是	操作完成是否立即保存

（十五）创建工作表

功能描述：创建sheet，插入到指定位置。

创建工作表的属性描述见表3-16。

表3-16 创建工作表的属性描述

名称	默认值	描述
工作簿对象	excelRet	Excel工作簿对象（使用“打开Excel”命令（open_excel）打开的工作簿）
新表名	''	创建的新工作表名
插入位置	-1	创建sheet时作为位置参照的sheet
立即保存	是	操作完成是否立即保存

（十六）删除工作表

功能描述：删除指定的sheet。

删除工作表的属性描述见表3-17。

表3-17 删除工作表的属性描述

名称	默认值	描述
工作簿对象	excelRet	Excel工作簿对象（使用“打开Excel”命令（open_excel）打开的工作簿）
工作表	''	如果使用字符串，则表示指定sheet的名字；使用数字，则表示指定sheet的顺序（从0开始）
立即保存	是	操作完成是否立即保存

（十七）复制工作表

功能描述：创建一个sheet，并将指定的sheet数据复制到创建的sheet中。

复制工作表的属性描述见表3-18。

表3-18　复制工作表的属性描述

名称	默认值	描述
工作簿对象	excelRet	Excel工作簿对象（使用“打开Excel”命令（open_excel）打开的工作簿）
原表名	''	原来的表名
新工作簿对象	excelRet	新Excel工作簿对象
新表名	''	新工作表名
立即保存	是	操作完成是否立即保存

（十八）获取当前表名

功能描述：获取指定Excel活动的工作表表名。

获取当前表名的属性描述见表3-19。

表3-19　获取当前表名的属性描述

名称	默认值	描述
工作簿对象	excelRet	Excel工作簿对象（使用“打开Excel”命令（open_excel）打开的工作簿）
输出到	active_sheet_name	将获取的当前工作表名输出到指定变量（active_sheet_name）

（十九）重命名工作表

功能描述：对工作表进行重命名。

重命名工作表的属性描述见表3-20。

表3-20　重命名工作表的属性描述

名称	默认值	描述
工作簿对象	excelRet	Excel工作簿对象（使用“打开Excel”命令（open_excel）打开的工作簿）
原表名	''	原来的表名
新表名	''	新工作表名
立即保存	是	操作完成是否立即保存

（二十）获取Excel路径

功能描述：获取工作表路径。

获取Excel路径的属性描述见表3-21。

表3-21 获取Excel路径的属性描述

名称	默认值	描述
工作簿对象	excelRet	Excel工作簿对象（使用“打开Excel”命令（open_excel）打开的工作簿）
输出到	path	将获取的工作表路径输出到指定变量（path）

（二十一）获取表数量

功能描述：获取指定Excel下工作表数量。

获取表数量的属性描述见表3-22。

表3-22 获取表数量的属性描述

名称	默认值	描述
工作簿对象	excelRet	Excel工作簿对象（使用“打开Excel”命令（open_excel）打开的工作簿）
输出到	sheet_num	将获取的工作表数量输出到指定变量（sheet_num）

（二十二）设置数据类型

功能描述：设置指定单元格的数据类型。

设置数据类型的属性描述见表3-23。

表3-23 设置数据类型的属性描述

名称	默认值	描述
工作簿对象	excelRet	Excel工作簿对象（使用“打开Excel”命令（open_excel）打开的工作簿）
工作表	'Sheet1'	如果使用字符串，则表示指定sheet的名字；使用数字，则表示指定sheet的顺序（从0开始）
单元格	''	指定的单元格，支持单元格名如“A1”与行列数组如[行号,列号]两种形式，当使用单元格名时不区分大小写
数据类型	常规	支持设置常规、数字、文本、日期等数据类型
立即保存	是	操作完成是否立即保存

（二十三）设置对齐方式

功能描述：设置指定单元格的对齐方式。

设置对齐方式的属性描述见表3-24。

表3-24　设置对齐方式的属性描述

名称	默认值	描述
工作簿对象	excelRet	Excel工作簿对象（使用“打开Excel”命令（open_excel）打开的工作簿）
工作表	'Sheet1'	如果使用字符串，则表示指定sheet的名字；使用数字，则表示指定sheet的顺序（从0开始）
单元格	''	指定的单元格，支持单元格名如“A1”与行列数组如[行号,列号]两种形式，当使用单元格名时不区分大小写
水平对齐	保持不变	靠左、居中、靠右、填充、两端对齐、跨列居中、分散对齐、保持不变
垂直对齐	保持不变	靠左、居中、靠右、填充、两端对齐、跨列居中、分散对齐、保持不变
立即保存	是	操作完成是否立即保存

（二十四）获取单元格背景颜色

功能描述：读取指定单元格的背景颜色。

获取单元格背景颜色的属性描述见表3-25。

表3-25　获取单元格背景颜色的属性描述

名称	默认值	描述
工作簿对象	excelRet	Excel工作簿对象（使用“打开Excel”命令（open_excel）打开的工作簿）
工作表	'Sheet1'	如果使用字符串，则表示指定sheet的名字；使用数字，则表示指定sheet的顺序（从0开始）
单元格	''	指定的单元格，支持单元格名如“A1”与行列数组如[行号,列号]两种形式，当使用单元格名时不区分大小写
背景颜色	'#ffffff'	支持选择背景颜色
立即保存	是	操作完成是否立即保存

（二十五）设置单元格字体样式

功能描述：设置指定单元格的字体大小、字体颜色、是否粗体。

设置单元格字体样式的属性描述见表3-26。

表3-26　设置单元格字体样式的属性描述

名称	默认值	描述
工作簿对象	excelRet	Excel工作簿对象（使用“打开Excel”命令（open_excel）打开的工作簿）
工作表	'Sheet1'	如果使用字符串，则表示指定sheet的名字；使用数字，则表示指定sheet的顺序（从0开始）

续表

名称	默认值	描述
单元格	''	指定的单元格，支持单元格名如"A1"与行列数组如[行号,列号]两种形式，当使用单元格名时不区分大小写
字体大小	11	字号
字体颜色	'#000000'	字体颜色
是否粗体	保持不变	是、否、保持不变
立即保存	是	操作完成是否立即保存

（二十六）清除样式

功能描述：清除指定区域所有格式。

清除样式的属性描述见表3-27。

表3-27 清除样式的属性描述

名称	默认值	描述
工作簿对象	excelRet	Excel工作簿对象（使用"打开Excel"命令（open_excel）打开的工作簿）
工作表	'Sheet1'	如果使用字符串，则表示指定sheet的名字；使用数字，则表示指定sheet的顺序（从0开始）
区域	''	指定的区域，支持单元格名如"A2：B2"与二维行列数组如[[单元格1行号,单元格1列号],[单元格2行号,单元格2列号]]两种形式，当使用单元格名时不区分大小写
清除类型	清除所有	清除所有、清除样式、清除数据
立即保存	是	操作完成是否立即保存

（二十七）获取公式

功能描述：获取指定单元格的公式。

获取公式的属性描述见表3-28。

表3-28 获取公式的属性描述

名称	默认值	描述
工作簿对象	excelRet	Excel工作簿对象（使用"打开Excel"命令（open_excel）打开的工作簿）
工作表	'Sheet1'	如果使用字符串，则表示指定sheet的名字，使用数字，则表示指定sheet的顺序（从0开始）
单元格	''	指定的单元格，支持单元格名如"A1"与行列数组如[行号,列号]两种形式，当使用单元格名时不区分大小写
输出到	formula_value	将获取的指定单元格公式输出到指定变量（formula_value）

（二十八）设置公式

功能描述：设置指定单元格的公式。

设置公式的属性描述见表3-29。

表3-29　设置公式的属性描述

名称	默认值	描述
工作簿对象	excelRet	Excel工作簿对象（使用“打开Excel”命令（open_excel）打开的工作簿）
工作表	'Sheet1'	如果使用字符串，则表示指定sheet的名字；使用数字，则表示指定sheet的顺序（从0开始）
单元格	''	指定的单元格，支持单元格名如“A1”与行列数组如[行号,列号]两种形式，当使用单元格名时不区分大小写
公式	''	字符串形式的单元格公式
立即保存	是	操作完成是否立即保存

三、阶段小结

引导学生根据对所学组件的初步认知，尝试分析这些组件的用途，选择在解决财务分析任务过程中可能用到的组件，修正、补充财务分析机器人开发任务初认知表格。

第三阶段　示证新知

一、读取Excel单元格内容

【例3-1】读取“W公司2024年6月管理费用明细表”（如图3-2所示）中“办公费”的上期数。

微课

读取Excel单元格内容

	A	B	C
1	管理费用明细表		
2	2024年 6 月		
3	费用明细	本期数	上期数
4	职工薪酬	89400	120000
5	折旧费	8250	6600
6	无形资产摊销	7200	5600
7	业务招待费	79890	29260
8	办公费	7600	2520
9	差旅费	13700	120000
10	水电费	64000	60680
11	研究开发费	30000	40000
12	其他	16750	1500
13	合计	316790	386160

图3-2　W公司2024年6月管理费用明细表

【流程分析】

1.打开Excel文件，确定要读取的文件路径。

2.读取单元格内容，确定要读取的单元格所在工作表的名称和要读取单元格的名称，如C8。

3.输出单元格内容。

【RPA实现】

1.关闭已经打开的Excel表，选择【软件自动化】-【Excel】-【打开Excel】组件，在右侧属性面板中设置［文件路径］：“W公司2024年6月管理费用明细表.xlsx”文件打开的路径。

2.选择【软件自动化】-【Excel】-【读取单元格内容】组件，在右侧属性面板中设置［工作表］：'6月管理费用明细表'，［单元格］：'C8'，［输出到］：cell_value。

3.选择【语句命令】-【基本命令】-【输出调试信息】组件，在右侧属性面板中设置［输出内容］：'办公费：'+str(cell_value)，其中，cell_value是一个数值型的数据，前面'办公费：'是一个字符型的数据，当一个字符型的数据和一个数值型的数据进行合并的时，就出现了类型不一致的情况，需要把数值型的数据转换成字符型的数据，所以在cell_value前面加一个类型转换函数str。

RPA实现流程如图3-3所示。

1	打开Excel，路径为 'E:/Autowork/财务分析机器人应用开发/W公司2024年6月管理费用明细表.xls'，赋值给excelRet
2	读取表'6月管理费用明细表' 单元格'C8' 的值,赋值给cell_value　查找目标　?
3	向调试窗口输出'办公费：'+str(cell_value)

图3-3　例3-1的RPA实现流程

【RPA运行结果】如图3-4所示。

```
检测环境...
检测成功
==========================================================================================
运行流程(E:/Autowork/财务分析机器人应用开发/build): aw_4b0245fe
办公费: 2520.0
开始时间: 2024-08-06 10:53:40.411251
结束时间: 2024-08-06 10:53:41.915046
总 时 间: 0:00:01.503795
运行结束返回: 0, 成功
```

图3-4　例3-1的RPA运行结果

【例3-2】读取“W公司2024年6月管理费用明细表”（如图3-2所示）中所有费用项目的本期金额。

【流程分析】

1.打开Excel文件，确定要读取的文件路径。

2.获取行数量，获取Excel中有数据的单元格的行数。

3.运用计次循环控制行数。

4.采用条件分支，从第四行开始依次读取费用明细及其本期金额。

【RPA实现】

1.关闭已经打开的Excel表，选择【软件自动化】-【Excel】-【打开Excel】组件，在右侧属性面板中设置［文件路径］："W公司2024年6月管理费用明细表.xlsx"文件打开的路径。

2.选择【软件自动化】-【Excel】-【获取行数量】组件，在右侧属性面板中设置［工作表］：'6月管理费用明细表'，［输出到］：rows_count。

3.选择【语句命令】-【流程控制】-【计次循环】组件，在右侧属性面板中设置［循环次数］：rows_count，［循环因子］：i，［初始值］：1，［循环步长］：1。

4.选择【语句命令】-【流程控制】-【条件分支】组件，将【条件分支】组件拖拽至第3行计次循环流程代码的内部，作为第4行流程代码，在右侧属性面板中设置［判断表达式］：i>=4。

5.选择【软件自动化】-【Excel】-【读取单元格内容】组件，将【读取单元格内容】组件拖拽至第4行条件分支流程代码的内部，作为第5行流程代码，在右侧属性面板中设置［工作表］：'6月管理费用明细表'，［单元格］：'A'+str(i)，［输出到］：cell_value。

6.选择【软件自动化】-【Excel】-【读取单元格内容】组件，将【读取单元格内容】组件拖拽至第4行条件分支流程代码的内部，作为第6行流程代码，在右侧属性面板中设置［工作表］：'6月管理费用明细表'，［单元格］：'B'+str(i)，［输出到］：cell_value1。

7.选择【语句命令】-【流程控制】-【条件分支】组件，将【条件分支】组件拖拽至第4行条件分支流程代码的内部，作为第7行流程代码，在右侧属性面板中设置［判断表达式］：cell_value。

8.选择【语句命令】-【基本命令】-【输出调试信息】组件，将【输出调试信息】组件拖拽到第7行条件分支流程代码的内部，作为第8行流程代码，在右侧属性面板中设置【输出内容】：cell_value+':'+str(cell_value1)。

RPA实现流程如图3-5所示。

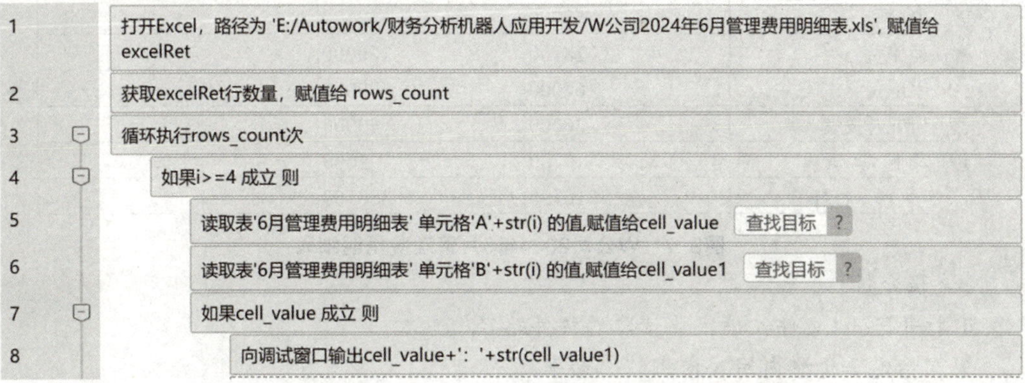

图3-5　例3-2的RPA实现流程

【RPA运行结果】如图3-6所示。

```
职工薪酬：89400.0
折旧费：8250.0
无形资产摊销：7200.0
业务招待费：79890.0
办公费：7600.0
差旅费：13700.0
水电费：64000.0
研究开发费：30000.0
其他：16750.0
合计：316790.0
开始时间：2024-08-06 11:14:32.251338
结束时间：2024-08-06 11:14:33.791199
总 时 间：0:00:01.539861
运行结束返回：0，成功
```

图3-6　例3-2的RPA运行结果

微课

编辑Excel
单元格内容

二、编辑Excel单元格内容

【例3-3】设置“W公司2024年6月管理费用明细表”（如图3-7所示）中单元格D3的内容为“变动率”，计算并填写所有项目的变动率，并将字体颜色设置为红色。

	A	B	C	D
1	管理费用明细表			
2	2024年 6 月			
3	费用明细	本期数	上期数	变动率
4	职工薪酬	89400	120000	
5	折旧费	8250	6600	
6	无形资产摊销	7200	5600	
7	业务招待费	79890	29260	
8	办公费	7600	2520	
9	差旅费	13700	120000	
10	水电费	64000	60680	
11	研究开发费	30000	40000	
12	其他	16750	1500	
13	合计	316790	386160	

图3-7　W公司2024年6月管理费用明细表

【流程分析】

1.打开Excel文件，确定要读取的文件路径。

2.在指定单元格内写入内容“变动率”。

3.通过条件循环，计算所有项目的变动率。

4.设置字体颜色为红色。

【RPA 实现】

1. 关闭已经打开的Excel表，选择【软件自动化】-【Excel】-【打开Excel】组件，在右侧属性面板中设置［文件路径］：“W公司2024年6月管理费用明细表.xlsx”文件打开的路径。

2. 选择【软件自动化】-【Excel】-【设置单元格内容】组件，在右侧属性面板中设置［工作表］：'6月管理费用明细表'，［单元格］：'D3'，［数据］：'变动率'。

3. 选择【软件自动化】-【Excel】-【获取行数量】组件，在右侧属性面板中设置［工作表］：'6月管理费用明细表'，［输出到］：rows_count。

4. 选择【语句命令】-【流程控制】-【变量赋值】组件，在右侧属性面板中设置［变量名］：iRow，［变量值］：4。

5. 选择【语句命令】-【流程控制】-【条件循环】组件，在右侧属性面板中设置［判断表达式］：iRow<=rows_count。

6. 选择【软件自动化】-【Excel】-【设置公式】组件，将【设置公式】组件拖拽至第5行条件循环流程代码的内部，作为第6行流程代码，在右侧属性面板中设置［工作表］：'6月管理费用明细表'，［单元格］：'D'+str(iRow)，［公式］：'(B'+str(iRow)+'-C'+str(iRow)+')/C'+str(iRow)。

7. 选择【语句命令】-【流程控制】-【变量赋值】组件，将【变量赋值】组件拖拽至条件循环流程代码的内部，作为第7行流程代码，在右侧属性面板中设置［变量名］：iRow，［变量值］：iRow+1。

8. 选择【软件自动化】-【Excel】-【设置字体样式】组件，在右侧属性面板中设置［工作表］：'6月管理费用明细表'，［单元格］：'D3:D13'，［字体大小］：10，［字体颜色］：'#ee1212'红色。

RPA 实现流程如图3-8所示。

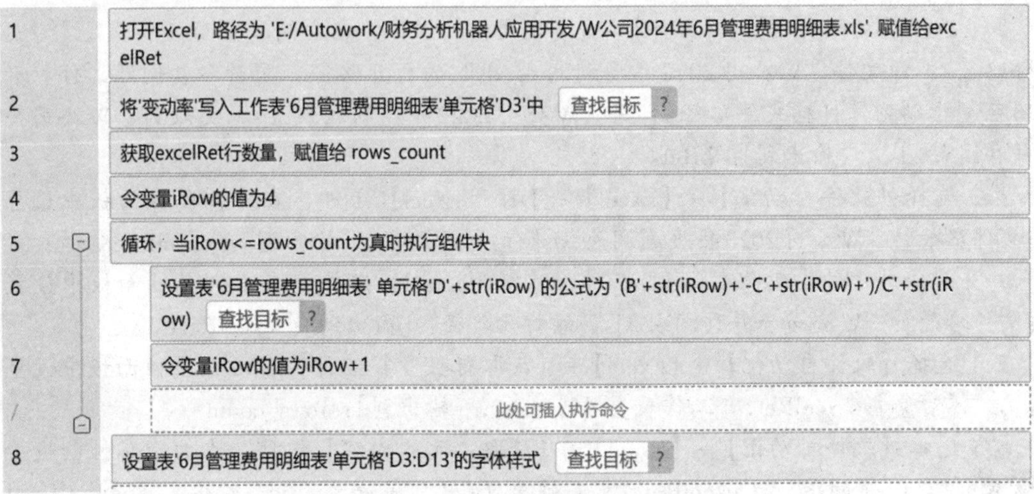

图3-8　例3-3的RPA实现流程

【RPA运行结果】如图3-9所示。

	A	B	C	D
1	管理费用明细表			
2	2024年 6 月			
3	费用明细	本期数	上期数	变动率
4	职工薪酬	89400	120000	-25.50%
5	折旧费	8250	6600	25.00%
6	无形资产摊销	7200	5600	28.57%
7	业务招待费	79890	29260	173.03%
8	办公费	7600	2520	201.59%
9	差旅费	13700	120000	-88.58%
10	水电费	64000	60680	5.47%
11	研究开发费	30000	40000	-25.00%
12	其他	16750	1500	1016.67%
13	合计	316790	386160	-17.96%

图3-9 例3-3的RPA运行结果

三、合并报表数据

微课

合并报表数据

【例3-4】将“W公司2022年度利润表”和“W公司2023年度利润表”合并到新文件“W公司合并利润表”中。

【流程分析】

1.复制“W公司2022年度利润表”成新文件“W公司合并利润表”。

2.打开新文件“W公司合并利润表”和“W公司2023年度利润表”。

3.从“W公司2023年度利润表”中获取行数量。

4.获取“W公司2023年度利润表”的读取范围，读取范围内的单元格的值。

5.获取“W公司合并利润表”的写入范围，将读取出来的值写入范围内。

6.设置“W公司合并利润表”写入列的列宽。

【RPA实现】

1.选择【文件处理】-【文件】-【复制文件】组件，在右侧属性面板中设置［源文件路径］：源文件“W公司2022年度利润表.xls”的打开路径，同时，复制源文件打开路径，粘贴到［目标文件路径］，将“W公司2022年度利润表.xls”更改为“W公司合并利润表.xls”，［输出到］：bRet。

2.选择【软件自动化】-【Excel】-【打开Excel】组件，在右侧属性面板中设置［文件路径］：“W公司2023年度利润表.xls”的打开路径，［输出到］：excelRet。

3.选择【软件自动化】-【Excel】-【打开Excel】组件，在右侧属性面板中设置［文件路径］：“W公司合并利润表.xls”的打开路径，［输出到］：excelRet1。

4.选择【软件自动化】-【Excel】-【获取行数量】组件，在右侧属性面板中设置［工作簿对象］：excelRet，［工作表］：'利润表'，［输出到］：rows_count。

5.选择【软件自动化】-【Excel】-【读取单元格内容】组件，在右侧属性面板中设置［工作簿对象］：excelRet，［工作表］：'利润表'，［单元格］：'A1:C'+str(rows_count)，［输出到］：cell_value。

6.选择【软件自动化】-【Excel】-【设置单元格内容】组件，在右侧属性面板中设置［工作簿对象］：excelRet1，［工作表］：'利润表'，［单元格］：'E1:G'+str(rows_count)，［数据］：cell_value。

7.选择【语句命令】-【流程控制】-【计次循环】组件，在右侧属性面板中设置［循环次数］：3，［循环因子］：i，［初始值］：5，［循环步长］：1。

8.选择【软件自动化】-【Excel】-【设置列宽】组件，将【设置列宽】组件拖拽至第7行计次循环流程代码的内部，作为第8行流程代码，在右侧属性面板中设置［工作簿对象］：excelRet1，［工作表］：'利润表'，［列号］：i，［列宽］：28。

RPA实现流程如图3-10所示。

1	复制文件'E:/Autowork/财务分析机器人应用开发/W公司2022年度利润表.xls'至'E:/Autowork/财务分析机器人应用开发/W公司合并利润表.xls'路径，结果赋值给bRet
2	打开Excel，路径为 'E:/Autowork/财务分析机器人应用开发/W公司2023年度利润表.xls'，赋值给excelRet
3	打开Excel，路径为 'E:/Autowork/财务分析机器人应用开发/W公司合并利润表.xls'，赋值给excelRet1
4	获取excelRet行数量，赋值给 rows_count
5	读取表'利润表' 单元格'A1:C'+str(rows_count) 的值,赋值给cell_value　查找目标　?
6	将cell_value写入工作表'利润表'单元格'E1:G'+str(rows_count)中　查找目标　?
7	循环执行3次
8	设置工作表'利润表' 中单元格i 所在的列宽为 28
9	设置表'利润表'单元格'E1:G'+str(rows_count)的字体样式　查找目标　?

图3-10　例3-4的RPA实现流程

【RPA运行结果】如图3-11所示。

	A	B	C	D	E	F	G
1	利润表				利润表		
2	编制单位：W公司	2022年12月	单位：元		编制单位：W公司	2023年12月	单位：元
3	项目	本期金额	上期金额		项目	本期金额	上期金额
4	一、营业收入	116425584.7	69890905.01		一、营业收入	89022965.03	116425584.7
5	减：营业成本	28482969.06	23700467.43		减：营业成本	31473421.25	28482969.06
6	税金及附加	541445.03	385803.04		税金及附加	402268.22	541445.03
7	销售费用	3705488.85	2875421.12		销售费用	3505758.17	3705488.85
8	管理费用	28106759.2	31461761.97		管理费用	28378272.71	28106759.2
9	研发费用				研发费用		
10	财务费用	44366484.5	44969383.83		财务费用	39377258.17	44366484.5
11	其中：利息费用				其中：利息费用	41689931.73	44657148.41
12	加：其他收益				利息收入	2451837.37	323251.75
13	投资收益（损失以“-”号填	18934877.89	35619646.9		加：其他收益		
14	其中：对联营企业和合营企	-115414.2	399334.49		投资收益（损失以“-”号填列	39426801.27	18934877.89
15	以摊余成本计量的金				其中：对联营企业和合营企	1129475.21	-115414.2
16	净敞口套期收益（损失以“-				以摊余成本计量的金融资产终止确认收益（损失以“-”号填列）		
17	公允价值变动收益（损失以				净敞口套期收益（损失以“-”号填列）		
18	信用减值损失（损失以“-”				公允价值变动收益（损失以“-”号填列）		
19	资产减值损失（损失以“-”	2346424.9	-171998.87		信用减值损失（损失以“-”号填列）		
20	资产处置收益（损失以“-”	63011.75			资产减值损失（损失以“-”号	-555756.62	2346424.9
21	二、营业利润（损失以“-”号填	53568203.38	2289713.39		资产处置收益（损失以“-”号	94311.1	63011.75
22	加：营业外收入	1016909.15	16188185.68		二、营业利润（损失以“-”号填列）	41560165.3	53568203.38
23	减：营业外支出	298005	969408.96		加：营业外收入	164500	1016909.15
24	三、利润总额（损失以“-”号填	54287107.53	17508490.11		减：营业外支出	280919.8	298005
25	减：所得税费用	2978476.68	49616.03		三、利润总额（损失以“-”号填列）	41443745.5	54287107.53
26	四、净利润（损失以“-”号填列）	51308630.85	17458874.08		减：所得税费用	2841563.25	2978476.68
27					四、净利润（损失以“-”号填列）	38602182.25	51308630.85

图3-11　例3-4的RPA运行结果

微课

复制工作表

四、复制工作表

【例3-5】将工作簿“W公司利润表财务分析.xls”中的工作表“盈利能力分析”复制到工作簿“W公司合并利润表.xls”中。

【流程分析】

1.打开Excel文件，确定要读取的文件路径。

2.复制工作表。

【RPA实现】

1.关闭已经打开的Excel表，选择【软件自动化】-【Excel】-【打开Excel】组件，在右侧属性面板中设置［文件路径］：“W公司利润表财务分析.xls”文件打开的路径，［输出到］：excelRet。

2.选择【软件自动化】-【Excel】-【打开Excel】组件，在右侧属性面板中设置［文件路径］：“W公司合并利润表.xls”文件打开的路径，［输出到］：excelRet1。

3.选择【软件自动化】-【Excel】-【复制工作表】组件，在右侧属性面板中设置［工作簿对象］：excelRet，［原表名］：'盈利能力分析'，［新工作簿对象］：excelRet1，［新表名］：'盈利能力分析'。

RPA实现流程如图3-12所示。

1	打开Excel，路径为 'E:/Autowork/财务分析机器人应用开发/W公司利润表财务分析.xls'，赋值给excelRet
2	打开Excel，路径为 'E:/Autowork/财务分析机器人应用开发/W公司合并利润表.xls'，赋值给excelRet1
3	复制工作表'盈利能力分析',将复制的工作表命名为'盈利能力分析'

图3-12 例3-5的RPA实现流程

【RPA运行结果】如图3-13所示。

	A	B	C	D	E
1	指标	2022年	2023年	增长率	
2	营业利润率				
3	营业净利率				
4	成本费用利润率				

利润表 盈利能力分析 +

图3-13 例3-5的RPA运行结果

五、财务指标分析

微课

财务指标分析

【例3-6】进行W公司2022年度和2023年度的盈利能力分析，包括计算营业利润率、营业净利率、成本费用利润率和各个指标的增长率。

【流程分析】

1.打开“W公司合并利润表”中盈利能力分析工作表。

2.设置计算营业利润率、营业净利率和成本费用利润率的公式：

营业利润率=营业利润/营业收入

营业净利率=净利润/营业收入

成本费用利润率=利润总额/成本费用总额

3.获取盈利能力分析工作表中有数据的行数量。

4.进行条件循环。

5.设置计算增长率的公式。

【RPA实现】

1.选择【软件自动化】-【Excel】-【打开Excel】组件，在右侧属性面板中设置【文件路径】："W公司合并利润表.xls"的打开路径，[输出到]：excelRet。

2.选择【软件自动化】-【Excel】-【设置公式】组件，在右侧属性面板中设置2022年营业利润率的[工作簿对象]：excelRet，[工作表]：'盈利能力分析'，[单元格]：'B2'，[公式]：'利润表!B21/利润表!B4'，以相同的步骤设置2023年营业利润率的[单元格]：'C2'，[公式]：'利润表!F22/利润表!F4'。

3.选择【软件自动化】-【Excel】-【设置公式】组件，在右侧属性面板中设置2022年营业净利率的[工作簿对象]：excelRet，[工作表]：'盈利能力分析'，[单元格]：'B3'，[公式]：'利润表!B26/利润表!B4'，以相同的步骤设置2023年营业净利率的[单元格]：'C3'，[公式]：'利润表!F27/利润表!F4'。

4.选择【软件自动化】-【Excel】-【设置公式】组件，在右侧属性面板中设置2022年成本费用利润率的[工作簿对象]：excelRet，[工作表]：'盈利能力分析'，[单元格]：'B4'，[公式]：'利润表!B24/SUM(利润表!B5:B10)'，以相同的步骤设置2023年成本费用利润率的[单元格]：'C4'，[公式]：'利润表!F25/SUM(利润表!F5:F10)'。

5.选择【软件自动化】-【Excel】-【获取行数量】组件，在右侧属性面板中设置[工作簿对象]：excelRet，[工作表]：'盈利能力分析'，[输出到]：rows_count。

6.选择【语句命令】-【流程控制】-【变量赋值】组件，在右侧属性面板中设置[变量名]：iRow，[变量值]：2。

7.选择【语句命令】-【流程控制】-【条件循环】组件，在右侧属性面板中设置【判断表达式】：iRow<=rows_count，当iRow<=rows_count时执行组件块。

8.选择【软件自动化】-【Excel】-【设置公式】组件，将【设置公式】组件拖拽至第10行条件循环流程代码的内部，作为第11行流程代码，在右侧属性面板中设置[工作簿对象]：excelRet，[工作表]：'盈利能力分析'，[单元格]：'D'+str(iRow)，[公式]：'(C'+str(iRow)+'-B'+str(iRow)+')/B'+str(iRow)，计算盈利能力分析指标的增长率。

9.选择【语句命令】-【流程控制】-【变量赋值】组件，将【变量赋值】拖拽至条件循环流程代码的内部，作为第12行流程代码，在右侧属性面板中设置[变量名]：iRow，[变量值]：iRow+1，依次进行循环。

RPA的实现流程如图3-14所示。

【RPA运行结果】如图3-15所示。

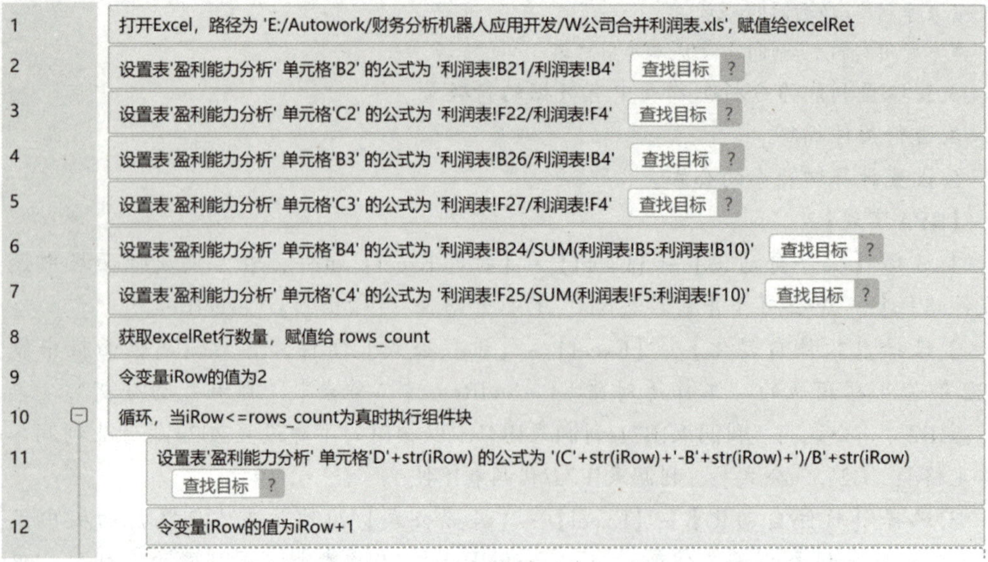

图3-14　例3-6的RPA实现流程

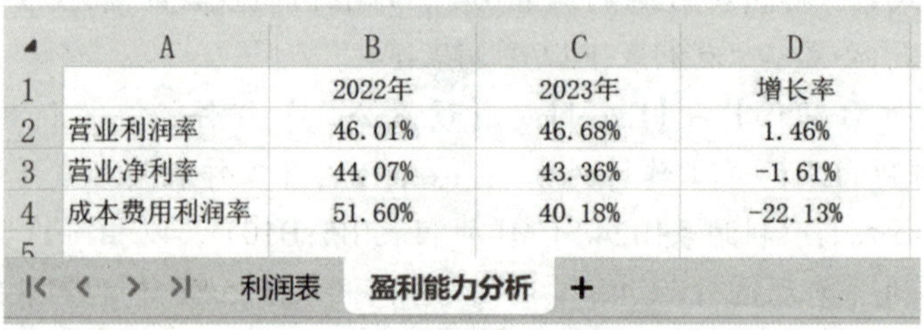

	A	B	C	D
1		2022年	2023年	增长率
2	营业利润率	46.01%	46.68%	1.46%
3	营业净利率	44.07%	43.36%	-1.61%
4	成本费用利润率	51.60%	40.18%	-22.13%

图3-15　例3-6的RPA运行结果

六、阶段小结

引导学生结合新知识学习及教师的演示操作，分析财务分析过程中需要解决的主要问题，初步构思解决方案，填写财务分析机器人开发任务再认知表格（见表3-30），进一步明确开发任务及思路。

表3-30　财务分析机器人开发任务再认知表格

<table>
<tr><td>总体目标</td><td colspan="2"></td></tr>
<tr><td rowspan="2">任务分解</td><td>子任务</td><td>子目标</td></tr>
<tr><td></td><td></td></tr>
<tr><td>任务难点</td><td colspan="2"></td></tr>
<tr><td>知识、技能储备</td><td colspan="2"></td></tr>
<tr><td rowspan="2">尚待解决的问题</td><td>问题描述</td><td>拟解决方案</td></tr>
<tr><td></td><td></td></tr>
</table>

第四阶段　尝试应用

一、读取利润表数据

（一）任务要求

读取“W公司2022年度利润表”文件中所有项目的“本期金额”。

（二）任务实施

1.填写设计思路（见表3-31）

表3-31　设计思路

运用组件	
流程设计	

2.RPA实现

（三）参考流程

参考流程如图3-16所示。

```
打开Excel，路径为 'E:/Autowork/财务分析机器人应用开发/W公司2022年度利润表.xls'，赋值给excelRet
获取excelRet行数量，赋值给 rows_count
循环执行rows_count次
    如果i>=4 成立 则
        读取表'利润表' 单元格'A'+str(i) 的值,赋值给cell_value  查找目标 ?
        读取表'利润表' 单元格'B'+str(i) 的值,赋值给cell_value1  查找目标 ?
        如果cell_value 成立 则
            向调试窗口输出cell_value+'：'+str(cell_value1)
```

图3-16　读取利润表数据的RPA实现流程

二、合并现金流量表

（一）任务要求

将“W公司2022年度现金流量表”和“W公司2023年度现金流量表”合并到新文件“W公司合并现金流量表”中。

（二）任务实施

1.填写设计思路（见表3-32）

表3-32　设计思路

运用组件	
流程设计	

2.RPA实现

（三）参考流程

参考流程如图3-17所示。

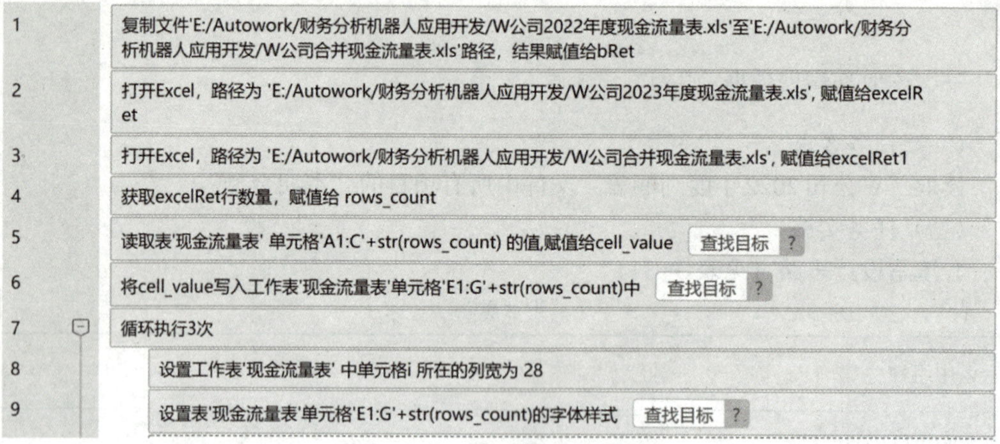

图3-17　合并现金流量表的RPA实现流程

三、阶段小结

引导学生结合尝试应用阶段的实际演练，确定财务分析的主要任务及解决方法，鼓励学生尝试用多种方法完成任务开发，填写财务分析机器人开发任务确认表格，见表3-33。

表3-33　财务分析机器人开发任务确认表格

总体目标			
任务分解	子任务	解决方法	预期效果
任务流程			

第五阶段　融会贯通

一、财务分析机器人原型设计

（一）任务要求

设计财务分析机器人，帮助财务分析员收集2022年和2023年的财务报表，实现报表数据合并，计算公司盈利能力指标和偿债能力指标，并将财务分析报告发送至财务总监的邮箱。

（二）原型设计

财务分析机器人的原型设计如图3-18所示。

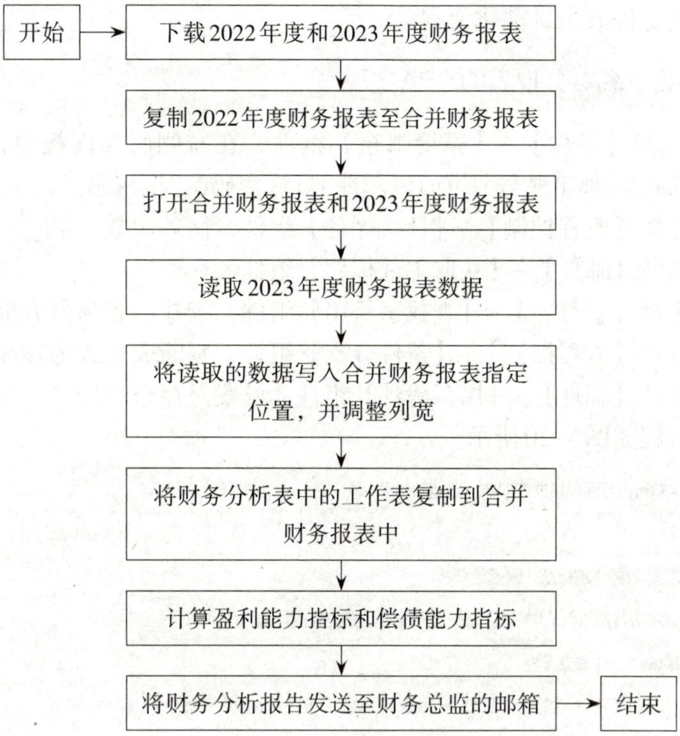

图3-18　财务分析机器人的原型设计

二、财务分析机器人RPA实现

财务分析机器人RPA实现流程如图3-19所示。

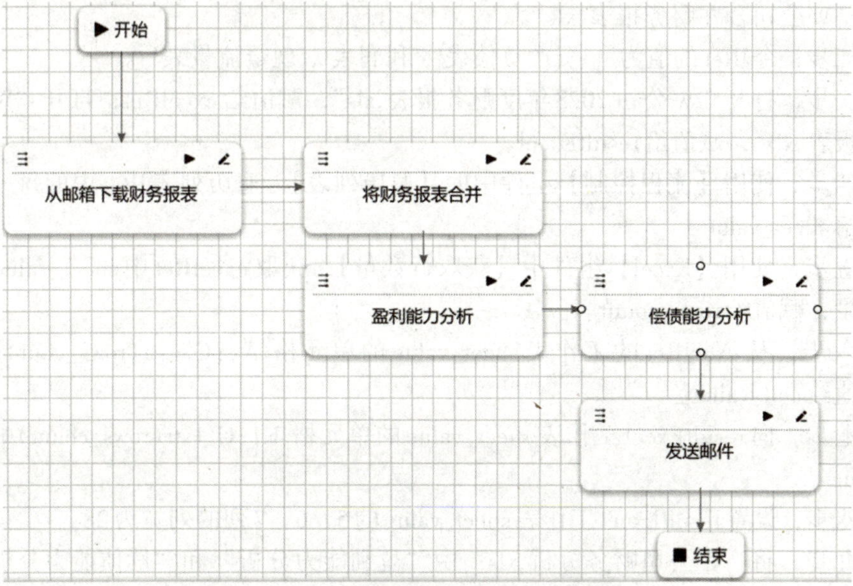

图3-19　财务分析机器人的RPA实现流程

财务分析机器人包含从邮箱下载财务报表、将财务报表合并、盈利能力分析、偿债能力分析、发送邮件五个自动化流程。

（一）从邮箱下载财务报表的RPA实现

第一步，选择【邮件】-【连接邮箱】组件，在右侧属性面板中设置［POP服务器］：'pop.qq.com'，［邮箱账号］：QQ邮箱账号，［密码］：授权码。

第二步，选择【流程控制】-【计次循环】组件，循环次数为4。

第三步，选择【邮件】-【获取邮件标题】组件。

第四步，选择【字符串】-【查找字符串】组件，查找内容为财务报表。

第五步，选择【流程控制】-【条件分支】组件，判断表达式为iRet>=0。

第六步，选择【邮件】-【保存附件】组件，设置保存路径。

RPA实现流程如图3-20所示。

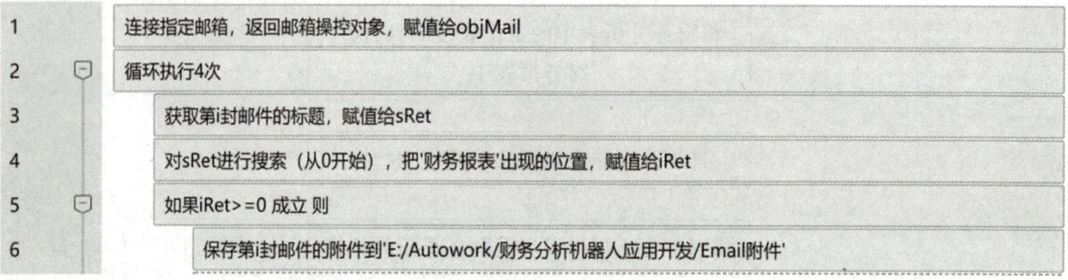

图3-20 从邮箱下载财务报表的RPA实现流程

（二）财务报表合并的RPA实现

第一步，使用【文件】中的【复制文件】组件将“W公司2022年度财务报表.xls”复制成“W公司合并财务报表.xls”。

第二步，令lRet的值为［'资产负债表','利润表','现金流量表'］。

第三步，打开“W公司2023年度财务报表.xls”，赋值给excelRet；打开“W公司合并财务报表.xls”，赋值给resultExcel。

第四步，使用【流程控制】组件中的【遍历列表】，遍历列表lRet中的每一项，将该项赋给sheet_value。

第五步，使用【Excel】组件中【获取行数量】，获取excelRet中sheet_value工作表的行数量，赋值给rows_count。

第六步，从excelRet的工作表sheet_value的单元格'A1:C'+str(rows_count)中读取值，赋值给cell_value。

第七步，向resultExcel工作表sheet_value的单元格'E1:G'+str(rows_count)中写入值cell_value。

第八步，设置resultExcel工作表sheet_value的5、6、7列的列宽为28。

第九步，将“W公司财务分析.xls”中“盈利能力分析”和“偿债能力分析”工作表复制到“W公司合并财务报表.xls”中。

RPA实现流程如图3-21所示。

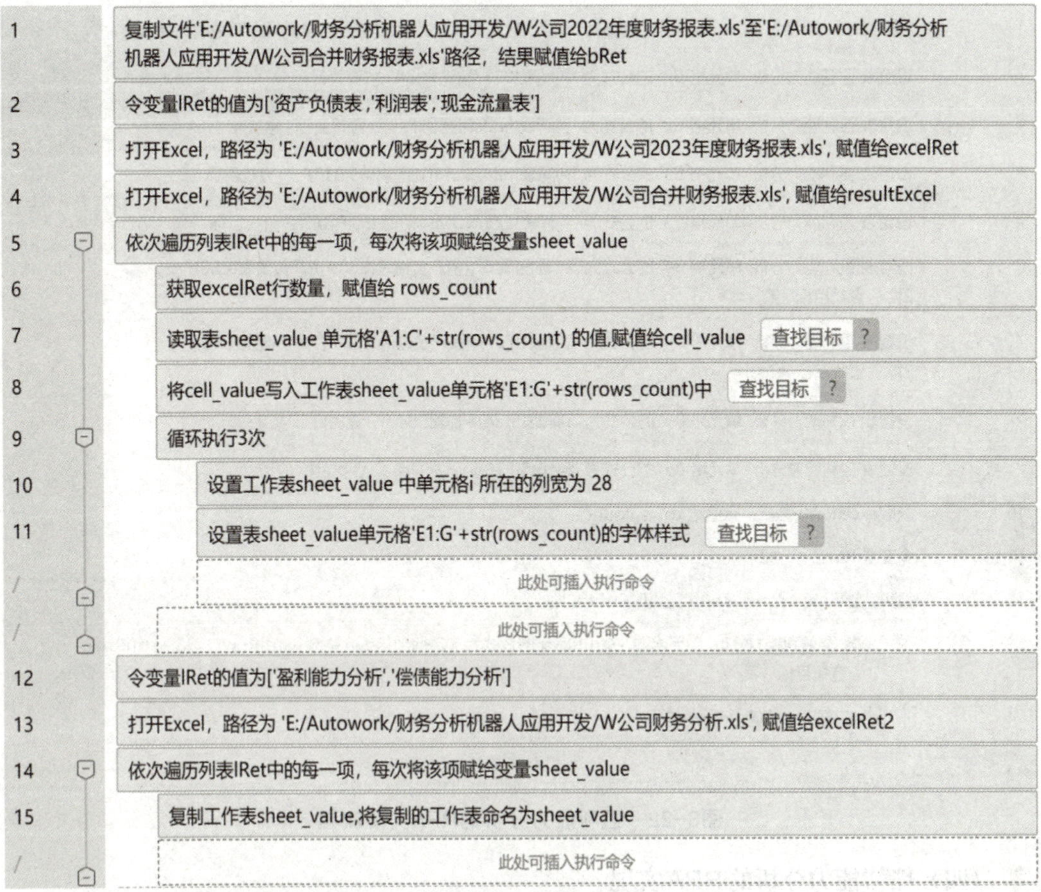

图3-21　财务报表合并的RPA实现流程

（三）盈利能力分析的RPA实现

第一步，计算盈利能力分析中的营业利润率。2022年的公式为'利润表!B21/利润表!B4'，2023年的公式为'利润表!F22/利润表!F4'。

第二步，计算盈利能力分析中的成本费用利润率。2022年的公式为'利润表!B24/SUM(利润表!B5:B10)'，2023年的公式为'利润表!F25/SUM(利润表!F5:F10)'。

第三步，计算盈利能力分析中的净资产收益率。2022年的公式为'利润表!B26/((资产负债表!B80+资产负债表!C80)/2)'，2023年的公式为'利润表!F27/((资产负债表!F80+资产负债表!G80)/2)'。

第四步，计算盈利能力分析中的销售利润率。2022年的公式为'利润表!B24/利润表!B4'，2023年的公式为'利润表!F25/利润表!F4'。

第五步，计算盈利能力分析中的指标增长率，公式为'(C'+str(iRow)+'-B'+str(iRow)+')/B'+str(iRow)。

第六步，变量iRow重新赋值为iRow+1，依次进行循环。

RPA实现流程如图3-22所示。

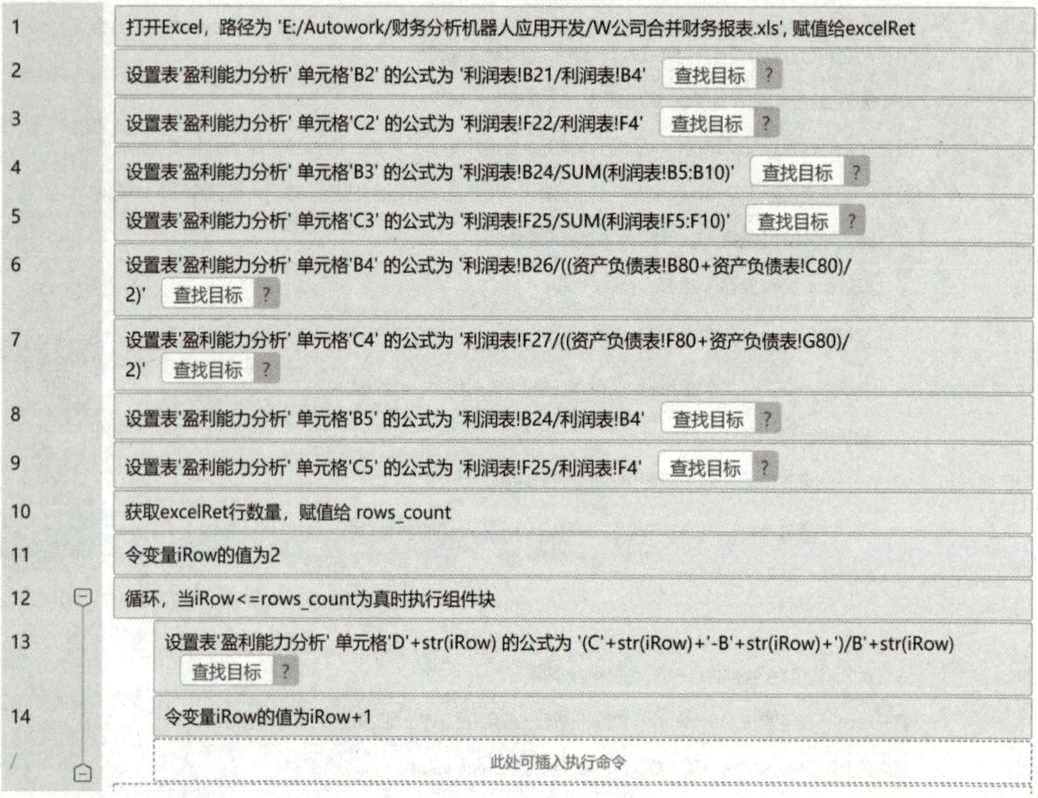

图3-22 盈利能力分析的RPA实现流程

（四）偿债能力分析的RPA实现

第一步，计算偿债能力分析中的流动比率。2022年的公式为'资产负债表!B18/资产负债表!B55'，2023年的公式为'资产负债表!F18/资产负债表!F55'。

第二步，计算偿债能力分析中的速动比率。2022年的公式为'(资产负债表!B18-资产负债表!B13-资产负债表!B11-资产负债表!B17)/资产负债表!B55'，2023年的公式为'(资产负债表!F18-资产负债表!F13-资产负债表!F11-资产负债表!F17)/资产负债表!F55'。

第三步，计算偿债能力分析中的产权比率。2022年的公式为'资产负债表!B68/资产负债表!B80'，2023年的公式为'资产负债表!F68/资产负债表!F80'。

RPA实现流程如图3-23所示。

（五）发送邮件的RPA实现

使用AutoWork中的【发送邮件】组件，实现将W公司财务分析报告发送给财务总监的自动化流程，RPA实现流程如图3-24所示。

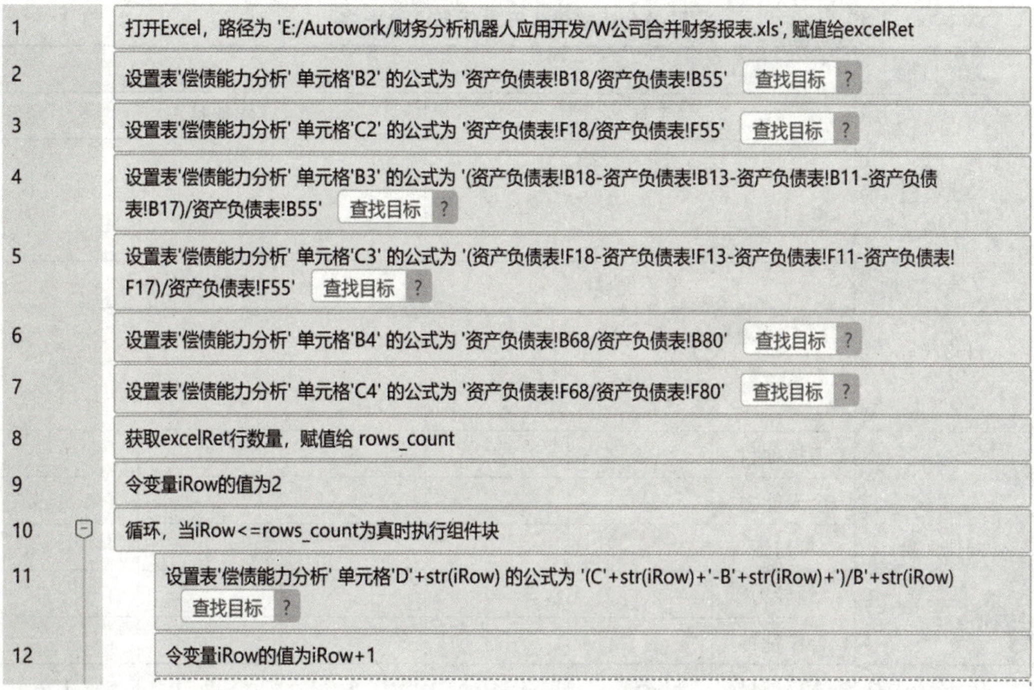

图3-23　偿债能力分析的RPA实现流程

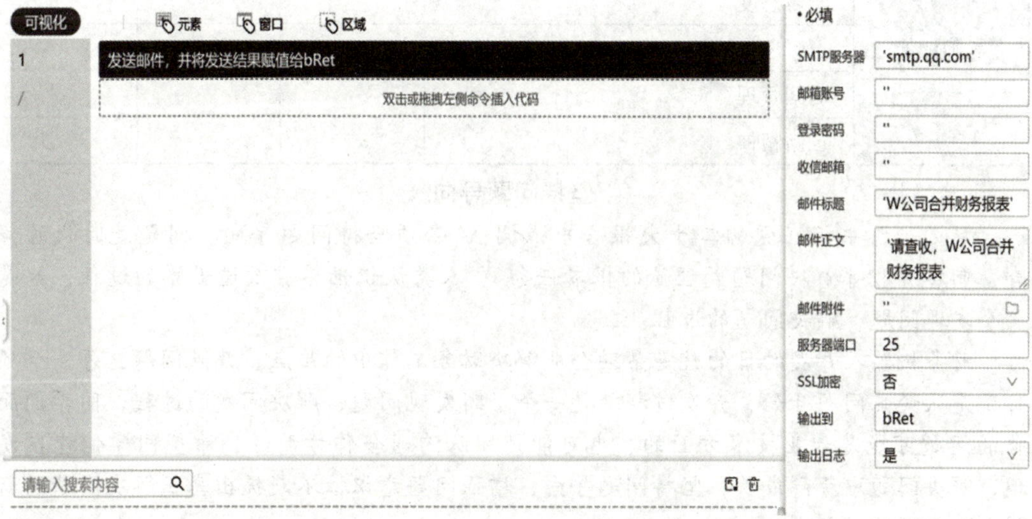

图3-24　发送邮件的RPA实现流程

三、阶段小结

通过运行展示多名学生设计的机器人，让学生看到任务可能存在的多种解决方案，引导学生对自己设计的机器人进行评价，及时发现问题，优化设计方案，填写财务分析机器人开发任务评价表格（见表3-34），并请同伴和教师对自己的表现作出评价，多角度了解自己，不断提升个人综合素质。

表3-34　　　　财务分析机器人开发任务评价表格

<table>
<tr><td>总体目标</td><td colspan="6"></td></tr>
<tr><td rowspan="2">任务分解</td><td colspan="3">子任务</td><td colspan="3">完成情况</td></tr>
<tr><td colspan="3"></td><td colspan="3"></td></tr>
<tr><td rowspan="2">自我评价</td><td colspan="3">表现优异</td><td colspan="3">有待改进</td></tr>
<tr><td colspan="3"></td><td colspan="3"></td></tr>
<tr><td rowspan="5">同伴评价</td><td>考核项目</td><td>5</td><td>4</td><td>3</td><td>2</td><td>1</td></tr>
<tr><td>个人能力</td><td></td><td></td><td></td><td></td><td></td></tr>
<tr><td>参与度</td><td></td><td></td><td></td><td></td><td></td></tr>
<tr><td>领导力</td><td></td><td></td><td></td><td></td><td></td></tr>
<tr><td>合作精神</td><td></td><td></td><td></td><td></td><td></td></tr>
<tr><td rowspan="5">教师评价</td><td>考核项目</td><td>5</td><td>4</td><td>3</td><td>2</td><td>1</td></tr>
<tr><td>学习态度</td><td></td><td></td><td></td><td></td><td></td></tr>
<tr><td>逻辑思维</td><td></td><td></td><td></td><td></td><td></td></tr>
<tr><td>时间管理</td><td></td><td></td><td></td><td></td><td></td></tr>
<tr><td>创新精神</td><td></td><td></td><td></td><td></td><td></td></tr>
</table>

【启思悟理】　　　　**坚持问题导向**

习近平总书记在党的二十大报告中强调："必须坚持问题导向。问题是时代的声音，回答并指导解决问题是理论的根本任务。"人类认识世界、改造世界的过程，就是一个发现问题、解决问题的过程。

财务机器人开发的目的就是帮助企业解决财务工作中的难点、痛点问题，每一个项目都是从聚焦问题开始，开发过程就是一个不断发现问题、解决问题的过程。同学们面临的问题可能是专业技术方面的、也可能是团队沟通合作方面的，希望同学们能在发现、解决问题中获得成长，坚持问题导向，增强问题意识，不断提出真正解决问题的新理念、新思路、新办法。

拓展阅读：RPA与人工智能

一、人工智能概述

1956年夏，麦卡锡、明斯基、罗切斯特和香农等科学家在美国达特茅斯学院开会研讨“如何用机器模拟人的智能”，首次提出“人工智能”这一概念，标志着人工智能学科的诞生。人工智能的目标是模拟、延伸和扩展人类智能，探寻智能本质，发展类人智能机器。

人工智能充满未知的探索道路曲折起伏，如何描述1956年以来60余年的人工智能发展历程，学术界可谓仁者见仁、智者见智。我们将人工智能60余年的发展历程划分为以下6个阶段：

（一）起步发展期

1956年至20世纪60年代初期。人工智能概念在1956年首次被提出后，相继取得了一批令人瞩目的研究成果，如机器定理证明、跳棋程序、LISP表处理语言等，掀起了人工智能发展的第一个高潮。

（二）反思发展期

20世纪60年代初期至20世纪70年代初期。人工智能发展初期的突破性进展大大提升了人们对人工智能的期望，人们开始尝试更具挑战性的人工智能任务。然而，接二连三的失败和预期目标的落空（例如：无法机器证明两个连续函数之和还是连续函数，机器翻译闹出笑话等），使人工智能的发展走入了低谷。

（三）应用发展期

20世纪70年代初期至20世纪80年代中期。随着一般思维规律探讨到专门知识运用的重大突破，人工智能走入了应用发展的新高潮。

（四）低迷发展期

20世纪80年代中期至20世纪90年代中期。随着人工智能的应用规模不断扩大，专家系统存在的应用领域狭窄、缺乏常识性知识、知识获取困难、推理方法单一、缺乏分布式功能、难以与现有数据库兼容等问题逐渐暴露出来。

（五）稳步发展期

20世纪90年代中期至2010年。随着网络技术特别是互联网技术的发展，信息与数据的汇聚不断加速，互联网应用的不断普及加速了人工智能的创新，促使人工智能技术进一步走向实用化。1997年IBM深蓝超级计算机战胜了国际象棋世界冠军卡斯帕罗夫（Garry Kasparo），2008年IBM提出“智慧地球”的概念，这些都是这一时期的标志性事件。

（六）蓬勃发展期

2011年至今。随着大数据、云计算、互联网、物联网等信息技术的发展，泛在感知数据和GPU等计算平台推动以深度神经网络为代表的人工智能技术飞速发展，大幅跨越科学与应用之间的“技术鸿沟”，图像分类、语音识别、知识问答、人机对弈、无人驾驶等具有广阔应用前景的人工智能技术突破了从“不能用、不好用”到“可以用”的技术瓶颈，人工智能发展进入爆发式增长的红利期。

二、RPA与人工智能的关系

从某种程度上来说，RPA和人工智能都有替代人工劳动的功能。RPA作为软件机器人，其需要依靠固定的脚本执行命令，模拟用户手工操作及交互，进行基于明确规则、重复、机械性的劳作，并以外挂形式部署在客户原有的系统上。RPA和那些自动化生产线上的工业机器人较为相似，只能死板地按照人类给它规定的程序工作。人工智能结合机器学习和深度学习，具有很强的自主学习能力，通过计算机视觉、语音识别、自然语言处理等技术拥有认知能力，可以通过大数据不断矫正自己的行为，从而有预测、规划、调度以及流程场景重塑的能力。

在具体应用上，RPA和人工智能各司其职，密不可分：①RPA倾向于重复地执行命令，人工智能更倾向于发出命令。②RPA机器人能够将简单的工作自动化，并为人工智能提供大数据。③人工智能能够根据RPA提供的数据进行模仿并改进流程。④RPA以流程为中心，人工智能以数据为中心。

从技术的角度来讲，RPA和人工智能处于智能自动化（Intelligent Autornation，IA）的两端：①RPA阶段，没有人工智能的参与，着重应付结构化、高度重复的工作。主要涉及批处理、桌面自动化等技术。②IA（智能自动化）阶段，可以处理非结构化、有一定规律的任务，主要涉及自然语言处理、深度学习等技术。此阶段也可被看作认知性RPA阶段，即“RPA 4.0”。③人工智能阶段，为非结构化自由形式，主要涉及深度学习、机器学习、认知计算等技术。

目前人工智能技术在企业中的应用仍处于初步探索阶段，从短期来看，企业更倾向于以标准化、逻辑清晰的RPA为基础，逐步向智能程度更高的人工智能方向发展。未来，随着RPA技术的不断发展，以及人工智能的不断落地，为进一步提高企业智能效率，二者的融合将会更加快速与深入，进而演变成行业发展趋势。

三、RPA与人工智能融合的案例

（一）RPA+NLP案例场景

某保险公司业务员，每天都需要登录发布保险相关法律法规的网站，打开法律法规页面，单击每一个更新的文章，并提取出文章里关键的信息，填写到整理的表格里，然后发邮件给业务主管，其中提取文章里的关键信息摘要就是利用NLP对文章的语义理解功能完成的。

NLP是人工智能（AI）的一个子领域，它使计算机拥有处理人类语言的能力，让计算机能够理解并使用人类的语言。当RPA与NLP结合后，可以获取大型文本的文本摘要，然后填入系统。

使用RPA后效率会明显提升。未使用RPA前，阅读和提炼信息需要半天，使用RPA后，只需要十分钟就可以完成。

（二）RPA+OCR案例场景

某发票审核员，每天都要登录国家税务总局全国增值税发票查验平台，检查发票真伪。这项工作非常简单，但又非常耗时。

OCR是光学字符识别的缩写（Optical Character Recognition），是通过扫描等光学输入方式将各种票据、报刊、书籍、文稿及其他印刷品的文字转化为图像信息，再利用文字识别技术将图像信息转化为可以使用的文本的计算机输入技术，可应用于发票验证、证照对比、保单录入、纸质订单录入和处理等领域。

当RPA和OCR结合后，OCR提供批量发票识别的功能，将要处理的发票放入指定目录后自动识别发票中的数据并将识别结果放入指定目录，将处理后的发票转移到已处理文件夹。RPA检测到指定目录中新识别的发票文件，自动输入查验平台，处理完毕后生成处理结果文件并发送相关人员复核，对无效发票再次做人工复核，以降低OCR识别失误的影响。

资料来源：财智本来编委会. RPA财务机器人开发与应用［M］. 北京：电子工业出版社，2022.

项目检测

一、知识检测

1. 用AutoWork操作打开Excel，需要的流程组件是（　　）。

A. 鼠标组件　　B. 键盘组件　　C.Excel组件　　D. 文本组件

2. 在AutoWork中，（　　）可以获取Excel表的行数数据。

A. 打开Excel表格人工数一下　　B. 无法实现

C.Excel组件中的获取行数量　　D.Excel组件中的读取行

3. 在AutoWork中，要实现在B6单元格增加总计金额，则（　　）。

A.AutoWork无法实现

B. 在B6单元格内写入'总计'，在C6单元格内写入公式'=sum(C2:C5)'

C. 在Excel里用求和公式计算总金额

D. 需要手动填写“总计”

4. 在AutoWork中，可使用（　　）组件将单元格的字体颜色设置为红色。

A. 设置单元格文字颜色　　B. 设置单元格背景颜色

C. 获取单元格文字颜色　　D. 无法实现

5. 用AutoWork实现盈利能力分析时，用变量赋值组件“令变量iRow的值为iRow+1”的目的是（　　）。

A. 捕获异常　　B. 令流程更好看

C. 退出流程　　D. 让流程能够依次循环执行命令

6. 文件组件包括的子组件有（　　）。

A.读取文件　　B.复制文件　　C.创建文件夹　　D.删除文件

7.偿债能力分析包括（　　）。

A.短期偿债能力分析　　B.营业利润率计算

C.长期偿债能力分析　　D.总资产报酬率计算

8.AutoWork读取Excel单元格内容的流程是（　　）。

A.确认要读取的Excel文件路径　　B.打开Excel

C.确定要读取的单元格的sheet名称　　D.确定要读取的单元格的列号和行号

9.使用AutoWork实现工作表合并的流程是（　　）。

A.将Excel另存为新的文件，在新文件上操作

B.新建一个sheet工作表，命一个新名字

C.将sheet1中需要的内容拷贝到新工作表

D.修改新工作表的列宽和行高

10.Excel组件包括的子组件有（　　）。

A.读取单元格内容　　B.获取行数量

C.另存为Excel　　D.保存Excel

11.盈利能力就是企业资金增值能力，它通常体现为企业收益数额的大小与水平的高低。（　　）

A.正确　　B.错误

12.可以通过将Excel文件拖拽进AutoWork中，打开表格。（　　）

A.正确　　B.错误

13.AutoWork无法读取多个单元格的内容。（　　）

A.正确　　B.错误

14.字母“A”的ASCII码是65。（　　）

A.正确　　B.错误

15.循环时，可以通过循环计数获取每一个单元格的值。（　　）

A.正确　　B.错误

二、技能检测

W公司为了增强公司员工文化素养，准备为公司员工购买一批书籍，打造公司读书角。现在有三名员工提交了“个人图书采购申请表”，需要将其合并到“图书采购清单”，方便进行统一采购。

1.测试准备：

（1）在电脑上创建名为“图书采购申请”的文件夹，将三名员工提交的“个人图书采购申请表”下载到该文件夹下；

（2）在电脑上创建名为“图书采购清单”的文件夹，将空白的“图书采购申请总表”下载到该文件夹下；

（3）下载保存各部门邮箱列表。

2.根据以下要求，设计RPA自动化流程：

（1）进入“管理端”发布并认领需求；

（2）使用获取文件列表组件获取“图书采购申请”文件夹内三个文件的路径列表数据；

（3）使用遍历列表组件遍历内含三个文件路径的列表数据；

（4）在遍历内循环使用打开Excel组件打开三名员工的“个人图书采购申请表”；

（5）使用读取单元格内容组件读取三名员工的“个人图书采购申请表”；

（6）将三名员工的图书申请内容写入“图书采购申请总表”；

（7）使用计次循环组件在“图书采购申请总表”写入序号；

（8）运行设计好的机器人自动化流程，运行成功后在设计端上传机器人。

项目四

报告生成机器人应用开发

项目四
电子课件

素养目标

1. 培养学生工作流程标准化的职业素养。
2. 培养学生爱岗敬业的工作态度。
3. 培养学生用系统思维和系统方法认识问题、解决问题。

技能目标

1. 能够熟练运用Word组件。
2. 能够熟练运用AutoWork完成Word文档操作。
3. 能够综合运用AutoWork的相关组件完成报告生成机器人的开发。

知识目标

1. 了解ChatGPT。
2. 掌握AutoWork中Word组件的功能及属性。
3. 掌握报告生成机器人的开发流程。

第一阶段　聚焦问题

一、问题导入

W公司的财务分析员经常要收集各部门的财务报表（Excel文件），根据管理需求对财务报表数据进行汇总、分析，提交分析报告（Word文件），也会时常关注竞争对手发布的财务报告（Word文件），和公司的数据做对比分析，所以需要在Excel文件和Word文件之间进行大量的数据复制、粘贴、计算等工作，这些工作技术含量低且容易出错。本项目以生成同行经营分析报告为例，探讨如何通过设计RPA机器人帮助财务分析员高效准确地完成分析报告生成工作。

【任务要求】设计报告生成机器人，帮助财务分析员收集财务数据，读取竞争对手Y公司的财务报告，编制“同行竞争情况分析表”（Excel文件），比较生成“同行经营分析报告”（Word文件），并将“同行经营分析报告”发送至财务总监的邮箱。

二、问题分析

第一步，财务分析员登录邮箱，下载“Y公司2023年度财务报告”和“W公司2023年度利润表”。

第二步，读取“Y公司2023年度财务报告”，获取营业收入、营业支出、营业利润、利润总额、净利润等数据。

第三步，将Y公司财务数据和W公司财务数据合并到“同行竞争情况分析表”。

第四步，比较并生成“同行经营分析报告”。

第五步，将“同行经营分析报告”发送至财务总监邮箱。

同行经营情况分析业务流程如图4-1所示。

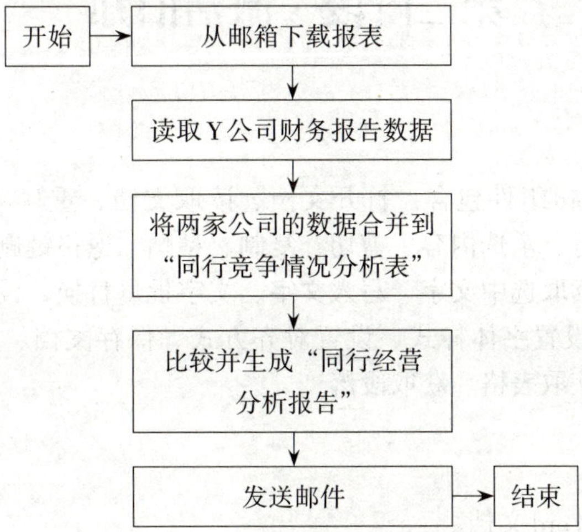

图4-1　同行经营情况分析业务流程

三、阶段小结

引导学生模拟同行经营分析报告生成过程，分析要完成的主要任务，梳理相关知识、技能储备，针对需要完成的任务，创新性地提出可能的解决方案，填写报告生成机器人开发任务初认知表格（见表4-1）。

表4-1 报告生成机器人开发任务初认知表格

总体目标	
工作流程	
主要任务	
任务难点	
解决思路	
知识、技能储备	

第二阶段 激活旧知

一、Word组件

AutoWork中的Word组件包含：打开文档、读取文档、重写文档、设置光标位置、移动光标位置、选择行、全选内容、剪切、复制、粘贴、退格键删除、插入回车、插入新页面、插入图片、读取选中文字、写入文字、文字批量替换、设置字体、设置字体大小、设置字体颜色、设置字体样式、设置对齐方式、保存文档、文档另存为、关闭文档、获取文档路径、获取表格、获取段落。

（一）打开文档

功能描述：打开Word文档。

打开文档的属性描述见表4-2。

表4-2 打开文档的属性描述

名称	默认值	描述
文件路径	''	Word文档文件路径
访问密码	''	访问密码
修改密码	''	修改密码
输出到	wordObj	将打开的Word文档输出到指定变量（wordObj）

（二）读取文档

功能描述：读取Word文档内容。

读取文档的属性描述见表4-3。

表4-3 读取文档的属性描述

名称	默认值	描述
文档对象	wordObj	Word文档对象
输出到	content	将读取的文档输出到指定变量（content）

（三）重写文档

功能描述：将内容写入Word文档，此操作会覆盖原有的内容。

重写文档的属性描述见表4-4。

表4-4 重写文档的属性描述

名称	默认值	描述
文档对象	wordObj	Word文档对象
写入内容	''	写入内容

（四）设置光标位置

功能描述：设置Word文档光标所在位置。

设置光标位置的属性描述见表4-5。

表4-5 设置光标位置的属性描述

名称	默认值	描述
文档对象	wordObj	Word文档对象
移动位置	0	光标移动到的位置
移动方式	字	操作的对象类型有“字”“行”“段落”，默认为“字”

（五）移动光标位置

功能描述：移动Word文档光标所在位置。

移动光标位置的属性描述见表4-6。

表4-6 移动光标位置的属性描述

名称	默认值	描述
文档对象	wordObj	Word文档对象
移动位置	0	光标移动到的位置
移动方式	字	操作的对象类型有“字”“行”“段落”，默认为“字”
移动方向	右	光标移动方向有“右”“左”，默认为“右”
按住Shift	否	光标移动时是否按住shift，选项有“是”“否”，默认为“否”

（六）选择行

功能描述：选择Word文档的指定行范围。

选择行的属性描述见表4-7。

表4-7 选择行的属性描述

名称	默认值	描述
文档对象	wordObj	Word文档对象
起始行	0	选择文档范围的起始行
结束行	0	选择文档范围的结束行

（七）全选内容

功能描述：选中Word文档的所有内容。

全选内容的属性描述见表4-8。

表4-8 全选内容的属性描述

名称	默认值	描述
文档内容	wordObj	Word文档对象

（八）剪切

功能描述：对Word文档当前选中的内容执行剪切操作。

剪切的属性描述见表4-9。

表4-9 剪切的属性描述

名称	默认值	描述
文档内容	wordObj	Word文档对象

（九）复制

功能描述：对Word文档当前选中的内容执行复制操作。

复制的属性描述见表4-10。

表4-10　复制的属性描述

名称	默认值	描述
文档内容	wordObj	Word文档对象

（十）粘贴

功能描述：对Word文档当前选中的内容执行粘贴操作。

粘贴的属性描述见表4-11。

表4-11　粘贴的属性描述

名称	默认值	描述
文档内容	wordObj	Word文档对象

（十一）退格键删除

功能描述：对Word文档当前选中的内容执行退格键删除操作。

退格键删除的属性描述见表4-12。

表4-12　退格键删除的属性描述

名称	默认值	描述
文档内容	wordObj	Word文档对象

（十二）插入回车

功能描述：在Word文档当前光标所在位置插入一个回车。

插入回车的属性描述见表4-13。

表4-13　插入回车的属性描述

名称	默认值	描述
文档内容	wordObj	Word文档对象

（十三）插入新页面

功能描述：在Word文档当前光标所在位置插入一个分页符。

插入新页面的属性描述见表4-14。

表4-14　插入新页面的属性描述

名称	默认值	描述
文档内容	wordObj	Word文档对象

（十四）插入图片

功能描述：在Word文档当前光标所在位置插入一张图片。

插入图片的属性描述见表4-15。

表4-15 插入图片的属性描述

名称	默认值	描述
文档内容	wordObj	Word文档对象
图片路径	''	图片文件路径

（十五）读取选中文字

功能描述：读取Word文档当前选中部分的文字。

读取选中文字的属性描述见表4-16。

表4-16 读取选中文字的属性描述

名称	默认值	描述
文档内容	wordObj	Word文档对象
输出到	text	将读取的选中文字输出到指定变量（text）

（十六）写入文字

功能描述：在Word文档光标所在的位置写入文字。

写入文字的属性描述见表4-17。

表4-17 写入文字的属性描述

名称	默认值	描述
文档内容	wordObj	Word文档对象
写入内容	''	写入文字内容

（十七）文字批量替换

功能描述：对Word文档中的特定字符串进行替换。

文字批量替换的属性描述见表4-18。

表4-18 文字批量替换的属性描述

名称	默认值	描述
文档内容	wordObj	Word文档对象
查找字符串	''	要查找的字符串
替换字符串	''	要替换的字符串

（十八）设置字体

功能描述：设置已打开Word文档当前选中文字的字体。

设置字体的属性描述见表4-19。

表4-19　设置字体的属性描述

名称	默认值	描述
文档内容	wordObj	Word文档对象
字体名	''	字体名

（十九）设置字体大小

功能描述：设置已打开Word文档当前选中文字的字体大小。

设置字体大小的属性描述见表4-20。

表4-20　设置字体大小的属性描述

名称	默认值	描述
文档内容	wordObj	Word文档对象
字号大小	9	字体的字号，只能输入数字

（二十）设置字体颜色

功能描述：设置已打开Word文档当前选中文字的字体颜色。

设置字体颜色的属性描述见表4-21。

表4-21　设置字体颜色的属性描述

名称	默认值	描述
文档内容	wordObj	Word文档对象
文字颜色	黑色	文字颜色，可填入16进制颜色色值

（二十一）设置字体样式

功能描述：设置已打开Word文档当前选中文字的样式。

设置字体样式的属性描述见表4-22。

表4-22　设置字体样式的属性描述

名称	默认值	描述
文档内容	wordObj	Word文档对象
是否粗体	否	文字是否为粗体，默认为否
是否斜体	否	文字是否为斜体，默认为否
是否下划线	否	文字是否有下划线，默认为否

（二十二）设置对齐方式

功能描述：设置已打开Word文档当前选中文字的对齐方式。

设置对齐方式的属性描述见表4-23。

表4-23 设置对齐方式的属性描述

名称	默认值	描述
文档内容	wordObj	Word文档对象
对齐方式	左对齐	所选内容的对齐方式有“左对齐”“右对齐”“居中对齐”，默认为“左对齐”

（二十三）保存文档

功能描述：保存Word文档。

保存文档的属性描述见表4-24。

表4-24 保存文档的属性描述

名称	默认值	描述
文档内容	wordObj	Word文档对象

（二十四）文档另存为

功能描述：保存Word文档到指定位置。

文档另存为的属性描述见表4-25。

表4-25 文档另存为的属性描述

名称	默认值	描述
文档内容	wordObj	Word文档对象
文件路径	''	另存的文件目录，文件后缀名可为“.doc”“.docx”“.txt”等

（二十五）关闭文档

功能描述：关闭已打开的Word文档。

关闭文档的属性描述见表4-26。

表4-26 关闭文档的属性描述

名称	默认值	描述
文档内容	wordObj	Word文档对象
关闭进程	是	是否关闭文档

（二十六）获取文档路径

功能描述：获取已打开的Word文档文件路径。

获取文档路径的属性描述见表4-27。

表4-27　**获取文档路径的属性描述**

名称	默认值	描述
文档内容	wordObj	Word文档对象
输出到	wordPath	将获取的文档路径输出到指定变量（wordPath）

（二十七）获取表格

功能描述：获取Word中第n个表格，返回行列所组成的二维列表。

获取表格的属性描述见表4-28。

表4-28　**获取表格的属性描述**

名称	默认值	描述
Word路径	''	Word文档路径
表格索引	0	第n个表格，从0开始
输出到	lRet	将获取的表格输出到指定变量（lRet）

（二十八）获取段落

功能描述：获取Word中第n个段落或所有段落。

获取段落的属性描述见表4-29。

表4-29　**获取段落的属性描述**

名称	默认值	描述
Word路径	''	Word文档路径
段落索引	-1	第n个段落，从0开始，如果为-1，则表示所有段落
输出到	sRet	将获取的段落输出到指定变量（sRet）

二、阶段小结

引导学生根据对所学组件的初步认知，尝试分析这些组件的用途，选择在解决同行竞争分析报告生成任务过程中可能用到的组件，修正、补充报表生成机器人开发任务初认知表格。

第三阶段　示证新知

微课

读取Word表格内容

一、读取Word表格内容

【例4-1】从Word文档“Y公司2024年6月管理费用明细表”（如图4-

2所示）中读取管理费用明细表中办公费和研究开发费的上期数。

管理费用明细表

2024年6月

费用明细	本期数	上期数
职工薪酬	90 000	80 000
折旧费	8 150	9 100
无形资产摊销	6 500	5 600
业务招待费	3 989	4 926
办公费	4 600	2 220
差旅费	3 700	1 200
水电费	640	680
研究开发费	25 000	16 000
其他	1 675	1 500
合计	144 254	121 226

图4-2　Y公司2024年6月管理费用明细表

【流程分析】

1.获取要读取的表格，将二维列表转换成字典lRet。

2.创建字典dictRet。

3.将要获取的费用明细进行字典变量赋值resultList。

4.遍历字典lRet和resultList，获取办公费和研究开发费的上期数。

5.将满足条件的数据添加到字典dictRet中。

6.输出dictRet。

【RPA实现】

1.选择【软件自动化】-【Word】-【获取表格】组件，在右侧属性面板中设置［文件路径］："Y公司2024年6月费用明细表.docx"的打开路径，［表格索引］：0，［输出到］：lRet。

2.选择【数据处理】-【列表】-【二维列表转成字典列表】组件，在右侧属性面板中设置［目标列表］：lRet，［输出到］：lRet。

3.选择【数据处理】-【字典】-【创建字典】组件，在右侧属性面板中设置［输出到］：dictRet。

4.选择【语句命令】-【流程控制】-【变量赋值】组件，在右侧属性面板中设置［变量名］：resultList，［变量值］：['办公费','研究开发费']。

5.选择【语句命令】-【流程控制】-【遍历列表】组件，在右侧属性面板中设置［列表］：lRet，［列表项］：value。

6.选择【语句命令】-【流程控制】-【遍历列表】组件，将【遍历列表】组件拖拽至第5行遍历列表流程代码的内部，作为第6行流程代码，在右侧属性面板中设置［列表］：resultList，［列表项］：result。

7.选择【数据处理】-【字符串】-【查找字符串】组件，将【查找字符串】组件拖拽至第6行遍历列表流程代码的内部，作为第7行流程代码，在右侧属性面板中设置［目标字符串］：value［'费用明细'］，［查找内容］：result，［开始查找位置］：0，［输出到］：iRet。

8. 选择【语句命令】–【流程控制】–【条件分支】组件，将【条件分支】组件拖拽至第6行遍历列表流程代码的内部，作为第8行流程代码，在右侧属性面板中设置［判断表达式］：iRet>=0。

9. 选择【数据处理】–【字典】–【判断键是否存在】组件，将【判断键是否存在】组件拖拽至第8行条件分支流程代码的内部，作为第9行流程代码，在右侧属性面板中设置［目标字典］：dictRet，［字典的键］：result，［输出到］bRet。

10. 选择【语句命令】–【流程控制】–【条件分支】组件，将【条件分支】组件拖拽至第8行条件分支流程代码的内部，作为第10行流程代码，在右侧属性面板中设置［判断表达式］：not bRet。

11. 选择【数据处理】–【字符串】–【转为数字】组件，将【转为数字】组件拖拽至第10行条件分支流程代码的内部，作为第11行流程代码，在右侧属性面板中设置［目标字符串］：value［'上期数'］，［数字类型］：浮点型，［输出到］：bRet。

12. 选择【数据处理】–【字典】–【添加字典值】组件，将【添加字典值】组件拖拽至第10行条件分支流程代码的内部，作为第12行流程代码，在右侧属性面板中设置［目标字典］：dictRet，［字典的键］：result，［字典的值］：bRet。

13. 选择【语句命令】–【基本命令】–【输出调试信息】组件，在右侧属性面板中设置［输出内容］：dictRet。

RPA实现流程如图4-3所示。

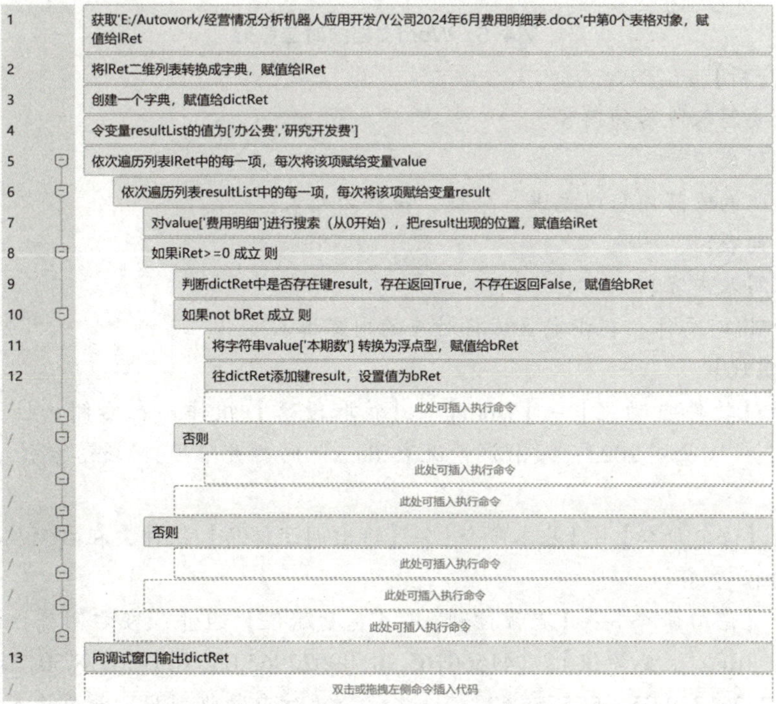

图4-3　例4-1的RPA实现流程

【RPA运行结果】如图4-4所示。

```
=====================================================================================================
检测环境...
检测成功
=====================================================================================================
运行流程(E:/运营情况分析机器人应用开发/获取Word表格/build): aw_4b0245fe
{'办公费': 2220.0, '研究开发费': 16000.0}
开始时间: 2024-07-18 15:19:16.387257
结束时间: 2024-07-18 15:19:18.187253
总 时 间: 0:00:01.799996
运行结束返回: 0, 成功
```

图4-4 例4-1的RPA运行结果

微课

编辑Word文件内容

二、编辑Word文件内容

【例4-2】将"W公司2023年度利润表"中的营业利润：41 560 165.30，营业收入：89 022 965.03，营业总成本：103 136 978.50，营业成本：31 473 421.25，税金及附加：402 268.22，营业费用：71 261 289.05，资产减值损失：-555 756.62，对应填入到如图4-5所示Word文档中。

XX年度利润情况

XX年度营业利润　　元，营业收入　　元，营业总成本　　元。其中，营业成本　　元，税金及附加　　元，营业费用　　元，资产减值损失　　元。

图4-5 Word文档的对应段落

【流程分析】

1.读取要写入段落的内容。

2.创建列表变量。

3.将读取的段落内容以元进行分割，保存为列表。

4.遍历列表。

5.获取写入内容。

6.打开Word文件，在指定区域将对应的内容填入。

【RPA实现】

1.选择【软件自动化】-【Word】-【获取段落】组件，在右侧属性面板中设置[文件路径]："W公司2023年度利润情况表.docx"的打开路径，[段落索引]：1，[输出到]：sRet。

2.选择【语句命令】-【基本命令】-【输出调试信息】组件，在右侧属性面板中设置[输出内容]：sRet。

3.选择【语句命令】-【流程控制】-【变量赋值】组件，在右侧属性面板中设置[变量名]：lRet，[变量值]：[41560165.30,89022965.03,103136978.50,31473421.25,402268.22,71261289.05,-555756.62]，这些值分别对应营业利润、营业收入、营业总成

本、营业成本、税金及附加、营业费用和资产减值损失。

4.选择【数据处理】-【字符串】-【分割字符】组件，在右侧属性面板中设置［目标字符串］：sRet，［分隔符］：'元'，［输出到］：arrRet。

5.选择【语句命令】-【基本命令】-【输出调试信息】组件，在右侧属性面板中设置［输出内容］：arrRet。

6.选择【语句命令】-【流程控制】-【变量赋值】组件，在右侧属性面板中设置［变量名］：result，［变量值］：''。

7.选择【语句命令】-【流程控制】-【变量赋值】组件，在右侧属性面板中设置［变量名］：i，［变量值］：0。

8.选择【语句命令】-【流程控制】-【遍历列表】组件，在右侧属性面板中设置［列表］：lRet，［列表项］：value。

9.选择【语句命令】-【流程控制】-【变量赋值】组件，在右侧属性面板中设置［变量名］：result，［变量值］：result+arrRet[i]+str(value)+'元'。

10.选择【语句命令】-【流程控制】-【变量赋值】组件，在右侧属性面板中设置［变量名］：i，［变量值］：i+1。

11.选择【语句命令】-【流程控制】-【变量赋值】组件，在右侧属性面板中设置［变量名］：result，［变量值］：result+arrRet［i］。

12.选择【数据处理】-【字符串】-【替换字符串】组件，在右侧属性面板中设置［目标字符串］：result，［查找内容］：''，［替换内容］：''。

13.选择【语句命令】-【基本命令】-【输出调试信息】组件，在右侧属性面板中设置［输出内容］：result。

14.选择【软件自动化】-【Word】-【打开文档】组件，在右侧属性面板中设置［文件路径］："W公司2023年度利润情况表.docx"的打开路径，［输出到］：wordObj。

15.选择【软件自动化】-【Word】-【选择行】组件，在右侧属性面板中设置［文档对象］：wordObj，［起始行］：2，［结束行］：3。

16.选择【软件自动化】-【Word】-【退格键删除】组件，在右侧属性面板中设置［文档内容］：wordObj。

17.选择【软件自动化】-【Word】-【写入文字】组件，在右侧属性面板中设置［文档内容］：wordObj，［写入内容］：result。

18.选择【软件自动化】-【Word】-【文字批量替换】，在右侧属性面板中设置［文档内容］：wordObj，［查找字符串］：'XX'，［替换字符串］：'2023'。

19.选择【软件自动化】-【Word】-【关闭文档】，在右侧属性面板中设置［文档内容］：wordObj。

RPA实现流程如图4-6所示。

【RPA运行结果】如图4-7所示。

图4-6 例4-2的RPA实现流程

2023 年度利润情况

2023 年度营业利润 41560165.3 元，营业收入 89022965.03 元，营业总成本 103692735.14 元。其中，营业成本 31473421.25 元，税金及附加 402268.22 元，营业费用 71261289.05 元，资产减值损失-555756.62 元。

图4-7 例4-2的RPA运行结果

三、生成费用分析表

微课

生成费用分析表

【例 4–3】将Y公司2024年6月研究开发费25 000元、合计金额144 254元填入工作表“费用分析表”相应位置；从“W公司2024年6月管理费用明细表_简版.xlsx”（如图4–8所示）中获取研究开发费及合计金额也写入工作表“费用分析表”相应位置，计算比较两家公司研究开发费在费用合计中的比重。

	A	B
1	W公司费用数据	
2	研究开发费	30000
3	合计	150000
4		

图4-8　W公司2024年6月管理费用明细表_简版. xlsx

【流程分析】

1. 变量result赋值{'研究开发费':25000,'合计':144254}。

2. 打开“W公司2024年6月管理费用明细表_简版.xlsx”和“费用数据表模板.xlsx”。

3. 循环读取“W公司2024年6月管理费用明细表_简版.xlsx”中的数据并写入“费用数据表模板.xlsx”C列。

4. 遍历字典变量result，将对应的value值写入“费用数据表模板.xlsx”B列。

5. 运用公式计算两家公司研究开发费在费用合计中的比重。

【RPA实现】

1. 选择【语句命令】-【流程控制】-【变量赋值】组件，在右侧属性面板中设置[变量名]：result，[变量值]：{'研究开发费':25000,'合计':144254}。

2. 选择【软件自动化】-【Excel】-【打开Excel】组件，在右侧属性面板中设置[文件路径]：“W公司2024年6月管理费用明细表_简版.xlsx”的打开路径，[输出到]：excelRet。

3. 选择【软件自动化】-【Excel】-【打开Excel】组件，在右侧属性面板中设置[文件路径]：“费用数据表模板. xlsx”的打开路径，[输出到]：resultExcel。

4. 选择【语句命令】-【流程控制】-【计次循环】组件，在右侧属性面板中设置[循环次数]：2，[循环因子]：i，[初始值]：2，[循环步长]：1。

5. 选择【软件自动化】-【Excel】-【读取单元格内容】组件，将【读取单元格内容】组件拖拽至第4行计次循环流程代码的内部，作为第5行流程代码，在右侧属性面板中设置[工作簿对象]：excelRet，[工作表]：'sheet1'，[单元格]：'B'+str(i)，[输出到]：cell_value。

6. 选择【软件自动化】-【Excel】-【设置单元格内容】组件，将【设置单元格内容】组件拖拽至第4行计次循环流程代码的内部，作为第6行流程代码，在右侧属性面板中设置[工作簿对象]：resultExcel，[工作表]：'费用分析表'，[单元格]：'C'+str(i)，[数据]：cell_value。

7. 选择【语句命令】-【流程控制】-【变量赋值】组件，在右侧属性面板中设置[变量名]：i，[变量值]：2。

8. 选择【语句命令】-【流程控制】-【遍历字典】组件，在右侧属性面板中设置[键]：key，[值]：value，[字典]：result。

9. 选择【软件自动化】-【Excel】-【设置单元格内容】组件，将【设置单元格内容】组件拖拽至第8行遍历字典流程代码的内部，作为第9行流程代码，在右侧属性面板中设置［工作簿对象］：resultExcel，［工作表］：'费用分析表'，［单元格］：'B'+str(i)，［数据］：value。

10.选择【语句命令】-【流程控制】-【变量赋值】组件，将【变量赋值】组件拖拽至第8行遍历字典流程代码的内部，作为第10行流程代码，在右侧属性面板中设置［变量名］：i，［变量值］：i+1。

11.选择【语句命令】-【流程控制】-【计次循环】组件，在右侧属性面板中设置［循环次数］：2，［循环因子］：i，［初始值］：1，［循环步长］：1。

12.选择【数据处理】-【字符串】-【取ASCII字符】组件，将【取ASCII字符】组件拖拽至第11行计次循环流程代码的内部，作为第12行流程代码，在右侧属性面板中设置［对应ASCII码］：65+i，［输出到］：sRet。

13.选择【软件自动化】-【Excel】-【设置公式】组件，将【设置公式】组件拖拽至第11行计次循环流程代码的内部，作为第13行流程代码，在右侧属性面板中设置［工作簿对象］：resultExcel，［工作表］：'费用分析表'，［单元格］：sRet+'5'，［公式］：sRet+'2/'+sRet+'3'。

RPA实现流程如图4-9所示。

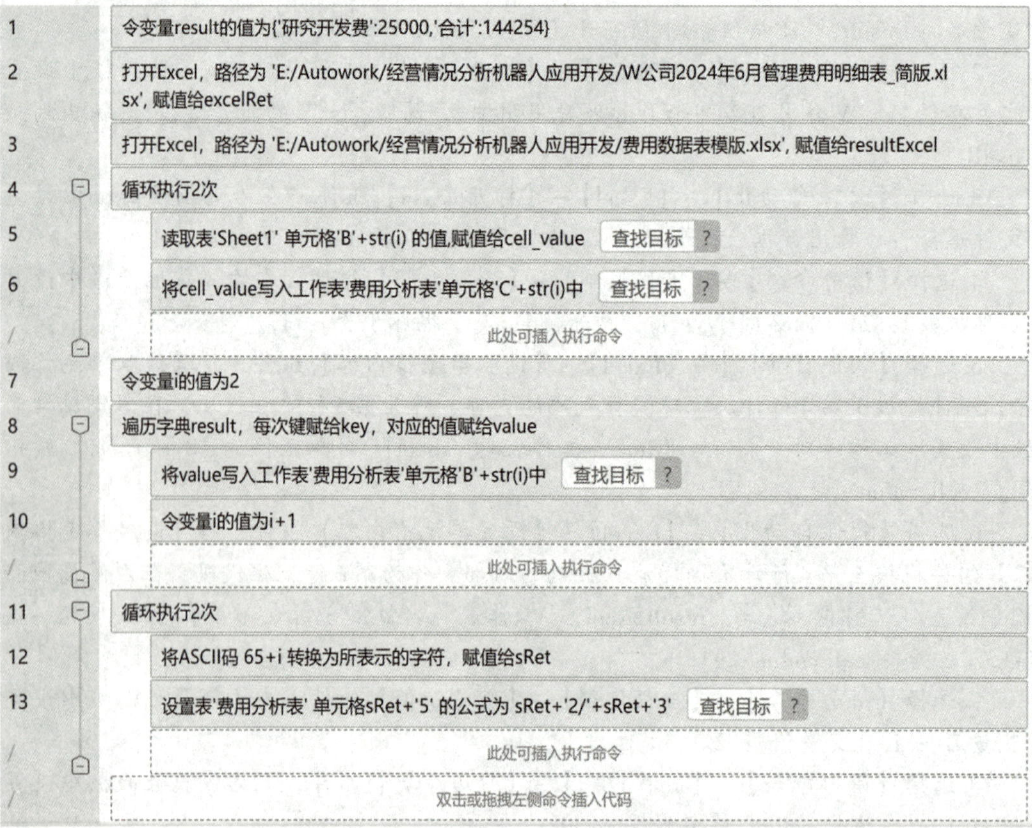

图4-9 例4-3的RPA实现流程

【RPA运行结果】如图4-10所示。

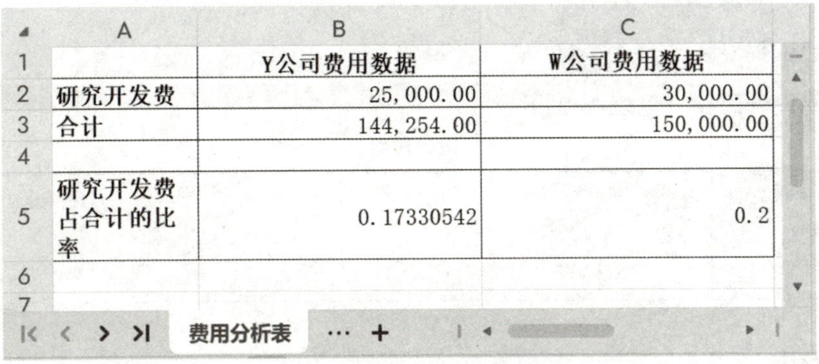

	A	B	C
1		Y公司费用数据	W公司费用数据
2	研究开发费	25,000.00	30,000.00
3	合计	144,254.00	150,000.00
4			
5	研究开发费占合计的比率	0.17330542	0.2
6			
7			

图4-10　例4-3的RPA运行结果

四、阶段小结

引导学生结合新知识学习及教师的演示操作，分析同行经营分析报告生成过程中要解决的主要问题，初步构思解决方案，填写报告生成机器人开发任务再认知表格（见表4-30），进一步明确开发任务及思路。

表4-30　报告生成机器人开发任务再认知表格

<table>
<tr><td>总体目标</td><td colspan="2"></td></tr>
<tr><td rowspan="2">任务分解</td><td>子任务</td><td>子目标</td></tr>
<tr><td></td><td></td></tr>
<tr><td>任务难点</td><td colspan="2"></td></tr>
<tr><td>知识、技能储备</td><td colspan="2"></td></tr>
<tr><td rowspan="2">尚待解决的问题</td><td>问题描述</td><td>拟解决方案</td></tr>
<tr><td></td><td></td></tr>
</table>

第四阶段　尝试应用

一、读取Word表格内容

（一）任务要求

从Word文档“W公司2024年6月费用明细表.docx”中读取所有费用的本期数。

（二）任务实施

1.填写设计思路（见表4-31）

表4-31　　设计思路

运用组件	
流程设计	

2.RPA实现

（三）参考流程

读取Word表格内容的RPA实现流程如图4-11所示。

图4-11　读取Word表格内容的RPA实现流程

二、完成财务分析报告

（一）任务要求

根据“W公司2023年度现金流量表.xlsx”文件，将对应数据填入“W公司2023年度财务分析报告.docx”的对应段落，如图4-12所示。

XX年度现金流量情况

XX年度现金总流入　　　　万元，现金总流出　　　　万元，现金净流入　　　　万元。其中：经营活动的现金净流入　　　　万元，投资活动净流入　　　　万元，筹资活动现金净流入　　　　万元。

图4-12　“W公司2023年度财务分析报告.docx”的对应段落

（二）任务实施

1.填写设计思路（见表4-32）

表4-32　设计思路

运用组件	
流程设计	

2.RPA实现

（三）参考流程

第一步，读取“W公司2023年度现金流量表.xls”内容，如图4-13所示。

1	打开Excel,路径为 'E:/Autowork/财务分析机器人应用开发/W公司2023年度现金流量表.xls', 赋值给excelRet
2	创建的新列表为lRet
3	设置表'现金流量表' 单元格'D7' 的公式为 'SUM(B8,B21,B33)' 查找目标 ?
4	读取表'现金流量表' 单元格'D7' 的值,赋值给cell_value 查找目标 ?
5	在lRet列表的末尾添加元素cell_value
6	设置表'现金流量表' 单元格'D8' 的公式为 'SUM(B13,B26,B37)' 查找目标 ?
7	读取表'现金流量表' 单元格'D8' 的值,赋值给cell_value 查找目标 ?
8	在lRet列表的末尾添加元素cell_value
9	设置表'现金流量表' 单元格'D9' 的公式为 'SUM(B14,B27,B38)' 查找目标 ?
10	读取表'现金流量表' 单元格'D9' 的值,赋值给cell_value 查找目标 ?
11	在lRet列表的末尾添加元素cell_value
12	读取表'现金流量表' 单元格'B14' 的值,赋值给cell_value 查找目标 ?
13	在lRet列表的末尾添加元素cell_value
14	读取表'现金流量表' 单元格'B27' 的值,赋值给cell_value 查找目标 ?
15	在lRet列表的末尾添加元素cell_value
16	读取表'现金流量表' 单元格'B38' 的值,赋值给cell_value 查找目标 ?
17	在lRet列表的末尾添加元素cell_value
18	向调试窗口输出lRet
19	跳出当前流程块，返回lRet

图4-13　读取“W公司2023年度现金流量表.xls”内容的RPA实现流程

第二步，写入“W公司2023年度财务分析报告.docx”，如图4-14所示。

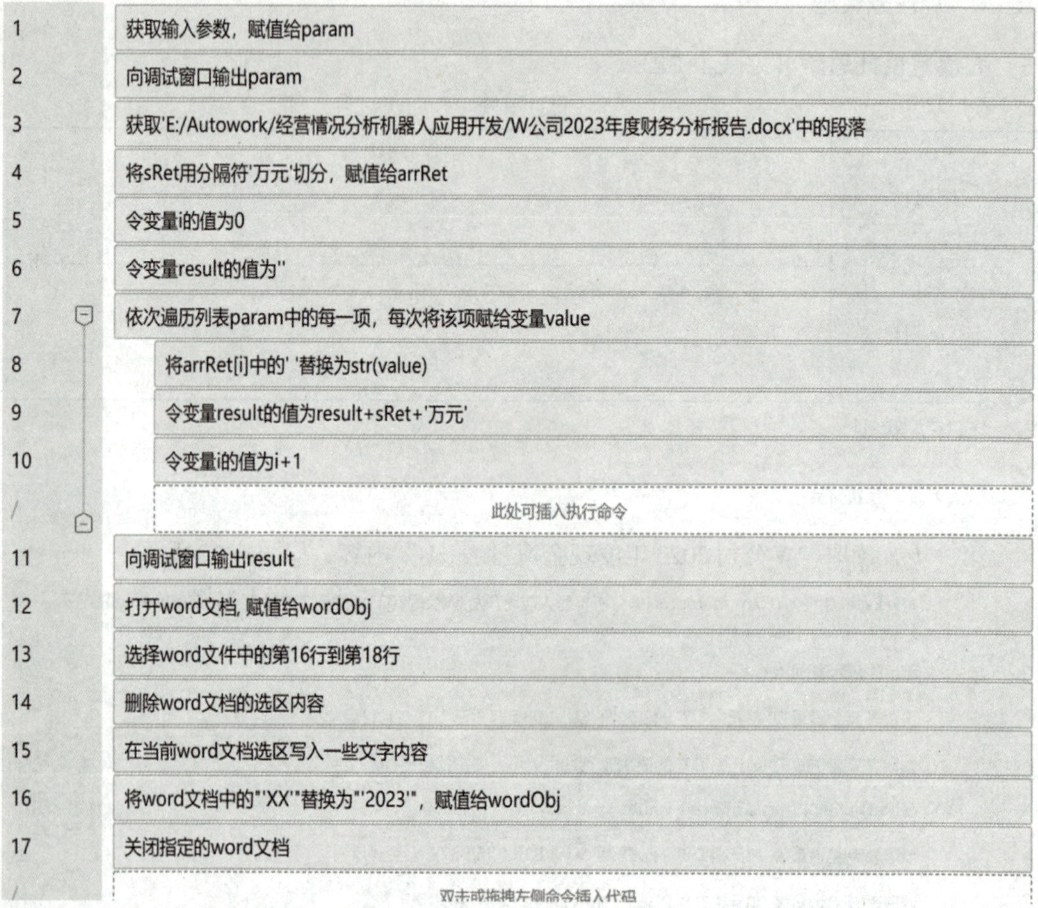

图4-14　写入“W公司2023年度财务分析报告.docx”的RPA实现流程

三、阶段小结

引导学生结合尝试应用阶段的实际演练，确定报告生成的主要任务及解决方法，鼓励学生尝试用多种方法完成任务开发，填写报告生成机器人开发任务确认表格（见表4-33）。

表4-33　　报告生成机器人开发任务确认表格

总体目标			
任务分解	子任务	解决方法	预期效果
任务流程			

第五阶段　融会贯通

一、报告生成机器人的原型设计

（一）任务要求

设计报告生成机器人，帮助财务分析员收集财务数据，读取竞争对手Y公司的财务报告，编制“同行竞争情况分析表”（Excel文件），比较生成“同行经营分析报告”（Word文件），并将“同行经营分析报告”发送至财务总监的邮箱。

（二）原型设计

报告生成机器人的原型设计，如图4-15所示。

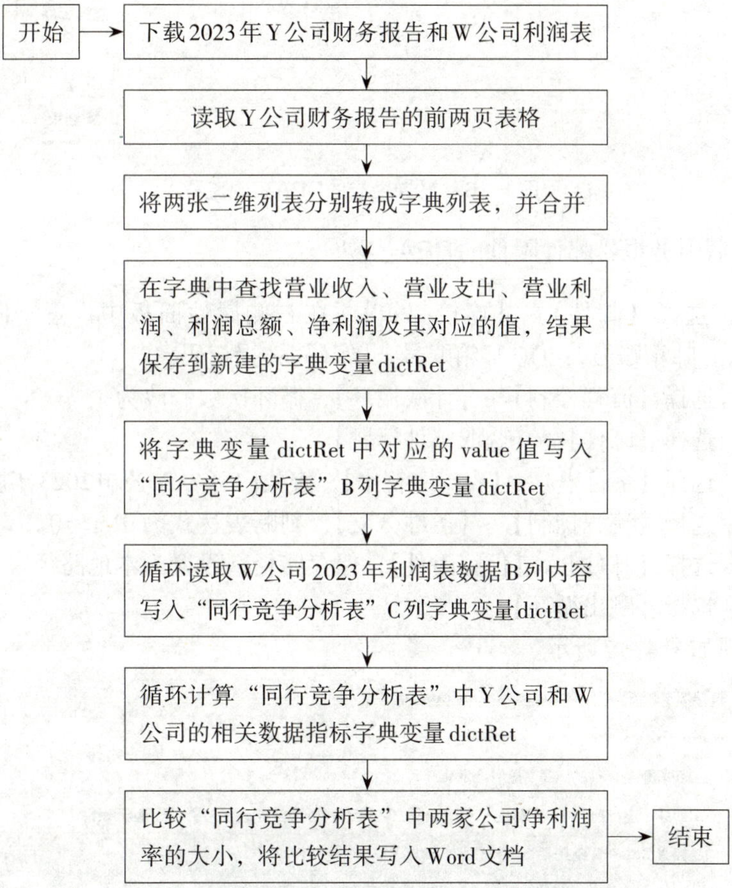

图4-15　报告生成机器人的原型设计

二、报告生成的RPA实现流程

报告生成的RPA实现流程，如图4-16所示。

报告生成机器人包含下载财务报告邮件附件、读取Y公司财务报告、同行竞争分析表、比较并生成报告、发送邮件五个自动化流程。

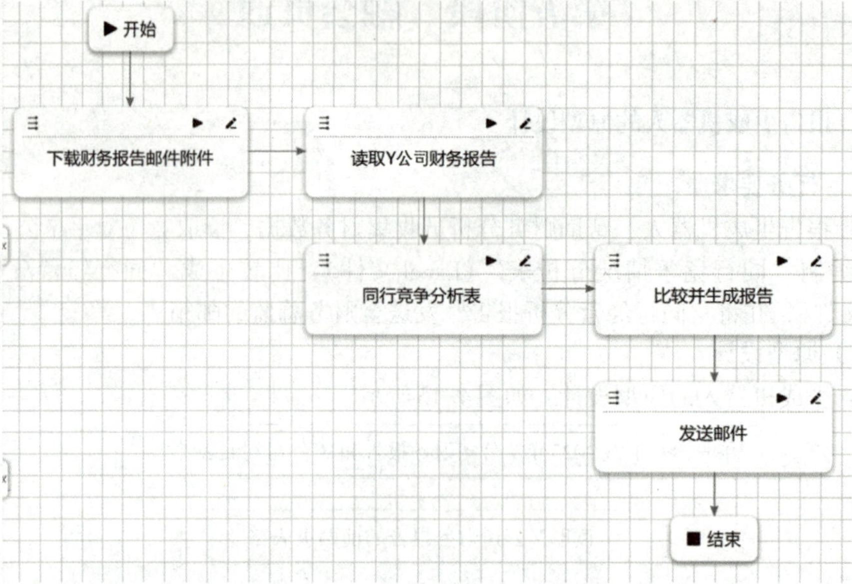

图4-16　报告生成的RPA实现流程

（一）下载财务报告邮件附件的RPA实现

第一步，选择【邮件】-【连接邮箱】，在右侧属性面板中设置［POP服务器］：'pop.qq.com'，［邮箱账号］：QQ邮箱账号，［密码］：授权码。

第二步，选择【流程控制】-【计次循环】，循环次数修改为4。

第三步，选择【邮件】-【获取邮件标题】。

第四步，选择【字符串】-【查找字符串】，查找内容为'Y公司2023年度财务报告'。

第五步，选择【流程控制】-【条件分支】，判断表达式为iRet>=0。

第六步，选择【邮件】-【保存附件】，保存路径，设置为本地路径。

第七步，选择【跳出循环】。

RPA实现如图4-17所示。

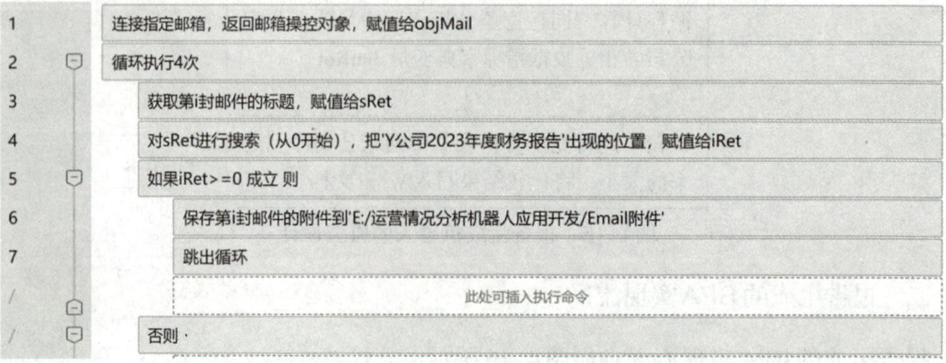

图4-17　下载财务报告邮件附件的RPA实现

（二）读取Y公司财务报告的RPA实现

第一步到第二步，获取“Y公司2023年度财务报告.docx”中第0个表格的内容，使用【列表】组件中的【二维列表转成字典】组件将二维列表转换成字典。

第三步到第四步，获取“Y公司2023年度财务报告.docx”中第1个表格的内容，使用【列表】组件中的【二维列表转成字典】组件将二维列表转换成字典。

第五步到第六步，将两个字典数据合并成一个lRet。

第七步，创建字典变量dictRet，用于数据的存储。

第八步，创建变量resultList为['营业收入','营业成本','营业利润','利润总额','净利润'],用于从lRet中搜索对应数据。

第九步到第十步，遍历lRet中的每一项value，同时遍历resultList中每一项result。

第十一步，使用【字符串】组件中的【查找字符串】组件对value['项目']查找是否存在result。

如果存在，则执行第十三步，否则继续下次循环。

第十三步到第十七步，使用【字典】组件中的【判断键是否存在】组件判断dictRet中是否存在result，如果不存在，则将value['本期发生额']中的'\n'替换成''，并转换成浮点型数据bRet，并使用【字典】组件中的【添加字典值】组件向dictRet添加字典的键为result，值为bRet。

第十八步，向调试窗口输出dictRet。

第十九步，使用【流程控制】组件中的【跳出返回】组件，返回dictRet给上级流程使用。

RPA实现流程如图4-18所示。

本流程运行结果如图4-19所示

（三）同行竞争分析表的RPA实现

第一步，使用【流程控制】中的【获取输入参数】组件获取上个流程返回的ditRet。

第二步到第三步，打开Excel文件“W公司2023年度利润表_简版.xlsx”，赋值给exceRet；打开Excel文件“数据表模板.xlsx”赋值给resultExcel。

第四步，计次循环，执行5次，初始值为2。

第五步，读取excelRet中'Sheet1'工作表中的单元格'B'+str(i)，输出到cell_value。

第六步，向调试窗口输出cell_value。

第七步，向resultExcel中'同行竞争情况分析表'的'C'+str(i)单元格写入cell_value。

第八步，变量i赋值为2。

第九步，使用【流程控制】组件中的【遍历字典】组件，遍历字典dictRet，键变量为key，值变量为value。

第十步到第十一步，向resultExcel中'同行竞争情况分析表'中'B'+str(i)单元格写入value；令变量i的值为i+1。

```
获取'E:/Autowork/经营情况分析机器人应用开发/Y公司2023年度财务报告.docx'中第0个表格对象
lRet二维列表转换成字典
获取'E:/Autowork/经营情况分析机器人应用开发/Y公司2023年度财务报告.docx'中第1个表格对象
bRet二维列表转换成字典
依次遍历列表bRet中的每一项，每次将该项赋给变量value
    在lRet列表的末尾添加元素value
    此处可插入执行命令
创建一个字典，赋值给dictRet
令变量resultList的值为['营业收入','营业成本','营业利润','利润总额','净利润']
依次遍历列表lRet中的每一项，每次将该项赋给变量value
    依次遍历列表resultList中的每一项，每次将该项赋给变量result
        对value['项目']进行搜索（从0开始），把result出现的位置，赋值给iRet
        如果iRet>=0 成立 则
            判断dictRet中是否存在result，存在返回True，不存在返回False，赋值给bRet
            如果not bRet 成立 则
                将value['本期发生额']中的'\n'替换为''
                将字符串sRet 转换为浮点型，赋值给bRet
                往dictRet添加result，设置值为bRet
                此处可插入执行命令
            此处可插入执行命令
        此处可插入执行命令
    此处可插入执行命令
向调试窗口输出dictRet
跳出当前流程块，返回dictRet
双击或拖拽左侧命令插入代码
```

图4-18　读取Y公司财务报告的RPA实现流程

```
====================================================================================
运行流程(E:/运营情况分析机器人应用开发/build): aw_97f4472b
{'营业收入': 251673030.88, '营业成本': 163491072.48, '营业利润': 47935035.54, '利润总额': 51424404.48, '净利润':
开始时间: 2024-07-16 17:46:42.108760
结束时间: 2024-07-16 17:46:46.792721
总 时 间: 0:00:04.683961
运行结束返回: 0, 成功
```

图4-19　读取Y公司财务报告的执行结果

第十二步，计次循环2次，初始值为1。

第十三步，使用【字符串】组件中的【取ASCII字符】组件，将65+i转换为所表示的字符sRet。

第十四步，向resultExcel中'同行竞争情况分析表'的sRet+'8'单元格写入公式'('+sRet+'2-'+sRet+'3)/'+sRet+'2'。

第十五步，向resultExcel中'同行竞争情况分析表'的sRet+'9'单元格写入公式sRet+'4/'+sRet+'2'。

第十六步，向resultExcel中'同行竞争情况分析表'的sRet+'10'单元格写入公式sRet+'5/'+sRet+'2'。

第十七步，向resultExcel中'同行竞争情况分析表'的sRet+'11'单元格写入公式sRet+'6/'+sRet+'2'。

RPA实现流程如图4-20所示。

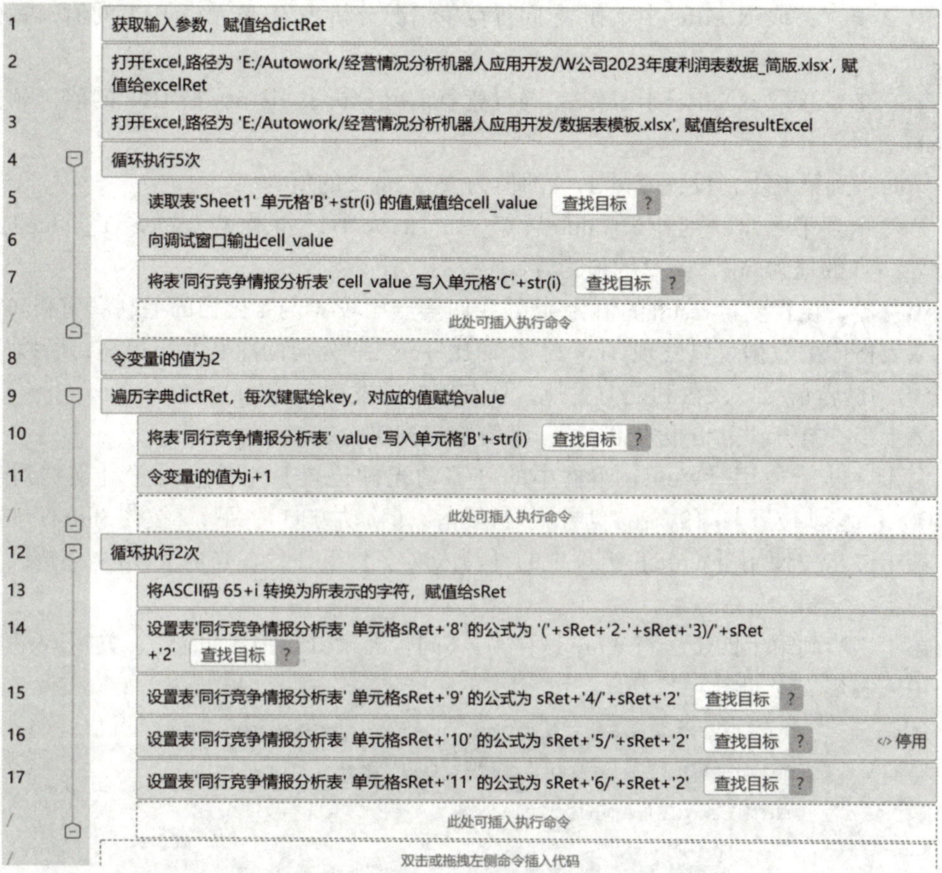

图4-20　同行竞争分析表的RPA实现流程

RPA运行结果如图4-21所示。

	A	B	C
1		Y公司利润表数据	W公司利润表数据
2	营业收入	251,673,030.88	89,022,965.03
3	营业成本	163,491,072.48	31,473,421.25
4	营业利润	47,935,035.54	41,560,165.30
5	利润总额	51,424,404.48	41,443,745.50
6	净利润	46,037,443.68	38,602,182.25
7			
8	毛利率	0.350383027	0.646457279
9	营业利润率	0.190465523	0.466847687
10	销售利润率	0.204330215	0.465539937
11	净利润率	0.182925614	0.433620496

图4-21　同行竞争分析表的RPA运行结果

（四）比较并生成同行经营分析报告的RPA实现

第一步，打开Excel文件“数据表模板.xlsx”，赋值给excelRet。

第二步，读取excelRet中工作表'同行竞争情况分析表'中单元格'B11'的值，赋值给Y_value。

第三步，读取excelRet中工作表'同行竞争情况分析表'中单元格'C11'的值，赋值给W_value。

第四步到第五步，设置变量no_1的值为'Y'，no_2的值为'W'。

第六步到第八步，判断Y_value与W_value的大小，如果W_value>=Y_value成立，则设置no_1的值为'W'，no_2的值为'Y'。

第九步，设置变量result的值为'此处我们重点比较W与Y公司的毛利润率和净利润率，从表格中的数据可以发现'+no_1+'公司比'+no_2+'公司的净利润率更高，所以'+no_1+'公司的经营情况以及盈利能力更强，具有较好的发展前景'。

第十步，打开“分析报告.docx”，赋值给wordObj。

第十一步，使用【Word】组件中的【移动光标位置】组件，设置［文档对象］：wordObj，［移动位置］：19，［移动方式］：段落，［移动方向］：下，［按住Shift］：是。

第十二步，使用【Word】组件中的【写入文字】组件，在当前Word文档选区写入文字内容：result。

第十三步到第十四步，将Word另存为：“同行经营分析报告.docx”，关闭wordObj。

RPA实现流程如图4-22所示。

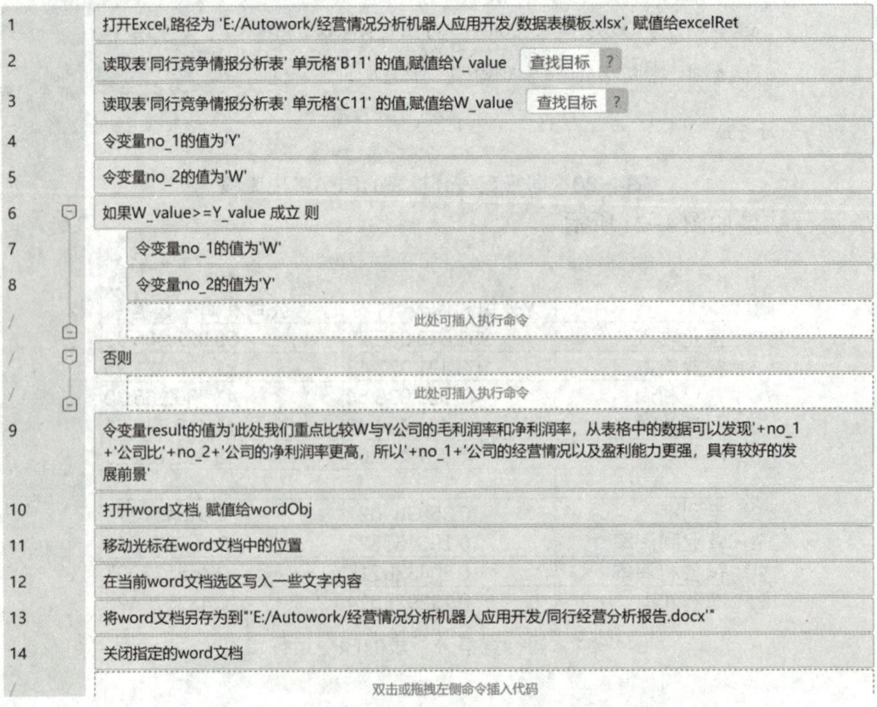

图4-22 比较并生成同行经营分析报告的RPA实现流程

RPA运行结果如图4-23所示。

一般说来，可以通过企业过去几期的销售收入、营业利润、净利润等指标的增减变化情况来预测企业未来的发展前景。
此处我们重点比较 W 与 Y 公司的毛利润率和净利润率，从表格中的数据可以发现 W 公司比 Y 公司的净利润率更高，所以 W 公司的经营情况以及盈利能力更强，具有较好的发展前景。

图4-23　比较并生成经营分析报告的RPA运行结果

（五）发送经营分析报告的RPA实现

RPA实现流程如图4-24所示。

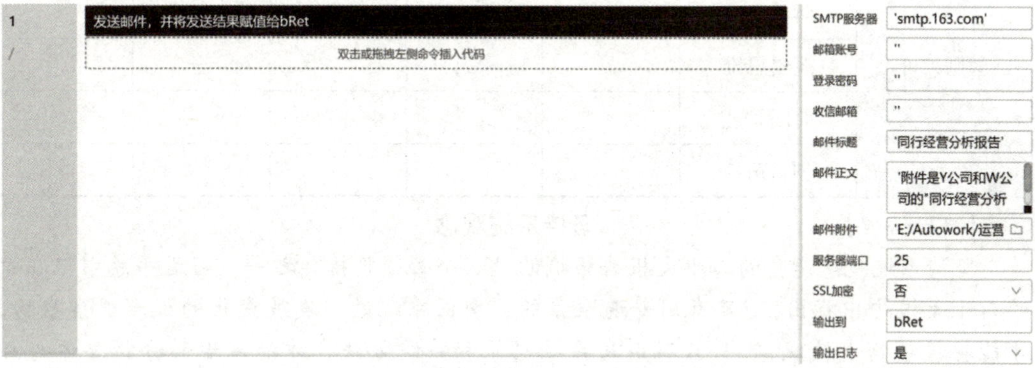

图4-24　发送经营分析报告的RPA实现流程

三、阶段小结

通过运行展示多名学生设计的机器人，让学生看到任务可能存在的多种解决方案，引导学生对自己设计的机器人进行评价，及时发现问题，优化设计方案，填写报告生成机器人开发任务评价表格（见表4-34），并请同伴和教师对自己的表现作出评价，多角度了解自己，不断提升个人综合素质。

表4-34　　报告生成机器人开发任务评价表格

<table>
<tr><td>总体目标</td><td colspan="2"></td></tr>
<tr><td rowspan="2">任务分解</td><td>子任务</td><td>完成情况</td></tr>
<tr><td></td><td></td></tr>
<tr><td rowspan="2">自我评价</td><td>表现优异</td><td>有待改进</td></tr>
<tr><td></td><td></td></tr>
</table>

续表

同伴评价	考核项目	5	4	3	2	1
	个人能力					
	参与度					
	领导力					
	合作精神					
教师评价	考核项目	5	4	3	2	1
	学习态度					
	逻辑思维					
	时间管理					
	创新精神					

【启思悟理】　**坚持系统观念**

坚持系统观念是党的二十大报告强调的“六个必须坚持”之一。习近平总书记在党的二十大报告中指出：“只有用普遍联系的、全面系统的、发展变化的观点观察事物，才能把握事物发展规律。”只有运用系统思维和系统方法，才能发现和分析整体与部分、内部与外部之间的相互联系和作用，才能从整体上综合地、精准地考察事物，用以谋划指导实践。

财务机器人可用来帮助解决企业财务工作中的一些难点、痛点。坚持系统观念可以帮助我们更好地理解问题的本质，有效地解决问题。我们应从整体出发，找出系统中的瓶颈和关键点，分析它们之间的关联、相互作用，找到问题的根源，从而有针对性地解决问题。

拓展阅读：ChatGPT与RPA

一、ChatGPT 概述

2022 年 11 月 30 日美国人工智能研究实验室 OpenAI 推出了由人工智能技术驱动的自然语言处理工具 ChatGPT，其一经推出迅速走红，引发各界广泛关注。上线第一周就吸引了超过 100 万用户。受市场反响的影响，国内外各大互联网公司对 ChatGPT 带来的技术革新高度关注，百度、谷歌等公司也纷纷推出“文心一言”“巴德（Bard）”等竞品。

ChatGPT 是一种自然语言处理机器学习模型，它使用生成式预训练变换模型器（Generative Pre-Trained Transformer，GPT），可以联系上下文理解人类的自然语言，具有生成类似人类撰写的文本的功能。它基于自然语言处理技术，可以根据用户输入的内容，联系上下文模拟人类的聊天行为，与用户对话输出内容。ChatGPT是生成式预训练与语言算法转换相结合的一种语言生成模型，在技术路线上采用自然语言处理加搜索引擎集成的架构，构建了大型语言和强化学习微调训练模型。ChatGPT 通过预训练的方式对大规模数据进行处理，从而获得语言理解能力，能够准确执行指令，为用户提供了高效、智能的交互体验。

ChatGPT 模型以既有数据库为基础，预先对既存文本语料进行无监督的自主学习，包括语法、语义、上下文信息等内容，再借助 Transformer 模型构建高度类似人类表达逻辑和方式的语言算法模型。在这一过程中，ChatGPT 展现了其强大的语言处理能力和上下文理解能力，能够准确地将用户指令转化为数字序列，通过模型的分析和推理，生成符合用户需求的回复。

二、ChatGPT 应用现状

人工智能可以分为生成式 AI （Generative AI ）和决策式/ 分析式 AI（Discriminant/ Analytical AI）。与分析式 AI 不同，生成式 AI 可以通过学习已有数据和信息生成多种形式的新内容，除了分析现有数据外，它还能学习数据的联合概率分布，对已用数据进行模仿式创作，从而生成全新的内容，也能解决判别问题，广泛应用于创造性领域，包括生成文本、图像、对话、音视频、代码等。生成式AI强调学习后的演绎创造，以生成全新的内容。

ChatGPT是生成式AI的典型代表，其高度拟人化的对话问答模式为各领域带来了前所未有的交互体验。不同于其他的分析型 AI，它不局限于现有内容，已经在文学创作、代码处理、营销等多个创造性场景中得到应用。从社交媒体到影视娱乐，从编程到产品工业设计，ChatGPT均展现出其卓越的应用潜力，在金融、媒体、医疗等多个领域推动了自然语言处理技术的快速发展。利用复杂的算法、模型和规则，通过学习自然语言的语法和语义，它能够生成与人类写作相似的文本，这为智能客服代理、个性化推荐、定制化沟通等应用提供了强大的支持。ChatGPT在理解能力、结果准确性、识别非法内容与偏见能力上均能取得更优效果，可以有效理解使用者的语言习惯，完成日常对话、问题回答、作品创作等功能，同时也具备代码编程、辅助图片生成等多种能力。ChatGPT以其强大的功能和广泛的应用领域，成为现代文化产业中不可或缺的一部分，已广泛应用于文学、新闻等多个领域，并对搜索引擎、内容创作等领域产生了深远影响。值得一提的是，微软公司已将 ChatGPT 技术嵌入其Office系列办公软件和Bing搜索引擎中，为用户提供了更加便捷、高效的产品体验。同时，CLIP（Contrastive Language-Image Pre-training）模型的诞生以及GPT-4等模型处理能力的提升，使得人工智能模型的应用不再局限于文字和图像的处理，也开始拓展到音频、视频等领域，为未来的应用打开了全新的空间。

受到数据源、语言等因素的影响，在使用中我们会发现ChatGPT在回答英语提问时的表现会优于回答其他语言的提问。由此，目前国内已经有多家企业和组织开始涉足ChatGPT技术，如百度、阿里巴巴、科大讯飞、云知声等。这些企业通过针对中文自然语言处理的优化和调整，使得 ChatGPT 可以更好地理解中文输入文本的含义，并生成高质量的自然语言回答或者生成结果。这也使得ChatGPT模型在客服、虚拟助手、智能问答等领域都将具有更加广泛的应用前景。

三、ChatGPT与RPA

ChatGPT与RPA虽然都可以用于自动化处理任务，但是在功能和应用场景上有所不同，两者可以互相补充，以提高工作效率和准确性。

在范围上，ChatGPT是一个自然语言处理的人工智能（AI），可以理解和回答自然语言的问题，同时能够处理图像、语音等多种类型的数据。而RPA是一个机器人自动化工具，主要用于重复、烦琐的劳动密集型任务的自动化，如数据输入和处理，但它无法理解和处理自然语言和复杂的人工智能任务。

在灵活性上，ChatGPT可以进行灵活自由的对话，根据用户的问题和需求提供答案和建议，同时能够自我学习和不断提高自身智能水平。而RPA是一个预定义的、固定的自动化流程，需要事先设置好规则和流程，无法进行自主的学习和改进。

在应用场景上，ChatGPT能够应用于各种领域，如客服、咨询、语音识别、机器翻译、自然语言生成等。而RPA主要应用于企业内部的数据处理、账单管理、报告生成等业务流程自动化，且RPA更适用于规则化、标准化程度较高的业务流程自动化，对于复杂的、非标准化业务流程，RPA的适用性比较有限。

资料来源：作者根据网络资料整理。

项目检测

一、知识检测

1.在AutoWork中，使用（　　）将Word中的XX年度中的“XX”替换成“2023”。

A.打开Word文档，手动查找替换　　B.无法实现

C.文字批量替换组件　　D.写入文字组件

2.在AutoWork中，使用（　　）获取Word文档中的段落。

A.获取表格子组件　　B.选择行子组件

C.全选内容子组件　　D.获取段落子组件

3.AutoWork中的Word组件设置字体颜色，默认的字体颜色是（　　）。

A.红色　　B.无　　C.黑色　　D.蓝色

4.在AutoWork中，使用（　　）从Word文档的表格中获取相关内容。

A.手动复制粘贴

B.列表组件中的二维列表转成字典列表子组件

C.读取选中文字子组件

D.读取文档子组件

5.毛利率的计算公式是（　　）。

A.（营业收入-成本）/营业收入　　B.利润总额/营业收入

C.净利润/营业收入 D.成本/营业收入

6.AutoWork中的Word组件包括（ ）。

A.打开文档 B.读取文档 C.设置光标位置 D.设置字体

7.在财务分析报告实训案例中，财务现金流量分析的主流程分为（ ）。

A.读取Excel流程 B.Word文档处理流程

C.向调试窗口输出result D.选择Word文件中的某行

8.用AutoWork的相应组件，设计实现同行经营分析报告的流程有（ ）。

A.二维列表转成字典列表

B.将两个字典列表合并

C.遍历字典中的每个key，检查是否包含需要的关键词

D.将key及对应的value保存到dictRet中

9.报告生成RPA项目使用到的组件有（ ）。

A.字符串组件 B.Word组件 C.Excel组件 D.流程控制组件

10.用AutoWork实现将数据填写到Word中涉及的子组件有（ ）。

A.选择行 B.退格键删除 C.写入文字 D.剪切

11.AutoWork可以实现将Word中的某些文字内容用其他文字替换。（ ）

A.正确 B.错误

12.Word组件中有移动光标位置子组件。（ ）

A.正确 B.错误

13.AutoWork无法实现将Excel的数据写入Word中。（ ）

A.正确 B.错误

14.获取完Excel数据后，不需要跳出当前流程，可以直接进行Word处理流程。（ ）

A.正确 B.错误

15.销售净利润=净利润/营业收入。（ ）

A.正确 B.错误

二、技能检测

W公司财务分析员在编写2024年6月份的费用分析报告（Word文件），其中“管理费用——业务招待费”本月发生额比上月有显著增加，分析员要将本月数与上月数相比较，计算增长率，分析变化原因。

1.测试准备：

在电脑上创建名为“费用分析”的文件夹，将“2024年6月份的费用分析报告.docx”、“2024年6月份管理费用明细表”（Excel文件）以及“2024年6月份管理费用分析表_简版”（Excel文件）下载到该文件夹下。

2.根据以下要求，设计RPA自动化流程：

（1）进入“管理端”发布并认领需求；

（2）从“2024年6月份的费用分析报告.docx”中读取“管理费用——业务招待费”

上月数据，并写入“2024年6月份管理费用分析表_简版”（Excel文件）相应单元格；

（3）从“2024年6月份管理费用明细表”（Excel文件）中读取“管理费用——业务招待费”本月数据，并写入“2024年6月份管理费用分析表_简版”（Excel文件）相应单元格；

（4）计算“2024年6月份管理费用分析表_简版”（Excel文件）中业务招待费增长率，并将结果写入相应单元格；

（5）将“2024年6月份管理费用分析表_简版”（Excel文件）中业务招待费本月数以及增长率写入“2024年6月份的费用分析报告.docx”相应位置，并调好格式；

（6）运行设计好的机器人自动化流程，运行成功后在设计端上传机器人。

项目五

预算审核机器人应用开发

项目五
电子课件

素养目标	1. 培养学生工作流程标准化的职业素养。 2. 培养学生依法管财的专业精神。 3. 培养学生精益求精的工匠精神。
技能目标	1. 能够熟练运用界面元素组件、鼠标及键盘组件。 2. 能够熟练运用AutoWork完成网页数据抓取。 3. 能够综合运用AutoWork的相关组件完成预算审核机器人的开发。
知识目标	1. 了解《中小企业数字化转型指南》的主要内容。 2. 掌握AutoWork中数据抓取组件的功能及属性。 3. 掌握预算审核机器人的开发流程。

第一阶段 聚焦问题

一、问题导入

W公司的财务人员要完成各项预算审核，经常需要到各大网站搜集商品价格信息。网络上的信息又多又杂，要从中筛选出符合需要的信息，汇总到报表文件，工作费时又费力。本项目以采购电脑预算审核为例，探讨如何通过设计RPA机器人帮助财务人员高效准确地完成预算审核工作。

【任务要求】设计预算审核机器人，从网上批量抓取特定电脑型号及其对应价格，从中筛选价格在预算价格范围内（预算价格上下浮动5%）的电脑信息，写入商品采购明细表，并将商品采购明细表发送到财务总监的邮箱。如果所有抓取的电脑价格都不在预算浮动范围内，则发送邮件建议业务部门修改预算。

二、问题分析

第一步，从邮箱下载业务部门发来的采购预算申请单。

第二步，根据采购预算申请单中的电脑型号信息，上网查找该型号的电脑价格信息。

第三步，筛选出该型号电脑的最低价格。

第四步，判断最低价格是否偏离预算5%，如果是，发邮件提醒业务部门修改预算；如果不是，将符合预算要求的电脑信息写入商品采购建议明细表中，并给财务总监发送邮件。

采购预算审核的业务流程，如图5-1所示。

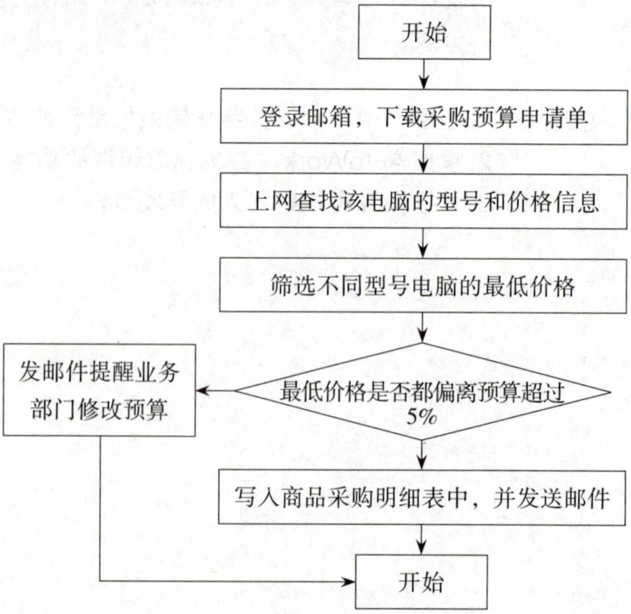

图5-1 采购预算审核业务流程

三、阶段小结

引导学生模拟采购预算审核过程，分析要完成的主要任务，梳理相关知识、技能储备，针对需要完成的任务，创新性地提出可能的解决方案，填写预算审核机器人开发任务初认知表格（见表5-1）。

表5-1　预算审核机器人开发任务初认知表格

总体目标	
工作流程	
主要任务	
任务难点	
解决思路	
知识、技能储备	

第二阶段　激活旧知

一、界面元素

界面元素（Interface Element）是指可满足交互需求的软件或系统界面所包含的满足用户交互要求的一系列元素，如图5-2所示。

1.菜单栏里面的各个选项，如“文件”“主页”“共享”“查看”都是独立的界面元素。

2.菜单栏里面的图标和下面的文字，如“复制”“粘贴”等都是独立的界面元素。

3.左边的导航栏里面的“桌面”“下载”“文档”等都是独立的界面元素。

4.窗口主要区域（黑框包含的范围）里面显示的每个文件也都是独立的界面元素。

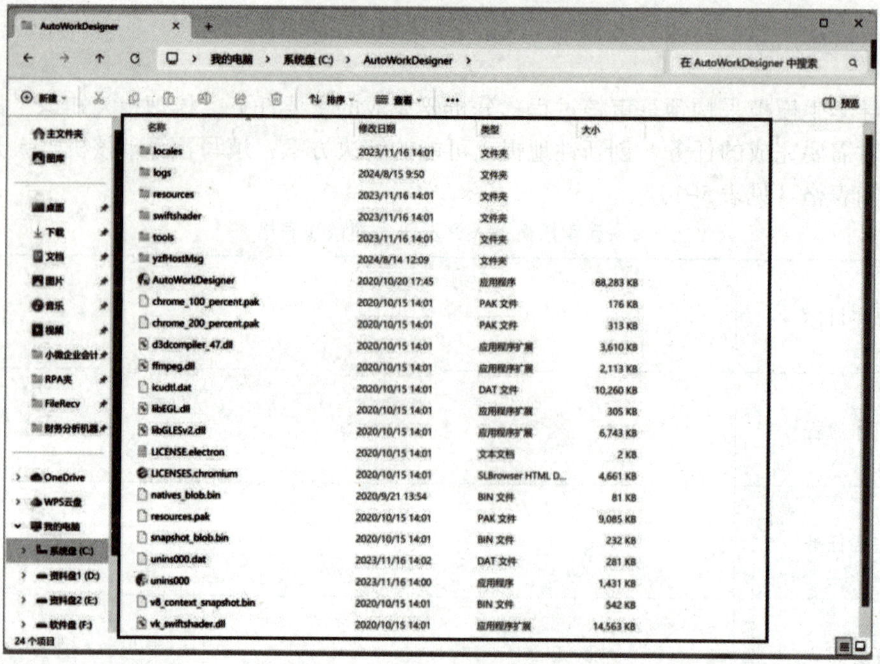

图5-2　系统中的界面元素

二、数据抓取组件

AutoWork内的数据抓取组件分为两种：界面元素类组件和批量抓取组件。界面元素类组件包括界面元素组件、鼠标组件和键盘组件；批量抓取组件可以实现带分页的多页数据的获取。

（一）界面元素组件

界面元素组件包含判断元素是否存在、获取元素内容、设置元素内容、获取元素属性、设置元素属性、获取元素选择、设置元素选择、获取元素勾选、设置元素勾选、元素截图、获取元素区域、获取元素文本列表等。

1. 判断元素是否存在

功能描述：判断元素是否存在，如果存在返回True，如果不存在返回False。

判断元素是否存在的属性描述见表5-2。

表5-2　判断元素是否存在的属性描述

名称	默认值	描述
目标	{}	目标字典
输出到	bRet	将判断结果输出到指定变量（bRet）
执行前延时	0.2	执行前延时秒数
执行后延时	0.3	执行后延迟秒数
错误继续运行	否	错误是否继续运行

2. 获取元素内容

功能描述：获取元素的文本内容。

获取元素内容的属性描述见表5-3。

表5-3　获取元素内容的属性描述

名称	默认值	描述
目标	{}	目标字典
超时时间（秒）	10	执行超时秒数
输出到	sRet	将获取元素的文本内容输出到指定变量（sRet）
执行前延时	0.2	执行前延时秒数
执行后延时	0.3	执行后延迟秒数
错误继续运行	否	错误是否继续运行

3. 设置元素内容

功能描述：设置元素的文本内容。

设置元素内容的属性描述见表5-4。

表5-4　设置元素内容的属性描述

名称	默认值	描述
目标	{}	目标字典
输入的文本	''	元素要设置的内容
超时时间（秒）	10	执行超时秒数
执行前延时	0.2	执行前延时秒数
执行后延时	0.3	执行后延迟秒数
错误继续运行	否	错误是否继续运行

4. 获取元素属性

功能描述：获取元素的属性。

获取元素属性的属性描述见表5-5。

表5-5　获取元素属性的属性描述

名称	默认值	描述
目标	{}	目标字典
属性名	''	元素属性名称
超时时间（秒）	10	执行超时秒数
输出到	sRet	将获取元素的属性输出到指定变量（sRet）

续表

名称	默认值	描述
执行前延时	0.2	执行前延时秒数
执行后延时	0.3	执行后延迟秒数
错误继续运行	否	错误是否继续运行

5. 设置元素属性

功能描述：设置元素属性。

设置元素属性的属性描述见表5-6。

表5-6 设置元素属性的属性描述

名称	默认值	描述
目标	{}	目标字典
属性名	''	元素属性名称
属性值	''	元素属性值
超时时间（秒）	10	执行超时秒数
执行前延时	0.2	执行前延时秒数
执行后延时	0.3	执行后延迟秒数
错误继续运行	否	错误是否继续运行

6. 获取元素选择

功能描述：获取元素选择（可以操作列表框、下拉列表框等类型的元素）。

获取元素选择的属性描述见表5-7。

表5-7 获取元素选择的属性描述

名称	默认值	描述
目标	{}	目标字典
选择方式	元素文本	选择方式
超时时间（秒）	10	执行超时秒数
输出到	arrSelItem	将获取的元素结果输出到指定变量（arrSelItem）
执行前延时	0.2	执行前延时秒数
执行后延时	0.3	执行后延迟秒数
错误继续运行	否	错误是否继续运行

7. 设置元素选择

功能描述：设置元素选择（可以操作列表框、下拉列表框等类型的元素）。

设置元素选择的属性描述见表5-8。

表5-8　设置元素选择的属性描述

名称	默认值	描述
目标	{}	目标字典
目标文本	[]	目标文本列表
超时时间（秒）	10	执行超时秒数
执行前延时	0.2	执行前延时秒数
执行后延时	0.3	执行后延迟秒数
错误继续运行	否	错误是否继续运行

8. 获取元素勾选

功能描述：获取元素勾选（可以操作单选框、复选框等类型的元素）。

获取元素勾选的属性描述见表5-9。

表5-9　获取元素勾选的属性描述

名称	默认值	描述
目标	{}	目标字典
超时时间（秒）	10	执行超时秒数
输出到	bRet	将获取的元素勾选输出到指定变量（bRet）
执行前延时	0.2	执行前延时秒数
执行后延时	0.3	执行后延迟秒数
错误继续运行	否	错误是否继续运行

9. 设置元素勾选

功能描述：设置元素勾选（可以操作单选框、复选框等类型的元素）。

设置元素勾选的属性描述见表5-10。

表5-10　设置元素勾选的属性描述

名称	默认值	描述
目标	{}	目标字典
是否勾选	是	是否勾选
超时时间（秒）	10	执行超时秒数
执行前延时	0.2	执行前延时秒数
执行后延时	0.3	执行后延迟秒数
错误继续运行	否	错误是否继续运行
鼠标跟随移动	是	鼠标是否自动移动到对应元素中心位置

10. 元素截图

功能描述：截取指定元素的图像，保存到文件系统，如果截图成功返回true，否则返回false。

元素截图的属性描述见表5-11。

表5-11 元素截图的属性描述

名称	默认值	描述
目标	{}	目标字典
保存路径	''	截图保存的路径，要带上图片名称和后缀，如：c:/a.png
超时时间（秒）	10	执行超时秒数
输出到	bRet	将元素截图输出到指定的变量（bRet）
执行前延时	0.2	执行前延时秒数
执行后延时	0.3	执行后延迟秒数
错误继续运行	否	错误是否继续运行

11.获取元素区域

功能描述：获取元素区域，返回包含元素位置的矩形对象，[屏幕x,屏幕y,元素宽,元素高]单位像素。

获取元素区域的属性描述见表5-12。

表5-12 获取元素区域的属性描述

名称	默认值	描述
目标	{}	目标字典
超时时间（秒）	10	执行超时秒数
输出到	ObjRect	将获取的元素区域输出到指定的变量（objRect）
执行前延时	0.2	执行前延时秒数
执行后延时	0.3	执行后延迟秒数
错误继续运行	否	错误是否继续运行

12.获取元素文本列表

功能描述：获取元素所在窗口，获取该窗口下的所有元素文本列表，目前只适用于钉钉审批详情页。

获取元素文本列表的属性描述见表5-13。

表5-13 获取元素文本列表的属性描述

名称	默认值	描述
目标	{}	目标字典
正则表达式	'.*[::].*'	若为空则忽略正则表达式，否则只过滤出符合条件的文本
超时时间（秒）	10	执行超时秒数
输出到	listRet	将获取的元素窗口所有元素文本输出到指定的变量（listRet）
执行前延时	0.2	执行前延时秒数
执行后延时	0.3	执行后延迟秒数
错误继续运行	否	错误是否继续运行

（二）鼠标组件

鼠标组件包含点击目标、移动到目标上、模拟点击、模拟移动、模拟拖动、模拟滚轮、获取鼠标位置。

1. 点击目标

功能描述：单击指定的窗口元素。

点击目标的属性描述见表5-14。

表5-14　点击目标的属性描述

名称	默认值	描述
目标	{}	目标字典
按键类型	左键	按键类型
点击类型	单击	点击类型
超时时间（秒）	30	执行超时秒数
执行前延时	0.2	执行前延时秒数
执行后延时	0.3	执行后延时秒数
错误继续运行	否	错误是否继续运行
是否激活窗口	是	是否激活窗口
鼠标跟随移动	是	鼠标是否自动移动到对应元素中心位置

2. 光标移动到目标上

功能描述：光标移动到指定的界面元素上。

光标移动到目标上的属性描述见表5-15。

表5-15　光标移动到目标上的属性描述

名称	默认值	描述
目标	{}	目标字典
超时时间（秒）	30	执行超时秒数
执行前延时	0.2	执行前延时秒数
执行后延时	0.3	执行后延时秒数
错误继续运行	否	错误是否继续运行
是否激活窗口	是	是否激活窗口
位于目标位置	中心	鼠标移动位置
横坐标偏移	0	相对于目标位置，横坐标偏移，负数向左偏移，正数向右偏移（单位：像素）
纵坐标偏移	0	相对于目标位置，纵坐标偏移，负数向上偏移，正数向下偏移（单位：像素）

3. 模拟点击

功能描述：模拟鼠标的点击动作。

模拟点击的属性描述见表5-16。

表5-16 模拟点击的属性描述

名称	默认值	描述
按钮类型	左键	按钮类型
点击类型	单击	点击类型
辅助按键		辅助按键
执行前延时	0.2	执行前延时秒数
执行后延时	0.3	执行后延时秒数

4. 模拟移动

功能描述：鼠标移动到指定坐标位置。

模拟移动的属性描述见表5-17。

表5-17 模拟移动的属性描述

名称	默认值	描述
横坐标	0	移动后的横坐标（单位：像素）
纵坐标	0	移动后的纵坐标（单位：像素）
相对移动	否	是否相对当前位置移动
执行前延时	0.2	执行前延时秒数
执行后延时	0.3	执行后延时秒数

5. 模拟拖动

功能描述：将鼠标从某一位置拖动到另一位置。

模拟拖动的属性描述见表5-18。

表5-18 模拟拖动的属性描述

名称	默认值	描述
起始横坐标	0	起始横坐标（单位：像素）
起始纵坐标	0	起始纵坐标（单位：像素）
结束横坐标	0	结束横坐标（单位：像素）
结束纵坐标	0	结束纵坐标（单位：像素）
按钮类型	左键	鼠标按钮类型
持续时间	0	持续时间
移动方式	匀速	移动方式
辅助按键		辅助按键
执行前延时	0.2	执行前延时
执行后延时	0.3	执行后延时

6.模拟滚轮

功能描述：模拟鼠标的滚轮操作。

模拟滚轮的属性描述见表5-19。

表5-19 模拟滚轮的属性描述

名称	默认值	描述
滚动次数	0	负整数为向下滚动，正整数为向上滚动
辅助按键		辅助按键
执行前延时	0.2	执行前延时秒数
执行后延时	0.3	执行后延时秒数

7.获取鼠标位置

功能描述：获取鼠标光标位置。

获取鼠标位置的属性描述见表5-20。

表5-20 获取鼠标位置的属性描述

名称	默认值	描述
输出到	objPoint	将获取的鼠标光标位置输出到指定变量（objPoint）

（三）键盘组件

键盘组件包含在目标中输入、在目标中按键、输入文本、模拟按键、输入账号、输入密码、键盘驱动输入。

1.在目标中输入

功能描述：在指定的窗口元素中输入文本。

在目标中输入的属性描述见表5-21。

表5-21 在目标中输入的属性描述

名称	默认值	描述
目标	{}	目标字典
输入文本	''	要输入的文本字符串
清空原内容	是	是否清空目标中的文本
超时时间（秒）	10	如果在指定的时间内没有打开浏览器，则报错，停止运行程序
执行前延时	0.2	执行前延时秒数
执行后延时	0.3	执行后延迟秒数
错误继续运行	否	错误是否继续运行
鼠标跟随移动	是	鼠标是否自动移动到对应元素中心位置

2. 在目标中按键

功能描述：在指定的窗口元素中输入按键。

在目标中按键的属性描述见表5-22。

表5-22 在目标中按键的属性描述

名称	默认值	描述
目标	{}	目标字典
模拟按键	0或）	在目标中，模拟键盘输入按键，只能选一个
超时时间（秒）	10	如果在指定的时间内没有打开浏览器，则报错，停止运行程序
执行前延时	0.2	执行前延时秒数
执行后延时	0.3	执行后延时秒数
错误继续运行	否	错误是否继续运行
辅助按键		当输入文本时，需要按的辅助键

3. 输入文本

功能描述：自由输入文本。

输入文本的属性描述见表5-23。

表5-23 输入文本的属性描述

名称	默认值	描述
输入内容	,,	在当前具有输入焦点的控件中，输入文本字符串，如果没有焦点，则无法输入
清空原内容	是	是否清空原先文本内容
执行前延时	0.2	执行前延时秒数
执行后延时	0.3	执行后延时秒数

4. 模拟按键

功能描述：模拟键盘按键。

模拟按键的属性描述见表5-24。

表5-24 模拟按键的属性描述

名称	默认值	描述
模拟按键	0或）	模拟键盘输入按键，只能选一个
按键类型	按键	按键类型
辅助按键		辅助按键
执行前延时	0.2	执行前延时秒数
执行后延时	0.3	执行后延时秒数

5. 输入账号

功能描述：在指定的窗口元素中输入账号。

输入账号的属性描述见表5-25。

表5-25　**输入账号的属性描述**

名称	默认值	描述
目标	{}	目标字典
选择账号		要选择的资产名称
超时时间（秒）	10	如果在指定的时间内没有找到元素，则报错，停止运行程序
执行前延时	0.2	执行前延时秒数
执行后延时	0.3	执行后延迟秒数
错误继续运行	否	错误是否继续运行

6. 输入密码

功能描述：在指定的窗口元素中输入密码。

输入密码的属性描述见表5-26。

表5-26　**输入密码的属性描述**

名称	默认值	描述
目标	{}	目标字典
选择密码		要选择的资产名称
密码序号	0	在管理端资产管理中添加密码时指定的变量名称的密码序号
超时时间（秒）	10	如果在指定的时间内没找到元素，则报错，停止运行程序
执行前延时	0.2	执行前延时秒数
执行后延时	0.3	执行后延迟秒数
错误继续运行	否	错误是否继续运行

7. 键盘驱动输入

功能描述：模拟键盘输入，仅支持PS/2键盘，可在虚拟机和笔记本电脑上使用。

键盘驱动输入的属性描述见表5-27。

表5-27　**键盘驱动输入的属性描述**

名称	默认值	描述
模拟按键	''	可输入一个按键，如｛ENTER｝或字符'adsa'

三、阶段小结

引导学生根据对所学组件的初步认知，尝试分析这些组件的用途，选择在解决采购电脑预算审核任务过程中可能用到的组件，修正、补充预算审核机器人开发任务初认知表格。

第三阶段 示证新知

微课

抓取网络数据

一、抓取网络数据

【例5-1】查询“北京环球博览国际广告有限公司”的法定代表人、注册资本、成立时间、注册地址、经营范围，并将查询结果写入“要查询的企业_简版”Excel文件（如图5-3所示）中。

	A	B	C	D	E	F
1	企业	法人代表	注册资本	成立时间	地址	经营范围
2	北京环球博览国际广告有限公司					

图5-3 “要查询的企业_简版”Excel文件

【流程分析】

1.打开百度企业信用查询网站（https://xin.baidu.com）。

2.在搜索框中输入文本，鼠标点击“查一下”按钮。

3.获取元素的文本内容。

4.写入指定单元格。

【RPA实现】

1.选择【软件自动化】-【浏览器】-【启动新的浏览器】组件，在右侧属性面板中设置［浏览器类型］：谷歌浏览器。

2.选择【软件自动化】-【浏览器】-【打开网页】组件，在右侧属性面板中设置［加载链接］：'https://xin.baidu.com'。

3.选择【鼠标键盘】-【键盘】-【在目标中输入】组件，在右侧属性面板中设置［目标］：单击查找目标，界面自动跳转到最后打开的网页界面，鼠标定位目标搜索框所在的位置，设置［输入文本］：'北京环球博览国际广告有限公司'。

4.选择【鼠标键盘】-【鼠标】-【点击目标】组件，在右侧属性面板中设置［目标］：单击查找目标，界面自动跳转到最后打开的网页界面，鼠标定位目标“查一下”所在的位置，选填［执行前延时］：2，［执行后延时］：3。

5.选择【软件自动化】-【Excel】-【打开Excel】组件，在右侧属性面板中设置［文件路径］：“要查询的企业_简版”的打开路径，［输出到］：excelRet。

6.选择【界面操作】-【界面元素】-【获取元素内容】组件，在右侧属性面板中设置［目标］：单击查找目标，界面自动跳转到最后打开的网页界面，鼠标定位到元素法定代表人的内容所在的位置，获取元素内容，［输出到］：sRet。

7.选择【软件自动化】-【Excel】-【设置单元格内容】组件，在右侧属性面板中设置［工作簿对象］：excelRet，［工作表］：'Sheet1'，［单元格］：'B2'，［数据］：sRet。

8.以相同的方式获取注册资本、注册时间、地址、经营范围的内容，并将获取结果写入Excel中C2至F2单元格中。

RPA实现流程如图5-4所示。

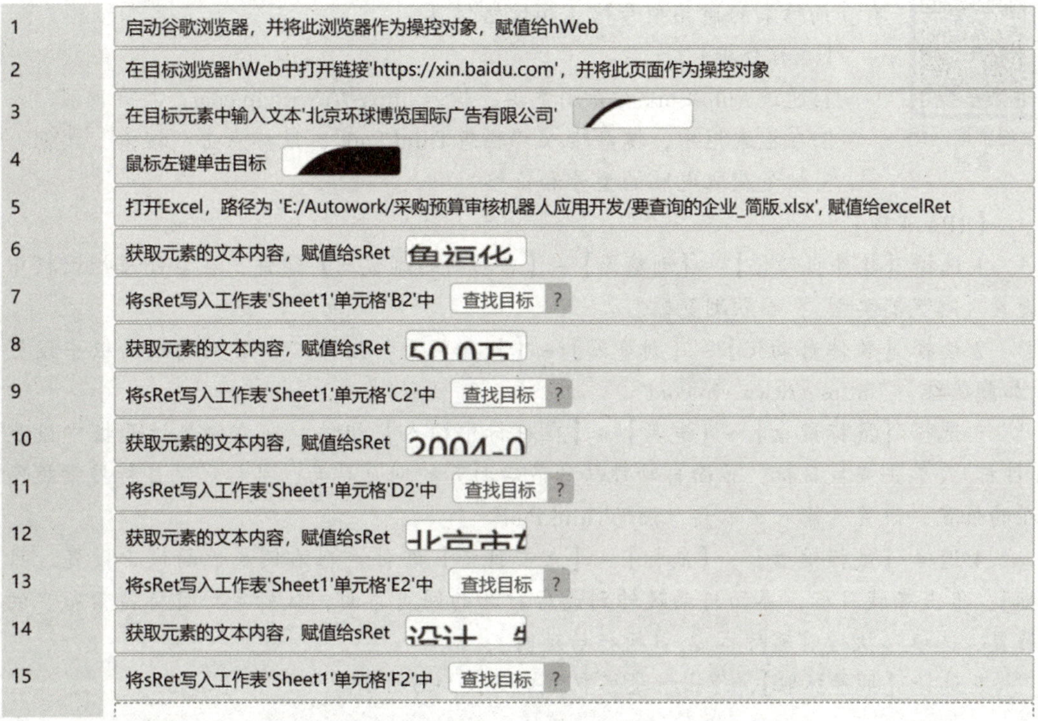

图5-4　例5-1的RPA实现流程

【RPA运行结果】如图5-5所示。

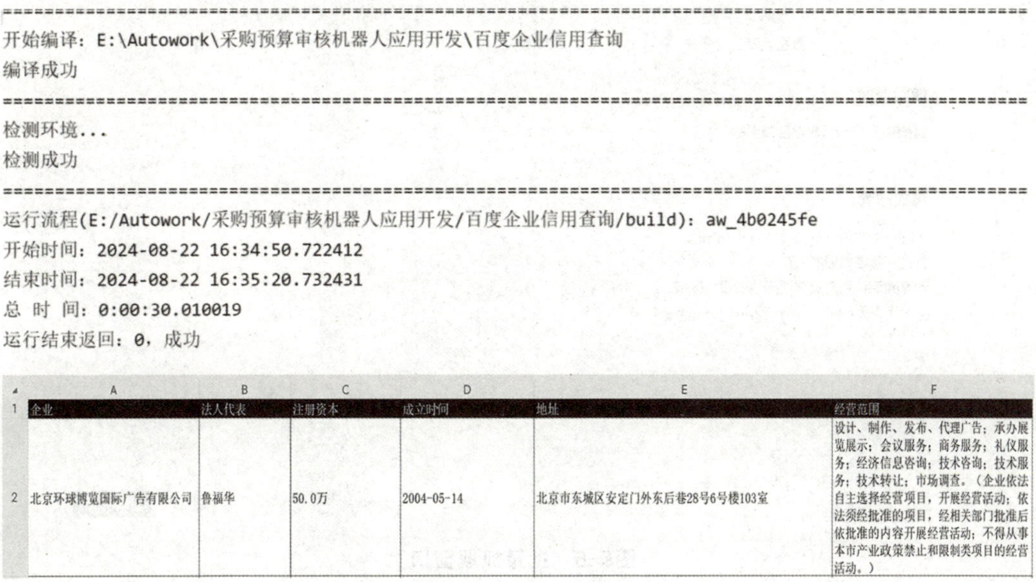

	A	B	C	D	E	F
1	企业	法人代表	注册资本	成立时间	地址	经营范围
2	北京环球博览国际广告有限公司	鲁福华	50.0万	2004-05-14	北京市东城区安定门外东后巷28号6号楼103室	设计、制作、发布、代理广告；承办展览展示；会议服务；商务服务；礼仪服务；经济信息咨询；技术咨询；技术服务；技术转让；市场调查。（企业依法自主选择经营项目，开展经营活动；依法须经批准的项目，经相关部门批准后依批准的内容开展经营活动；不得从事本市产业政策禁止和限制类项目的经营活动。）

图5-5　例5-1的RPA运行结果

二、批量抓取网络数据

微课

批量抓取网络数据

【例5-2】从唯品会网站查询“联想ThinkPad”，抓取第1页显示的所有查询结果的商品型号信息和价格信息。

【流程分析】

1.通过AutoWork打开浏览器，输入https://www.vip.com，打开网页。

2.在搜索框中，键盘输入“联想ThinkPad”，鼠标点击“搜索”按钮。

3.批量获取电脑的型号和价格。

【RPA实现】

1.选择【软件自动化】-【浏览器】-【启动新的浏览器】组件，在右侧属性面板中设置［浏览器类型］：谷歌浏览器。

2.选择【软件自动化】-【浏览器】-【打开网页】组件，在右侧属性面板中设置［加载链接］：'https://www.vip.com'。

3.选择【鼠标键盘】-【键盘】-【在目标中输入】组件，在右侧属性面板中设置［目标］：单击查找目标，界面自动跳转到最后打开的网页界面，鼠标定位目标搜索框所在的位置，设置［输入文本］：'联想ThinkPad'。

4.选择【鼠标键盘】-【鼠标】-【点击目标】组件，在右侧属性面板中设置［目标］：单击查找目标，界面自动跳转到最后打开的网页界面，鼠标定位目标搜索所在的位置，选填［执行前延时］：2，［执行后延时］：3。

5.选择【批量抓取】，弹出批量抓取窗口如图5-6所示。

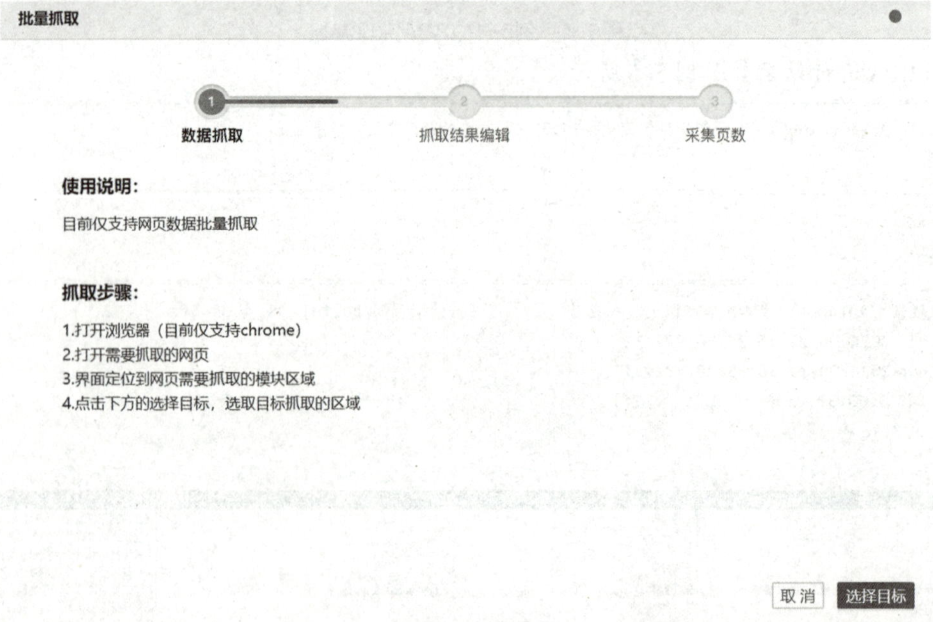

图5-6　批量抓取窗口

（1）点击“选择目标”按钮，用鼠标在网页界面上选择其中一项搜索结果的商品型号信息。

（2）点击“请抓取相同层级的其他区域”，用鼠标在网页界面上选择另一项搜索结果的商品型号信息，确认要抓取网页中的商品型号信息。

（3）点击“选择目标”，用鼠标在网页界面上选择其中一项搜索结果的价格信息。

（4）点击“请抓取相同层级的其他区域”，用鼠标在网页界面上选择另一项搜索结果的价格信息，确认要抓取网页中的价格信息。

（5）点击“抓取结果编辑”，点击“采集页数”，采集搜索结果第1页的信息。

（6）在右侧属性面板中设置［目标］：获取唯品会网站联想ThinkPad电脑第一页搜索结果的不同型号和价格，［输出到］：dataRet。

RPA实现流程如图5-7所示。

1	启动谷歌浏览器，并将此浏览器作为操控对象，赋值给hWeb
2	在目标浏览器hWeb中打开链接'https://www.vip.com'，并将此页面作为操控对象
3	在目标元素中输入文本'联想ThinkPad'
4	鼠标左键单击目标
5	批量抓取数据，赋值给dataRet
6	向调试窗口输出dataRet

图5-7　例5-2的RPA实现流程

【RPA运行结果】如图5-8所示。

[['联想笔记本电脑小新款高性能版轻薄便携精美小巧女生办公手提电脑', '¥2999'], ['【包鼠套装】X13 13.3 英寸轻薄商务办公女生笔记本电脑', '¥9099'], ['联想笔记本电脑 2024 年小新 pro 升级版 TB14 寸超薄笔记本', '¥6299'], ['联想笔记本电脑小新款高性能版轻薄便携精美小巧女生办公手提电脑', '¥3399'], ['联想笔记本电脑小新款 V14 大学生日常办公学习高性能游戏轻薄本', '¥2999'], ['【包鼠套装】ThinkBook16 16 英寸轻薄联想笔记本', '¥5899'], ['联想 ThinkBook 14+ 2024 AI 全能轻薄笔记本', '¥6299'], ['Thinkbook14+2024 款女生 AIPC 轻薄游戏笔记本', '¥7999'], ['联想笔记本电脑小新款 V14 大学生日常办公学习高性能游戏轻薄本', '¥3299'],

图5-8　例5-2的RPA运行结果

三、生成Excel表格

【例5-3】接例2，根据抓取的结果数据dataRet，搜索符合预算范围（6 000元上下浮动5%）的电脑信息，写入商品采购明细表的相应位置。

微课

生成Excel表格

【流程分析】

1.设置变量dataRet的值为已知二维数组。

2.打开“采购预算申请单”和“商品采购明细表”。

3.读取“采购预算申请单”的需求产品。

4.设置变量行号为2，计划价格为6 000，预算最大值为6 000×（1+0.05），预算最小值为6 000×（1−0.05）。

5.依次遍历列表dataRet中的每一项。

6.将价格中的¥去掉，并转换为浮点型数据。

7.如果符合预算范围，将序号、需求产品、品牌型号和价格写入商品采购明细表，设置行号为当前行+1，继续循环。

8.如果不符合预算范围，则继续循环。

【RPA实现】

1.选择【语句命令】-【流程控制】-【变量赋值】组件，在右侧属性面板中设置［变量名］：dataRet，［变量值］：【案例2】电脑型号和价格的二维数组。

2.选择【软件自动化】-【Excel】-【打开Excel】组件，在右侧属性面板中设置［文件路径］："采购预算申请单"的打开路径，［输出到］：excelRet。

3.选择【软件自动化】-【Excel】-【读取单元格内容】组件，在右侧属性面板中设置［工作簿对象］：excelRet，［工作表］：'Sheet1'，［单元格］：'B2'，［输出到］：cell_value。

4.选择【软件自动化】-【Excel】-【打开Excel】组件，在右侧属性面板中设置［文件路径］："商品采购明细表"的打开路径，［输出到］：excelRet。

5.选择【语句命令】-【流程控制】-【变量赋值】组件，在右侧属性面板中设置［变量名］：row，［变量值］：row+1。

6.选择【语句命令】-【流程控制】-【变量赋值】组件，在右侧属性面板中设置［变量名］：planPrice，［变量值］：6000。

7.选择【语句命令】-【流程控制】-【变量赋值】组件，在右侧属性面板中设置［变量名］：maxPrice，［变量值］：planPrice*(1+0.05)。

8.选择【语句命令】-【流程控制】-【变量赋值】组件，在右侧属性面板中设置［变量名］：minPrice，［变量值］：planPrice*(1-0.05)。

9.选择【语句命令】-【流程控制】-【遍历列表】组件，在右侧属性面板中设置［列表］：dataRet，［列表项（变量）］：item。

10.选择【数据处理】-【字符串】-【替换字符串】组件，在右侧属性面板中设置［目标字符串］：item［1］，［查找内容］：'¥'，［替换内容］：''，［输出到］：sRet。其中，列表中每个元素都分配一个数字，它的位置或索引，第一个位置是0，第二个位置是1，以此类推，所以此列表变量里有两个元素，第一个电脑型号的位置是0，用item[0]表示，第二个电脑价格的位置是1，用item[1]表示。

11.选择【数据处理】-【字符串】-【转为数字】组件，在右侧属性面板中设置［目标字符串］：sRet，［数据类型］：浮点型，［输出到］：bRet。

12.选择【语句命令】-【流程控制】-【条件分支】组件，在右侧属性面板中设置［判断表达式］：bRet<=maxPrice and bRet >= minPrice。

13.如果电脑价格在预算价格浮动范围内，选择【软件自动化】-【Excel】-【设置单元格内容】组件，在右侧属性面板中设置［工作簿对象］：excelRet，［工作表］：'Sheet1'，［单元格］：'A'+str（row），［数据］：row-1。

14.以相同的方式在Excel表中的B列、C列、D列写入需求产品、品牌型号和价格。

15.选择【语句命令】-【流程控制】-【变量赋值】组件，在右侧属性面板中设置［变量名］：row，［变量值］：row+1。

RPA 实现流程如图 5-9 所示。

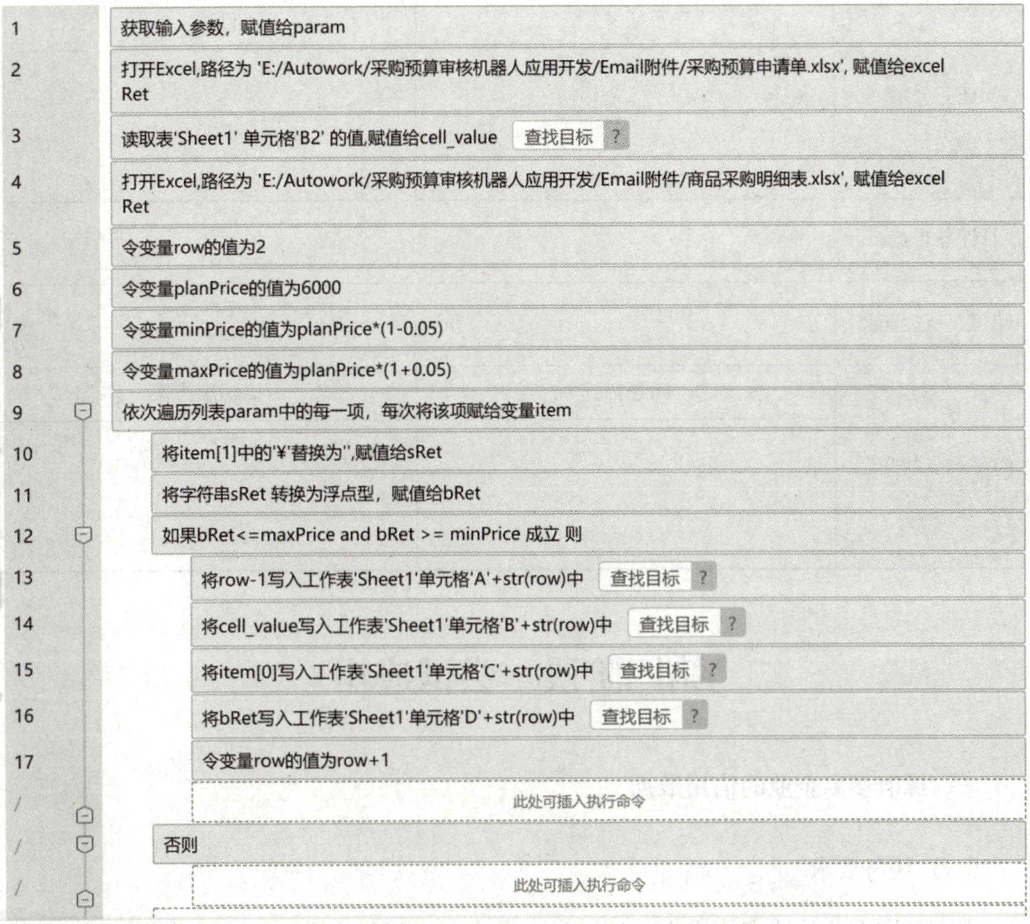

图5-9　例5-3的RPA实现流程

【RPA运行结果】如图 5-10 所示。

	A	B	C	D
1	序号	需求产品	品牌型号	价格
2	1	联想ThinkPad	【薇娅推荐】联想ThinkPad S2 YOGA 20R8A00CCD 十代英特尔酷睿i5 360°度翻转触屏时尚商务笔记本电脑	6299
3	2	联想ThinkPad	联想ThinkPad T14 英特尔酷睿i5 14英寸笔记本电脑 轻薄便携 学生 原装官方正品高端商务办公用手提	5799
4	3	联想ThinkPad	联想ThinkPad S2 2020 20R7A00HCD 英特尔十代酷睿i7 13.3英寸轻薄商务笔记本联想固态时尚小巧指纹电脑	5899
5	4	联想ThinkPad	【2020新款】联想ThinkPad E15 6DCD/0LCD i7十代酷睿处理器高清屏独显轻薄便携学生商务办公笔记本电脑IBM	6249
6	5	联想ThinkPad	【晒单赠电脑包】联想ThinkPad E14 Slim十代英特尔酷睿i7 14英寸轻薄笔记本电脑苏宁易购官方旗舰店	5849
7	6	联想ThinkPad	联想ThinkPad E14Slim 2021版英特尔十一代酷睿i7 14英寸笔记本电脑gen2超轻薄便携 学生 商务办公款3PCD	6299

图5-10　例5-3的RPA运行结果

四、阶段小结

引导学生结合新知识学习及教师的演示操作，分析采购预算审核过程中要解决的主要问题，初步构思解决方案，填写预算审核机器人开发任务再认知表格（见表5-28），进一步明确开发任务及思路。

表5-28　**预算审核机器人开发任务再认知表格**

总体目标		
任务分解	子任务	子目标
任务难点		
知识、技能储备		
尚待解决的问题	问题描述	拟解决方案

第四阶段　尝试应用

一、抓取多家企业的信用数据

（一）任务要求

查询三家企业的法定代表人、注册资本、成立时间、注册地址、经营范围，并将查询结果写入“要查询的企业_简版”Excel文件中。

（二）任务实施

1. 填写设计思路（见表5-29）

表5-29　**设计思路**

运用组件	
流程设计	

2.RPA 实现

（三）参考流程

抓取多家企业的信用数据RPA实现流程如图5-11所示。

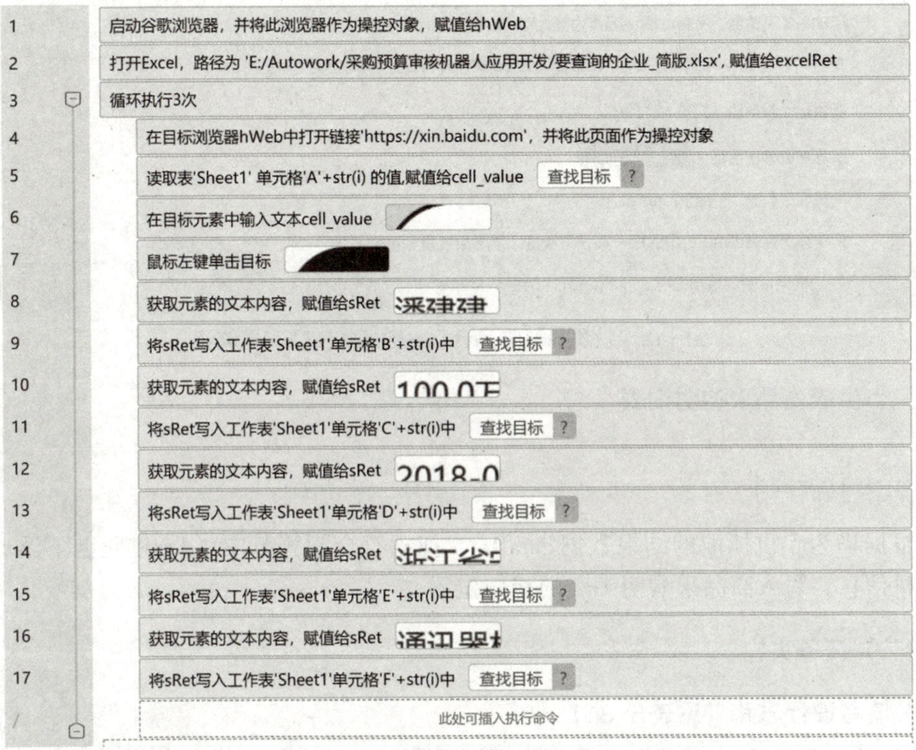

图5-11　抓取多家企业的信用数据RPA实现流程

二、批量抓取唯品会网站数据

（一）任务要求

从唯品会网站查询“华为手机”，抓取第1页所有查询结果的商品型号信息和价格信息。

（二）任务实施

1. 填写设计思路（见表5-30）

表5-30　设计思路

运用组件	
流程设计	

2.RPA实现

（三）参考流程

批量抓取唯品会网站数据的RPA实现流程如图5-12所示。

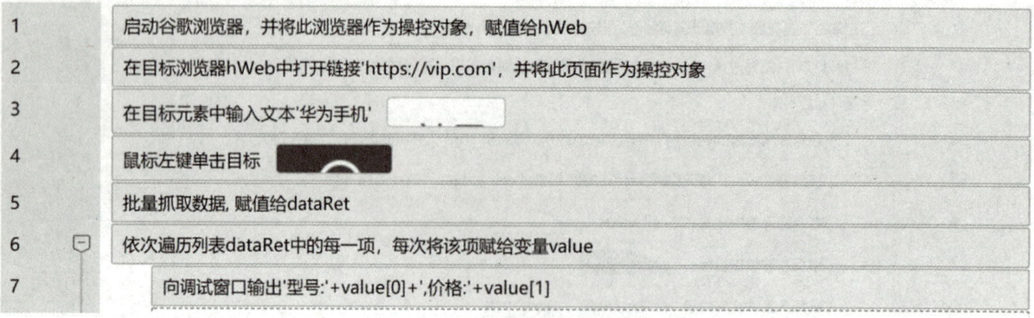

图5-12　批量抓取唯品会网站数据的RPA实现流程

三、生成商品采购明细表

（一）任务要求

根据华为手机抓取的结果数据dataRet，搜索符合预算范围（3 000元上下浮动5%）的手机信息，写入商品采购明细表的相应位置。

（二）任务实施

1.填写设计思路（见表5-31）

表5-31　设计思路

运用组件	
流程设计	

2.RPA实现

（三）参考流程

生成商品采购明细表的RPA实现流程如图5-13所示。

四、阶段小结

引导学生结合尝试应用阶段的实际演练，确定预算审核的主要任务及解决方法，鼓励学生尝试用多种方法完成任务开发，填写预算审核机器人开发任务确认表格（见表5-32）。

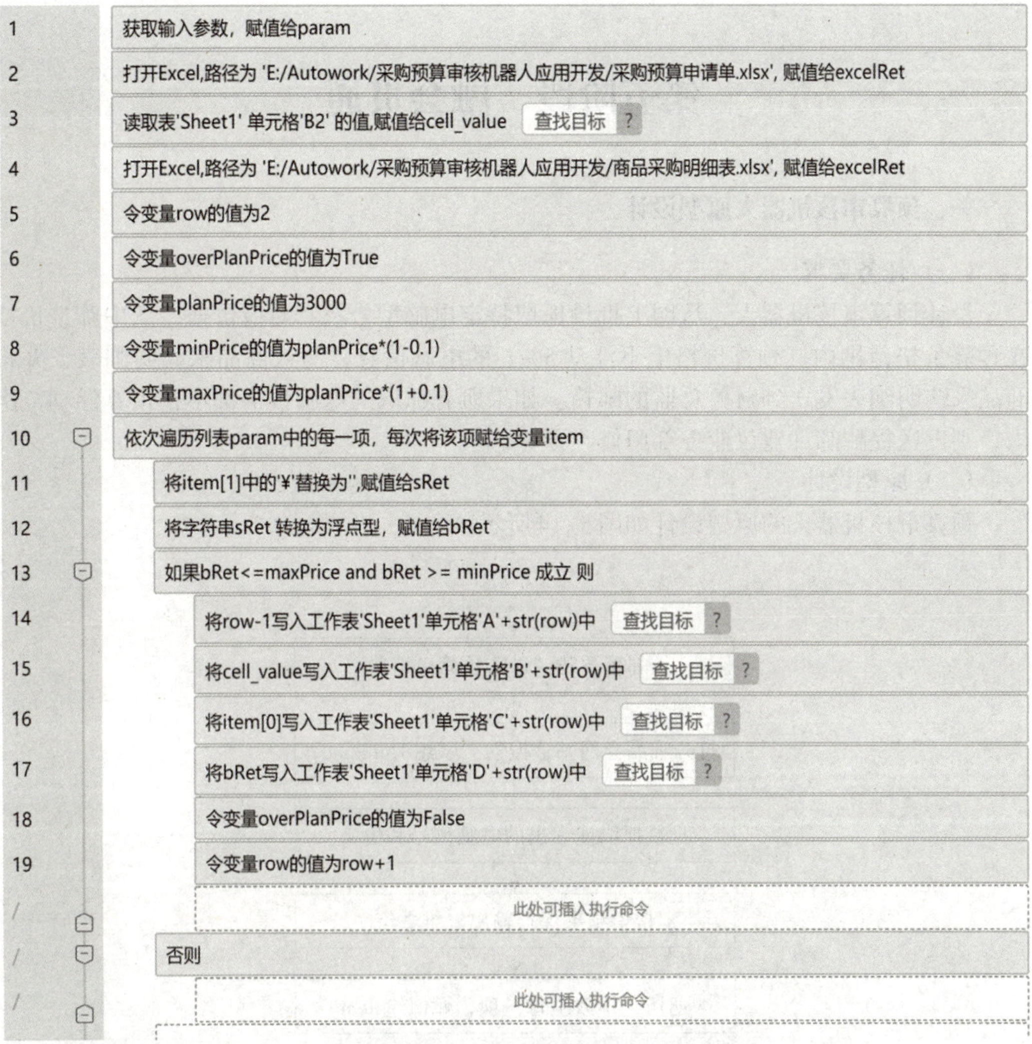

图5-13　生成商品采购明细表的RPA实现流程

表5-32　预算审核机器人开发任务确认表格

总体目标			
任务分解	子任务	解决方法	预期效果
任务流程			

第五阶段　融会贯通

一、预算审核机器人原型设计

（一）任务要求

设计预算审核机器人，从网上批量抓取特定电脑型号及其对应价格，从中筛选价格在预算价格范围内（预算价格上下浮动5%）的电脑信息，写入商品采购明细表，并将商品采购明细表发送到财务总监的邮箱。如果所有抓取的电脑价格都不在预算浮动范围内，则发送提醒邮件建议业务部门修改预算。

（二）原型设计

预算审核机器人的原型设计如图5-14所示。

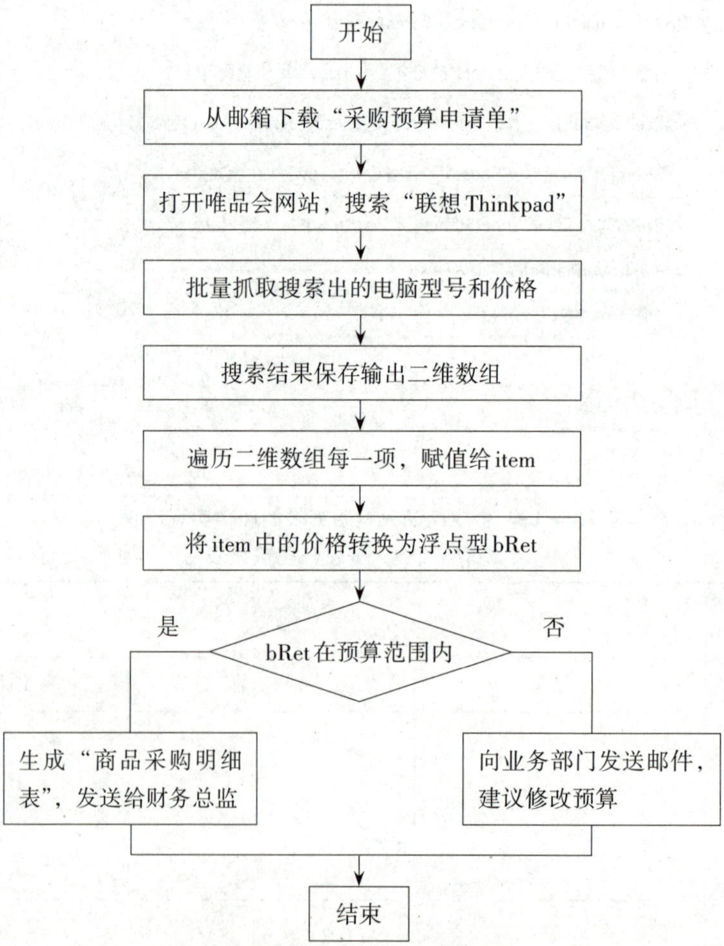

图5-14　预算审核机器人的原型设计

二、预算审核机器人RPA实现

预算审核机器人RPA实现流程如图5-15所示。

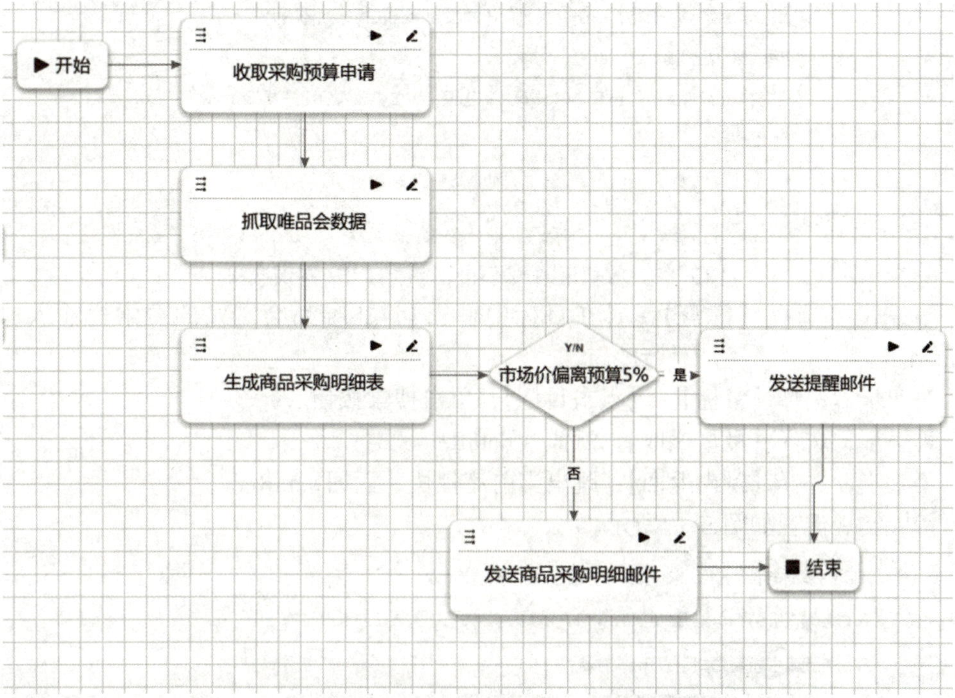

图5-15　预算审核机器人RPA实现流程

预算审核机器人包括收取采购预算申请邮件、抓取唯品会数据、生成商品采购明细表、发送商品采购明细邮件、发送提醒邮件五个自动化流程。

（一）收取采购预算申请邮件的RPA实现

第一步，选择【连接邮箱】，输入pop服务器地址、邮箱账号、登录密码等信息。

第二步，选择【计次循环】，循环5次，对每次循环，执行后续操作。

第三步，选择【获取邮件标题】。

第四步，选择【查找字符串】，对于每封邮件标题，判断标题中是否含有'采购预算申请表'。

第五步，选择【条件分支】，如果标题中有'采购预算申请表'，则保存对应邮件的附件“采购预算申请单.xlsx”到本地目录下，然后跳出循环。如果标题中不含有'采购预算申请表'，则继续下次循环。

RPA实现流程如图5-16所示。

（二）抓取唯品会数据的RPA实现

第一步，选择【启动新的浏览器】，启动谷歌浏览器。

第二步，选择【打开网页】，打开唯品会网站。

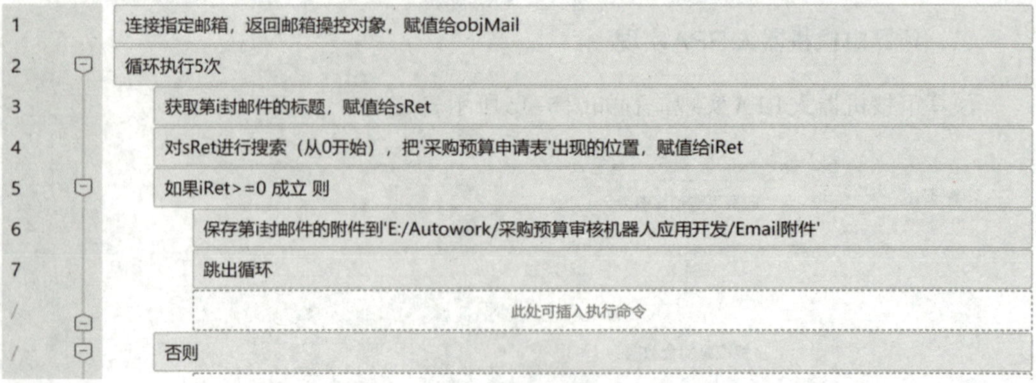

图5-16　收取采购预算申请邮件的RPA实现流程

第三步，选择【键盘】-【在目标中输入】，在唯品会网站的搜索栏输入'联想ThinkPad'。

第四步，选择【鼠标】-【点击目标】，单击搜索按钮。

第五步，选择【批量抓取】，赋值给dataRet。

第六步，选择【跳出返回】，跳出当前流程块，返回dataRet。

RPA实现流程如图5-17所示。

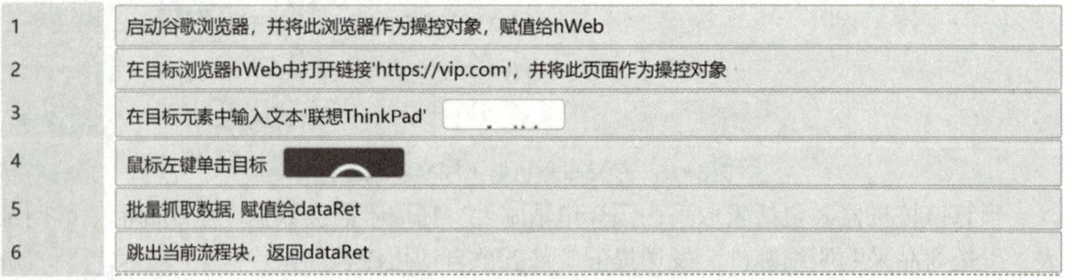

图5-17　抓取唯品会网站数据的RPA实现流程

（三）生成商品采购明细表的RPA实现

第一步，选择【获取输入参数】，赋值给param。

第二步，选择【打开Excel】，打开Email附件中的采购预算申请单。

第三步，选择【读取单元格内容】，读取采购预算申请单'sheet1'工作表中'B2'单元格的值，赋值给cell_value。

第四步，选择【打开Excel】，打开Email附件中的商品采购明细表。

第五步，选择【变量赋值】，设置变量行号row为2。

第六步，选择【变量赋值】，设置变量overPlanPrice为True。

第七步至第九步，【变量赋值】，设置变量planPrice为6000，变量minPrice为planPrice*(1-0.05)，变量maxPrice为planPrice*(1+0.05)。

第十步，选择【遍历列表】，循环遍历列表Param中的每一项，赋值给item。

第十一步，选择【替换字符串】，将价格item[1]前的'¥'去掉，赋值给变量sRet。

第十二步，选择【转为数字】，将字符串sRet转换为浮点数据，赋值给bRet。

第十三步，选择【条件分支】，判断商品价格是否在预算范围内，如果在预算范围内，则执行以下语句。

第十四步至第十七步，选择【设置单元格内容】，在“商品采购明细表”的第一列至第四列，依次写入序号（row-1）、需求产品（cell_value）、品牌型号（item[0]）、价格（bRet）。

第十八步，选择【变量赋值】，如果在预算范围内，设置变量overPlanPrice为False。

第十九步，选择【变量赋值】，设置行号为当前行+1。

第二十步，选择【跳出返回】，跳出当前流程块，返回overPlanPrice。

RPA实现流程如图5-18所示。

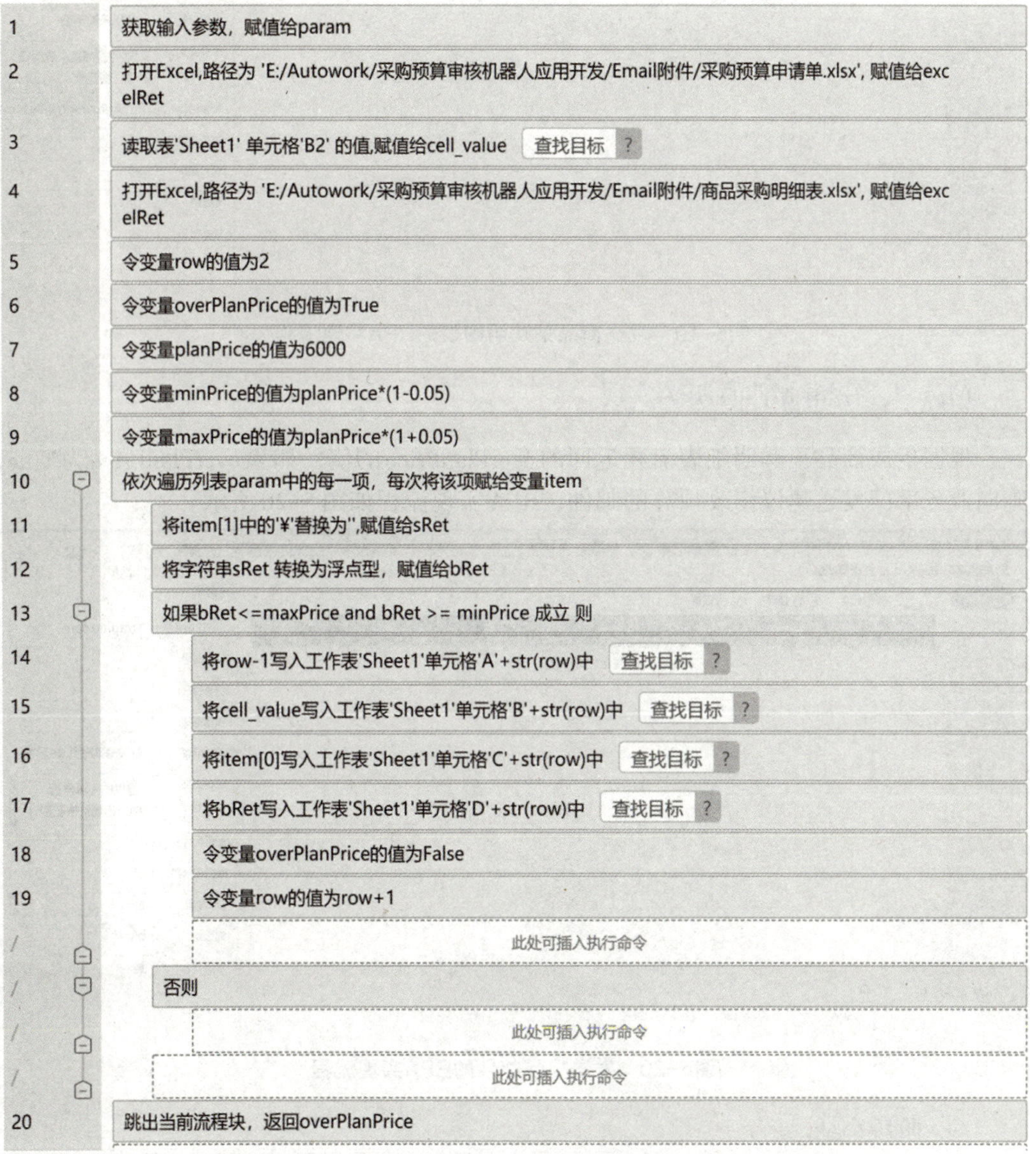

图5-18　生成商品采购明细表的RPA实现流程

（四）发送商品采购明细表邮件的RPA实现

根据生成商品采购明细表流程返回的overPlanPrice的值，如果overPlanPrice为False，则向财务总监发送含有商品采购明细表的邮件，RPA实现流程如图5-19所示。

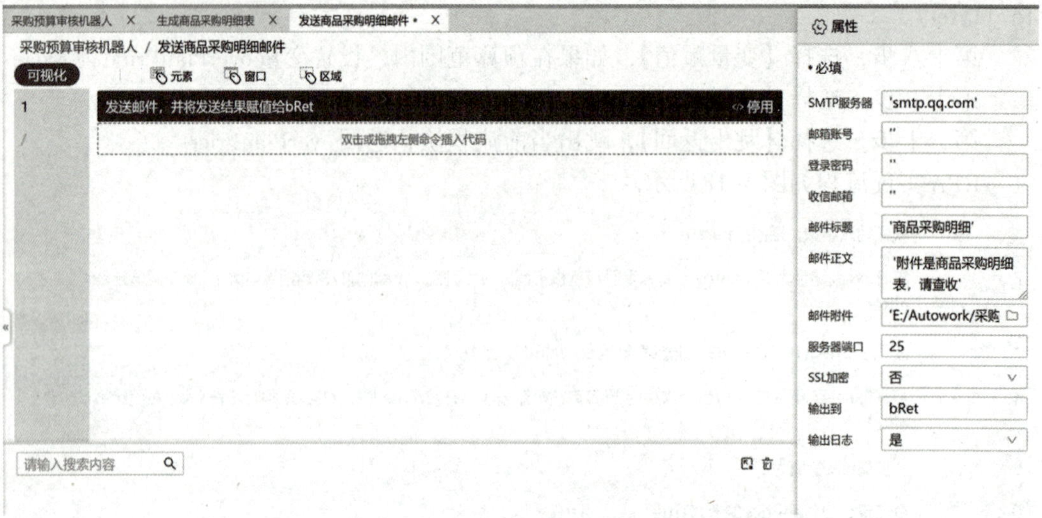

图5-19　发送商品采购明细表的RPA实现流程

（五）发送提醒邮件的RPA实现

根据生成商品采购明细表流程返回的overPlanPrice的值，如果overPlanPrice为True，则向业务部门发送建议修改预算的邮件，RPA实现流程如图5-20所示。

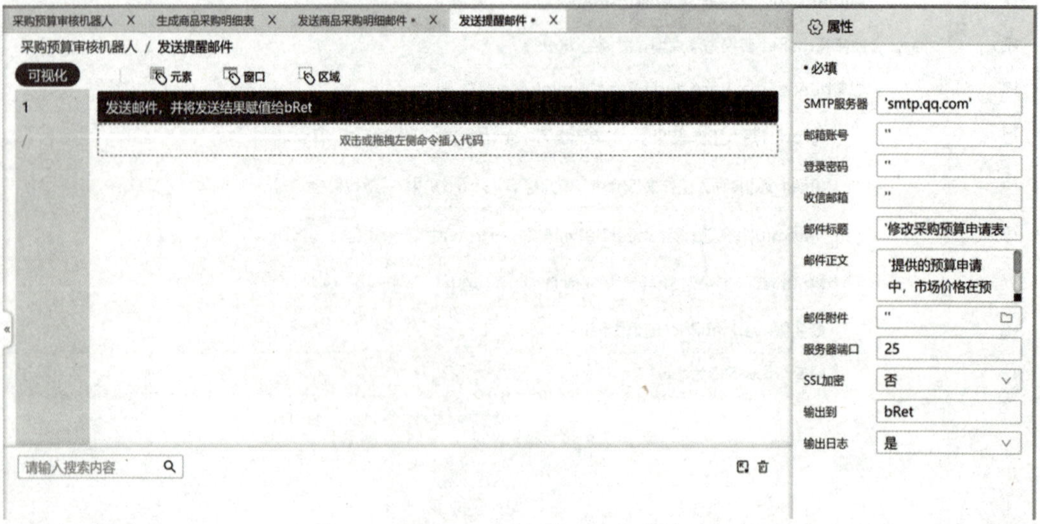

图5-20　发送提醒邮件的RPA实现流程

三、阶段小结

通过运行展示多名学生设计的机器人，让学生看到任务可能存在的多种解决方案，引导学生对自己设计的机器人进行评价，及时发现问题，优化设计方案，填写预算审核机器人开发任务评价表格（见表5-33），并请同伴和教师对自己的表现作出评价，多角度了解自己，不断提升个人综合素质。

表5-33 预算审核机器人开发任务评价表格

<table>
<tr><td>总体目标</td><td colspan="6"></td></tr>
<tr><td rowspan="2">任务分解</td><td colspan="3">子任务</td><td colspan="3">完成情况</td></tr>
<tr><td colspan="3"></td><td colspan="3"></td></tr>
<tr><td rowspan="2">自我评价</td><td colspan="3">表现优异</td><td colspan="3">有待改进</td></tr>
<tr><td colspan="3"></td><td colspan="3"></td></tr>
<tr><td rowspan="5">同伴评价</td><td>考核项目</td><td>5</td><td>4</td><td>3</td><td>2</td><td>1</td></tr>
<tr><td>个人能力</td><td></td><td></td><td></td><td></td><td></td></tr>
<tr><td>参与度</td><td></td><td></td><td></td><td></td><td></td></tr>
<tr><td>领导力</td><td></td><td></td><td></td><td></td><td></td></tr>
<tr><td>合作精神</td><td></td><td></td><td></td><td></td><td></td></tr>
<tr><td rowspan="5">教师评价</td><td>考核项目</td><td>5</td><td>4</td><td>3</td><td>2</td><td>1</td></tr>
<tr><td>学习态度</td><td></td><td></td><td></td><td></td><td></td></tr>
<tr><td>逻辑思维</td><td></td><td></td><td></td><td></td><td></td></tr>
<tr><td>时间管理</td><td></td><td></td><td></td><td></td><td></td></tr>
<tr><td>创新精神</td><td></td><td></td><td></td><td></td><td></td></tr>
</table>

【启思悟理】

践行工匠精神

习近平总书记强调，我们要实实在在地把职业教育搞好，要树立工匠精神，把第一线的大国工匠一批一批培养出来。“两弹一星”、载人航天工程、高铁技术、大飞机设计与制造、“神舟”奔赴“天宫”、“中国天眼”探秘未知，这些“大国重器”、科技创新、超级项目，背后都离不开大国工匠们独具匠心、精雕细琢、尽善尽美的追求和坚守，无不诠释着对执着专注、精益求精、一丝不苟、追求卓越的工匠精神的弘扬和践行。

财务机器人的开发流程没有标准答案，但却有优劣之分，一个优秀的产品需要不断改进，反复打磨。我们应践行工匠精神，秉持对职业敬畏、对工作执着、对项目负责的态度，注重细节，不断追求完美和极致，将一丝不苟、精益求精的工匠精神融入每一个环节，争取开发出一流的产品。

拓展阅读：中小企业数字化转型指南

为深入贯彻党中央、国务院关于加快数字化发展的决策部署，以数字化转型推动中小企业增强综合实力和核心竞争力，工业和信息化部办公厅于2022年11月印发了《中小企业数字化转型指南》（以下简称《指南》）。《指南》旨在贯彻落实党中央、国务院决策部署，加强政策协同、强化科学指引、深化转型认知、凝聚工作合力，以中小企业数字化转型促进实体经济高质量发展。《指南》主要包括以下四个部分。

一、总则

（一）适用范围

中小企业数字化转型遵循"从易到难、由点及面、长期迭代、多方协同"的思路。《指南》的适用范围及对象包括三个方面：一是需求方，即中小企业，尤其是制造业中小企业，旨在引导中小企业明晰转型思路、优化转型实践、提升转型效能；二是供给方，即互联网平台企业、工业互联网平台企业、数字化转型服务商等中小企业数字化转型服务供给方，旨在促进中小企业数字化转型产品服务供给水平提升；三是地方各级主管部门，旨在加强中小企业数字化转型政策支持，推动中小企业加快数字化转型进程。

（二）实施原则

1.坚持企业主体，效益优先

中小企业需参考与发展需求相适配的内容，用好市场资源和公共服务，因"企"制宜推进数字化转型。适时评估转型成效，优化转型规划实践，以数字化转型促进提质、增效、降本、降耗、绿色和安全发展。

2.坚持应用牵引，供需互促

中小企业数字化转型服务供给方主体应聚焦中小企业特征及需求，研制小型化、快速化、轻量化、精准化（"小快轻准"）产品，围绕"评估、规划、实施、优化"全流程提供专业化服务，基于应用反馈提升产品服务供给水平。

3.坚持政府引导，协同联动

充分发挥有为政府作用，加强政策支持、资源统筹和管理服务，因地制宜构建中小企业数字化转型生态，深化产学研用金等多方主体协同创新，推动形成促进中小企业数字化转型的工作合力。

二、增强企业转型能力

《指南》第二部分"增强企业转型能力"主要面向中小企业，从五个方面提出了转型路径，旨在充分激发中小企业自身转型动能，按照"评估-规划-实施-优化"的逻辑闭环，科学高效开展数字化转型。

（一）开展数字化评估

中小企业需要从数字化基础水平、企业经营管理现状、内外部转型资源等方面进行数字化评估，结合业务环节和管理环节的潜在转型价值，明确数字化转型优先级，切实提高转型效率。

（二）推进管理数字化

中小企业数字化转型需要构建与转型适配的组织架构和管理制度，加强数字化人才培训，深化跨部门沟通协作，提升企业管理精细化水平，优化企业经营管理决策。

（三）开展业务数字化

中小企业在开展数字化转型的过程中，应充分应用订阅式服务、轻量化产品等降低转型成本。开展研发设计、生产制造、仓储物流等业务环节转型，实施产品全生命周期管理，发展基于数字化产品的增值服务。

（四）融入数字化生态

中小企业应积极对接产业链供应链核心企业、行业龙头企业、园区产业集群等生态资源，基于工业互联网平台深化协作配套，利用共性技术平台开展协同创新。

（五）优化数字化实践

中小企业应从数字化水平和企业经营管理水平等方面评估数字化转型成效，根据现阶段资源禀赋和转型现状调整数字化转型策略，选用相应的数字化产品和服务，提升转型策略的适配性。

三、提升转型供给水平

《指南》第三部分“提升转型供给水平”主要面向中小企业数字化转型服务供给方，旨在引导供给方聚焦中小企业特征和实际需求，提升面向中小企业的数字化转型产品和服务水平，发挥有效市场作用，助力中小企业深入开展转型。

（一）增强供需匹配度

中小企业数字化转型基础参差不齐，需求千差万别。互联网平台企业、工业互联网平台企业、大型企业、数字化转型服务商等供给方应发挥各自在基础设施、数字技术、行业积累等方面的优势，面向中小企业差异化需求，持续丰富转型“工具箱”，提升产品服务的针对性。

（二）开展全流程服务

中小企业数字化转型通常面临人才匮乏、能力薄弱等挑战，单纯依靠自身力量推进数字化转型难度大。转型供给方需要从评估规划、设备改造、系统上云、人才培训等环节提供全方位陪伴式服务，在不同转型阶段帮助中小企业对接产品服务生态资源，推动转型逐步深化。

（三）研制轻量化应用

中小企业利润相对微薄，数字化转型资源投入受限。数字化转型服务供给方应加大产品、技术和模式创新力度，发展订阅式服务，帮助中小企业实现低成本、高效率的数字化转型。

（四）深化生态级协作

供给方主体需要深化产业链供应链上下游企业协同，助力中小企业实现“链式”转型。大型企业可通过应用或搭建工业互联网平台带动中小企业数字化转型。发展基于工业互联网的产融新模式，提升中小企业融资能力。

四、加大转型政策支持

《指南》第四部分“加大转型政策支持”主要面向地方各级主管部门，旨在推动有关部门在技术、资金、服务、人才等方面加强中小企业数字化转型资源支持，发挥有为政府作用，以数字化转型推动中小企业高质量发展。

（一）加强转型引导

推动中小企业数字化转型需要遵循经济、技术、管理等方面的发展规律，降低转型过程中的“认知差”，才能避免中小企业转型“事倍功半”。地方各级主管部门要加强宣传推广，因地制宜落实相关政策举措，强化分类指导和跟踪服务，多措并举，引导中小企业加快数字化转型。

（二）加大资金支持

转型资金不足是中小企业数字化转型的核心挑战之一，相关部门要加大资金支持力度，降低中小企业数字化转型门槛；鼓励有条件的地方通过专项资金、补贴政策等方式，支持中小企业上云、上平台；鼓励金融机构提供中小企业数字化转型相关的产品和服务。

（三）推广试点应用

中小企业量大面广，数字化转型不能一蹴而就，需要推广典型经验，以“先转带后转”。地方各级主管部门要加大试点示范力度，推广大中小企业融通发展典型模式，支持专精特新中小企业发挥示范引领作用，鼓励中小企业“看样学样”。

（四）完善配套服务

中小企业数字化转型服务包括市场化服务和公共服务，公共服务可有效弥补市场化服务的不足，提升整体服务保障能力。要构建完善数字化转型公共服务体系，持续提升政策咨询、技术指导、人才培训、工程监理等服务水平。

（五）优化发展环境

发展环境对于企业战略制定、市场开拓、产品更新、组织变革等方面至关重要。要从基础设施、评估体系、发展氛围、财税金融、人才培引等方面，优化转型发展环境，加速中小企业数字化转型进程。

资料来源：工业和信息化部办公厅．工业和信息化部办公厅关于印发中小企业数字化转型指南的通知［EB/OL］．［2022-11-03］．https://www.gov.cn/zhengce/zhengceku/2022-11/09/content_5725642.htm.

项目检测

一、知识检测

1. 目前对AutoWork支持比较好的浏览器是（　　）。

A.Edge　　B.谷歌Chrome　　C.360浏览器　　D.QQ浏览器

2. 查询1 000家企业信息用到的是流程控制组件的（　　）子组件。

A.计次循环　　B.条件分支　　C.遍历列表　　D.条件循环

3.AutoWork采购预算审核RPA实现流程中，当发现某一商品的市场价超过预算5%的时候，RPA会（　　）。

A.发送商品采购明细邮件　　B.什么也不做

C.终止查询　　D.发送提醒邮件

4. 调用批量抓取组件，第一步要（　　）。

A.采集页数　　B.抓取相同层级的其他区域

C.选择目标　　D.抓取结果编辑

5. 实现Excel表格中单元格循环读取的方法是（　　）。

A.AutoWork自动循环读取

B.无法实现循环读取

C.直接将单元格名称赋值给name

D.通过子组件，将单元格的名称调整为字符串，并赋值给name

6. 界面元素包括（　　）。

A.菜单栏　　B.“复制”图标　　C.导航栏“桌面”　　D.窗口

7. 界面元素组件包括（　　）子组件。

A.在目标中输入　　B.获取元素属性

C.点击目标　　D.获取元素内容

8. 用AutoWork在百度企业信用网站查询信息的RPA流程是（　　）。

A.用浏览器组件打开网址网页　　B.用键盘组件在目标元素中输入文本

C.用鼠标组件点击目标　　D.用界面元素组件获取元素文本内容

9.AutoWork采购预算审核RPA实现流程的主流程有（　　）。

A.访问天猫网站　　B.抓取天猫数据

C.生成商品采购明细表　　D.对价格进行判断

10.网页数据抓取用到的组件有（　　）。

A.字符串组件　　B.鼠标组件

C.键盘组件　　D.批量抓取组件

11.不需要资料归档就可以结束企业的采购预算流程。（　　）。

A.正确　　B.错误

12.爬虫是一个自动化程序。（　　）

A.正确　　B.错误

13.键盘组件中的在目标中输入子组件需要手动输入相关内容。（　　）

A.正确　　B.错误

14.鼠标组件中的点击目标子组件可以模拟鼠标的点击动作。（　　）

A.正确　　B.错误

15.键盘组件中的在目标中输入子组件可以智能输入文字内容。（　　）

A.正确　　B.错误

二、技能检测

W公司现需采购一批有线键盘，产品详情及预算价格详见采购申请单，采购员需要登录唯品会网站（https://www.vip.com）筛选符合预算的键盘产品，并填写商品采购明细表。

1.测试准备：

在电脑上创建名为“键盘采购申请”的文件夹，将“采购申请单”和“商品采购明细表”下载到该文件夹下。

2.根据以下要求，设计RPA自动化流程：

（1）进入“管理端”发布并认领需求；

（2）启动谷歌浏览器，打开唯品会网页；

（3）将采购申请单中的产品输入到网页搜索框中；

（4）使用批量抓取组件完成产品价格及产品型号的抓取，需抓取两页产品；

（5）根据采购申请单中的预算范围对批量抓取的产品价格信息进行筛选；

（6）使用Excel组件将符合预算的产品相关信息写入商品采购明细表中；

（7）运行设计好的机器人自动化流程，运行成功后在设计端上传机器人。

项目六

票据识别验证机器人应用开发

项目六
电子课件

素养目标

1. 培养学生工作流程标准化的职业素养。
2. 培养学生沟通协商和团结协作能力。
3. 培养学生坚持诚信，守法奉公的职业道德。

技能目标

1. 能够熟练运用OCR组件、图像组件。
2. 能够熟练运用AutoWork完成增值税发票识别。
3. 能够综合运用AutoWork的相关组件完成票据识别验证机器人的开发。

知识目标

1. 了解中国智能财务发展的影响因素。
2. 掌握AutoWork中OCR组件的功能及属性。
3. 掌握票据识别验证机器人的开发流程。

第一阶段　聚焦问题

一、问题导入

W公司的财务人员每天都要处理大量的报销业务，根据单位的财务规定，不断地进行单据审核，判断是否符合报销制度，涉及发票的，还需要登录全国增值税发票查验平台检查发票真伪，工作量非常大，费时又费力。本项目以员工发票报销为例，探讨如何通过设计RPA机器人帮助财务人员高效准确地完成报销单据审核、发票识别验证工作。

【任务要求】设计票据识别验证机器人，帮助财务人员收集增值税发票，进行发票审核，按照单位报销制度，检查发票是否在1个月有效期之内、是否合计金额不超过5 000元，审核通过的，登录全国增值税发票查验平台（虚拟仿真）检查发票真伪，通过验证的，连同验证结果发送报销专员；审核、验证不通过的，发送发票审核不通过邮件。

二、问题分析

主要工作流程：

第一步，从邮箱下载员工发来的增值税发票文件。

第二步，获取发票上的发票号码、发票代码、开票日期、开票金额、校验码等信息。

第三步，根据开票日期判断是否在报销有效期一个月内，根据开票金额判断合计金额是否超过5 000元，如果是，继续下一个流程；否则，发送发票审核不通过邮件。

第四步，登录全国增值税发票查验平台，输入发票上的发票号码、发票代码、开票日期、开票金额等信息，点击查验按钮，平台给出查验结果。如果查验通过，则发邮件给报销专员，并附带发票查验结果；如果查验不通过，则发送发票审核不通过邮件。

员工发票报销业务流程如图6-1所示。

三、阶段小结

引导学生模拟员工发票报销过程，分析要完成的主要任务，梳理相关知识、技能储备，针对需要完成的任务，创新性地提出可能的解决方案，填写票据识别验证机器人开发任务初认知表格（见表6-1）。

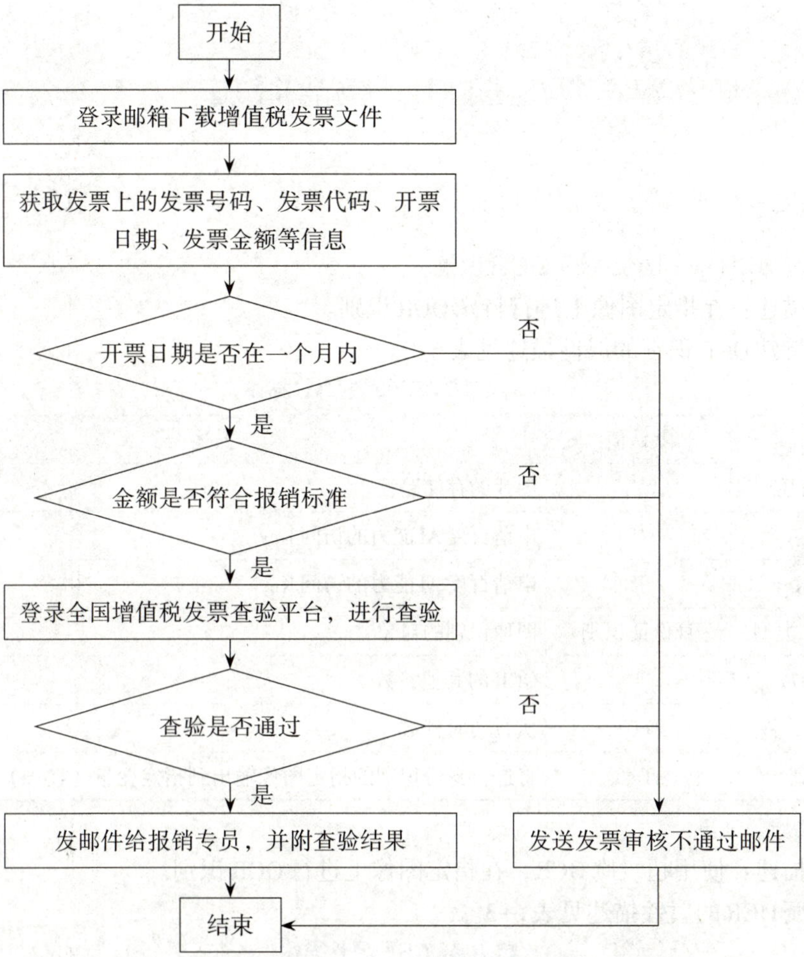

图6-1　员工发票报销业务流程

表6-1　票据识别验证机器人开发任务初认知表格

总体目标	
工作流程	
主要任务	
任务难点	
解决思路	
知识、技能储备	

第二阶段　激活旧知

一、OCR组件

1. 百度OCR——图像特殊OCR识别

功能描述：在指定图像上进行特殊OCR识别。

图像特殊OCR识别的属性描述见表6-2。

表6-2　图像特殊OCR识别的属性描述

名称	默认值	描述
图片路径	''	图片的存储路径
API Key	''	申请百度AI能力的访问Key
Secret Key	''	申请百度AI能力的访问Key
OCR引擎类型	身份证识别	图像识别的对象
其他参数	{}	OCR的其他参数
超时时间（秒）	60	执行超时秒数
输出到	sText	将进行身份识别的指定图像输出到指定变量（sText）

2. 超级鹰OCR

功能描述：使用超级鹰OCR，在指定图像上进行OCR识别。

超级鹰OCR的属性描述见表6-3。

表6-3　超级鹰OCR的属性描述

名称	默认值	描述
图片路径	''	图片存储的路径
用户名	''	超级鹰账号的用户名
密码	''	超级鹰账号的密码
验证码类型	1902	选择验证码类型
输出到	sText	将进行OCR识别的指定图像输出到指定变量（sText）
执行前延时	0.2	执行前延时秒数
执行后延时	0.3	执行后延时秒数
错误继续运行	否	错误是否继续运行

二、Json组件

1. 字符串转化为Json

功能描述：将字符串转化为Json。

字符串转化为Json的属性描述见表6-4。

表6-4　字符串转化为Json的属性描述

名称	默认值	描述
转化对象	''	待转化的字符串
输出到	objJson	转化结果赋值给objJson

2.Json转化为字符串

功能描述：将Json转化为字符串。

Json转化为字符串属性描述见表6-5。

表6-5　Json转化为字符串的属性描述

名称	默认值	描述
转化对象	{}	待转化的Json对象
输出到	strJson	转化结果赋值给strJson

三、列表组件

1.在列表末尾添加元素

功能描述：在列表末尾添加元素。

在列表末尾添加元素的属性描述见表6-6。

表6-6　在列表末尾添加元素的属性描述

名称	默认值	描述
目标列表	[]	在末尾添加元素的列表
元素		在末尾添加的元素

2.列表长度

功能描述：返回目标列表的长度。

列表长度的属性描述见表6-7。

表6-7　列表长度的属性描述

名称	默认值	描述
目标列表	[]	要获取长度的列表
输出到	iRet	将获取的列表长度输出到指定变量（iRet）

四、时间组件

1.获取系统时间（含日期）

功能描述：获取系统时间，包含日期。

获取系统时间（含日期）的属性描述见表6-8。

表6-8 获取系统时间（含日期）的属性描述

名称	默认值	描述
输出到	dtRet	将获取的系统时间赋值给dtRet

2. 获取年份

功能描述：获取时间中的年份。

获取年份的属性描述见表6-9。

表6-9 获取年份的属性描述

名称	默认值	描述
时间	dtRet	获取的系统时间
输出到	iRet	将获取的系统时间的年份赋值给iRet

3. 获取月份

功能描述：获取时间中的月份。

获取月份的属性描述见表6-10。

表6-10 获取月份的属性描述

名称	默认值	描述
时间	dtRet	获取的系统时间
输出到	iRet	将获取的系统时间的月份赋值给iRet

五、字符串组件

1. 替换字符串

功能描述：将源字符串中的指定字符串替换为新字符串，并返回替换后的字符串。

替换字符串的属性描述见表6-11。

表6-11 替换字符串的属性描述

名称	默认值	描述
目标字符串	''	进行替换的字符串
查找内容	''	查找的内容
替换内容	''	替换的内容
输出到	sRet	将替换后的字符串赋值给sRet

2. 查找字符串

功能描述：在字符串内查找指定的字符串，返回查找到的第一个字符串位置，如果没有找到，返回-1。

查找字符串的属性描述见表6-12。

表6-12　查找字符串的属性描述

名称	默认值	描述
目标字符串	''	进行查找的字符串
查找内容	''	查找的内容
开始查找位置	0	在字符串中开始查找的位置
区分大小写	否	是否区分大小写
输出到	iRet	把查找内容出现的位置赋值给iRet

3. 获取左侧字符串

功能描述：获取左侧字符串。

获取左侧字符串的属性描述见表6-13。

表6-13　获取左侧字符串的属性描述

名称	默认值	描述
目标字符串	''	进行获取的字符串
截取长度	1	截取的长度
输出到	sRet	将获取的左侧开始截取长度的字符串赋值给sRet

4. 获取右侧字符串

功能描述：获取右侧字符串。

获取右侧字符串的属性描述见表6-14。

表6-14　获取右侧字符串的属性描述

名称	默认值	描述
目标字符串	''	进行获取的字符串
截取长度	1	截取的长度
输出到	sRet	将获取的右侧开始截取长度的字符串赋值给sRet

5. 获取中间字符串

功能描述：获取中间字符串。

获取中间字符串的属性描述见表6-15。

表6-15　获取中间字符串的属性描述

名称	默认值	描述
目标字符串	''	进行获取的字符串
截取位置	0	在字符串中开始截取的位置
截取长度	1	截取的长度
输出到	sRet	将获取的中间截取长度的字符串赋值给sRet

6.转为数字

功能描述：将字符串转为整数或小数。

转为数字的属性描述见表6-16。

表6-16 转为数字的属性描述

名称	默认值	描述
目标字符串	''	进行转化的字符串
数字类型	整型	转化后的数字类型
输出到	bRet	将转为数字后的字符串赋值给bRet

六、图像组件

1.合并图像

功能描述：以水平或垂直方式合并两张图像为一张图像。

合并图像的属性描述见表6-17。

表6-17 合并图像的属性描述

名称	默认值	描述
图像1	''	图像1的路径
图像2	''	图像2的路径
合并方式	水平	合并的方式
保存到	''	合并后的保存路径

2.屏幕截屏

功能描述：截取电脑屏幕指定区域图像。

屏幕截屏的属性描述见表6-18。

表6-18 屏幕截屏的属性描述

名称	默认值	描述
保存路径	''	截图保存的路径
截屏区域选择	{}	选择截屏的区域，可为整个桌面或选择区域

七、阶段小结

引导学生根据对所学组件的初步认知，尝试分析这些组件的用途，选择在解决员工发票报销任务过程中可能用到的组件，修正、补充票据识别验证机器人开发任务初认知表格。

第三阶段　示证新知

微课

识别增值税发票

一、识别增值税发票

【例6-1】通过互联网AI开发平台，识别增值税发票（如图6-2所示）。

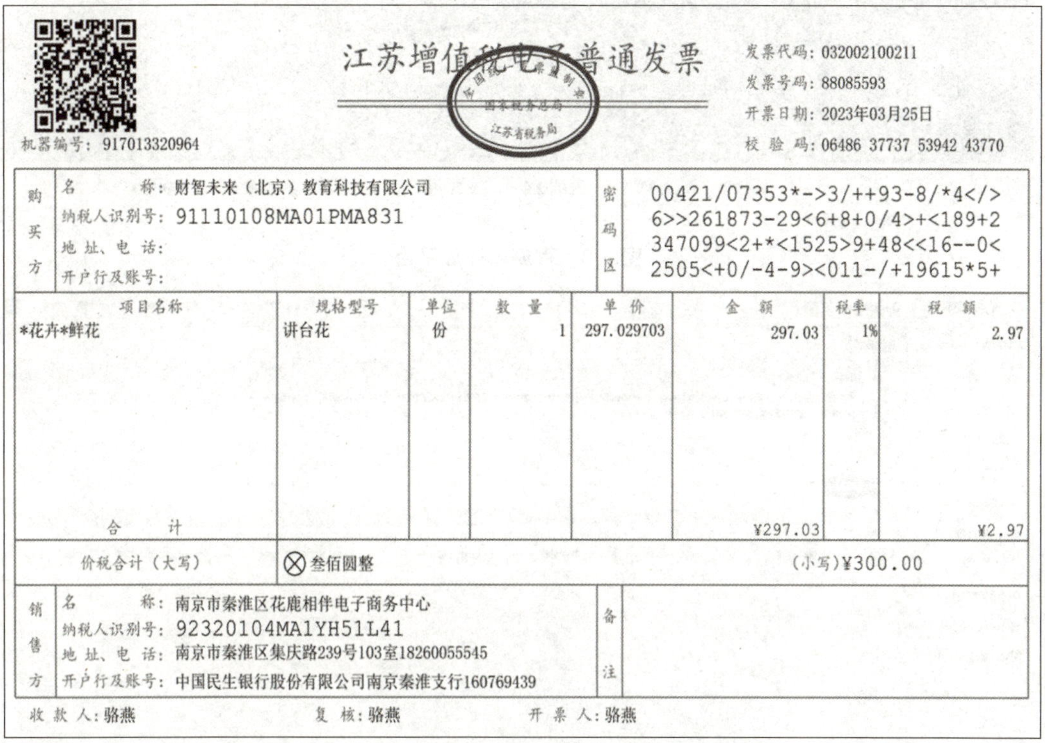

江苏增值税电子普通发票

机器编号：917013320964

发票代码：032002100211

发票号码：88085593

开票日期：2023年03月25日

校 验 码：06486 37737 53942 43770

购买方	名　　称：财智未来（北京）教育科技有限公司 纳税人识别号：91110108MA01PMA831 地 址、电 话： 开户行及账号：				密码区	00421/07353*->3/++93-8/*4</> 6>>261873-29<6+8+0/4>+<189+2 347099<2+*<1525>9+48<<16--0< 2505<+0/-4-9><011-/+19615*5+	

项目名称	规格型号	单位	数量	单价	金额	税率	税额
*花卉*鲜花	讲台花	份	1	297.029703	297.03	1%	2.97
合　计					¥297.03		¥2.97
价税合计（大写）	⊗叁佰圆整				（小写）¥300.00		

销售方	名　　称：南京市秦淮区花鹿相伴电子商务中心 纳税人识别号：92320104MA1YH51L41 地 址、电 话：南京市秦淮区集庆路239号103室18260055545 开户行及账号：中国民生银行股份有限公司南京秦淮支行160769439	备注	

收 款 人：骆燕　　复 核：骆燕　　开 票 人：骆燕

图6-2　增值税发票

【流程分析】

1. 申请百度AI能力的访问Key。

2. 创建应用，获取API Key和Secret Key。

3. 使用AutoWork实现增值税发票的识别。

4. 将识别出的字符串转化为Json语句。

5. 获取Json语句中发票代码、发票号码、开票日期、校验码和发票金额等内容。

6. 输出内容。

【RPA实现】

1. 手动打开百度AI开放平台，网址为https://ai.baidu.com，点击“开放能力”-“文字识别”-“增值税发票识别”，如图6-3所示。

2. 点击“立即使用”，进入百度智能云，点击“应用列表”，创建应用，名称为增值税发票识别，获取API Key和Secret Key，如图6-4所示。

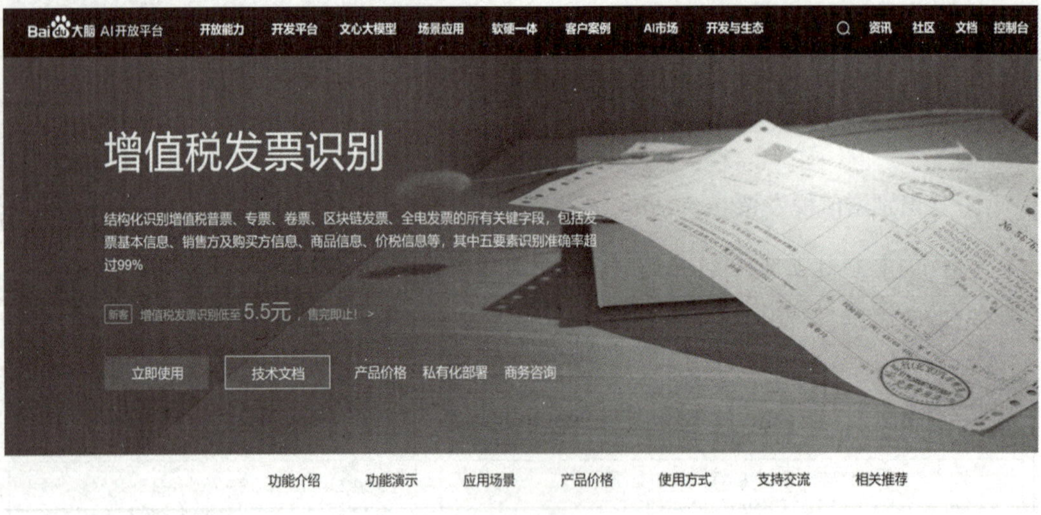

图6-3 百度AI开放平台

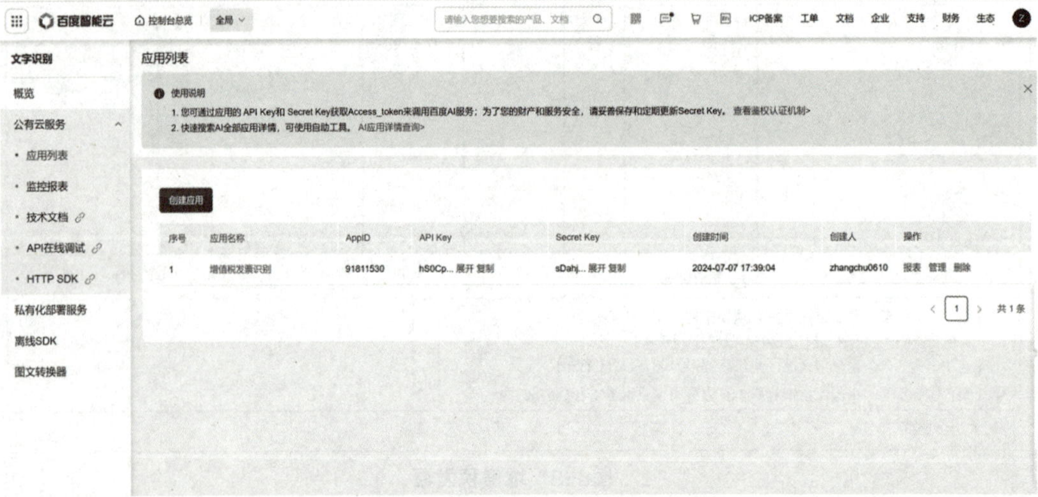

图6-4 获取API Key和Secret Key

3.选择【界面操作】-【百度OCR】-【图像特殊OCR识别】组件，在右侧属性面板中设置［图片路径］：增值税发票的打开路径，写入［API Key］和［Secret Key］，［OCR引擎类型］：增值税发票识别，［输出到］：sText。

4.选择【数据处理】-【Json】-【字符串转化为Json】组件，在右侧属性面板中设置［转换对象］：sText，［输出到］：objJson。

5.选择【语句命令】-【基本命令】-【输出调试信息】组件，在右侧属性面板中设置［输出内容］：objJson。

6.获取Json语句中的发票号码、发票代码、开票日期、校验码和发票金额。选择【语句命令】-【流程控制】-【变量赋值】组件，在右侧属性面板中设置［变量名］：发票代码InvoiceCode，［变量值］：Json语句中键'words_result'对应的'InvoiceCode'值，表述为objJson['words_result']['InvoiceCode']，以相同的格式对发票号码、开票日期、校验码和发票金额进行变量赋值。

7.选择【语句命令】-【基本命令】-【输出调试信息】组件，在右侧属性面板中设置［输出内容］：'发票代码:'+InvoiceCode，以相同的格式输出发票号码、开票日期、校验码和发票金额等内容。

RPA实现流程如图6-5所示。

```
1   在指定图像上进行增值税发票识别，赋值给sText
2   将字符串sText转为JSON赋值给objJson
3   向调试窗口输出objJson
4   令变量InvoiceCode的值为objJson['words_result']['InvoiceCode']
5   令变量InvoiceNum的值为objJson['words_result']['InvoiceNum']
6   令变量InvoiceDate的值为objJson['words_result']['InvoiceDate']
7   令变量CheckCode的值为objJson['words_result']['CheckCode']
8   令变量AmountInFiguers的值为objJson['words_result']['AmountInFiguers']
9   向调试窗口输出'发票代码:'+InvoiceCode
10  向调试窗口输出'发票号码:'+InvoiceNum
11  向调试窗口输出'开票日期:'+InvoiceDate
12  向调试窗口输出'校验码:'+CheckCode
13  向调试窗口输出'发票金额:'+AmountInFiguers
/   双击或拖拽左侧命令插入代码
```

图6-5　例6-1的RPA实现流程

【RPA运行结果】如图6-6所示。

```
{'words_result': {'PurchaserAddress': '', 'PurchaserBank': '', 'Password': '00421/07353*->3/++93-8/*4</>6>>2618
发票代码:032002100211
发票号码:88085593
开票日期:2023年03月25日
校验码:06486377375394243770
发票金额:300.00
开始时间: 2024-12-05 20:14:25.743542
结束时间: 2024-12-05 20:14:27.904127
总 时 间: 0:00:02.160585
运行结束返回: 0, 成功
```

图6-6　例6-1的RPA运行结果

二、识别验证码图片

【例6-2】利用OCR技术获取验证码图片上的文本。

微课

识别验证码图片

【流程分析】

1.打开查验平台，输入发票四要素。

2.目标元素截图，合并两张图像。

3.申请超级鹰账户。

4.使用超级鹰OCR识别合并后的图像，将识别结果输入到验证码输入框中。

【RPA 实现】

1. 选择【软件自动化】-【浏览器】-【启动新的浏览器】组件，在右侧属性面板中设置［浏览器类型］：谷歌浏览器。

2. 选择【软件自动化】-【浏览器】-【打开网页】组件，在右侧属性面板中设置［加载链接］：'https://inv-veri.chinatax.gov.cn'，如图 6-7 所示。

图6-7　发票查验平台

3. 选择【语句命令】-【流程控制】-【变量赋值】组件，在右侧属性面板中设置［变量名］：param，［变量值］：{'发票代码':'011001900511','发票号码':'54925179','开票日期':'2024 年 05 月 18 日','发票金额':'66.63','校验码':'10328840107991427782'}。

4. 选择【鼠标键盘】-【键盘】-【在目标中输入】组件，在右侧属性面板中设置［输入文本］：param['发票代码']，将查验平台作为最后打开的网页，点击“查找目标”，界面自动跳转到查验平台所在的网页并在目标栏中输入发票代码。

5. 选择【鼠标键盘】-【键盘】-【模拟按键】组件，在右侧属性面板中设置［模拟按键］：Tab。

6. 选择【鼠标键盘】-【键盘】-【在目标中输入】组件，在右侧属性面板中设置［输入文本］：param['发票号码']，将查验平台作为最后打开的网页，点击“查找目标”，界面自动跳转到查验平台所在的网页并在目标栏中输入发票号码。

7. 选择【鼠标键盘】-【键盘】-【模拟按键】组件，在右侧属性面板中设置［模拟按键］：Tab。

8. 选择【数据处理】-【字符串】-【替换字符串】组件，在右侧属性面板中设置［目标字符串］：param['开票日期']，［查找内容］：'年'，［替换内容］：''，［输出到］：

sRet。

9. 选择【数据处理】-【字符串】-【替换字符串】组件，在右侧属性面板中设置[目标字符串]：sRet，[查找内容]：'月'，[替换内容]：''，[输出到]：sRet。

10. 选择【数据处理】-【字符串】-【替换字符串】组件，在右侧属性面板中设置[目标字符串]：sRet，[查找内容]：'日'，[替换内容]：''，[输出到]：sRet。

11. 选择【鼠标键盘】-【键盘】-【在目标中输入】组件，在右侧属性面板中设置[输入文本]：sRet，将查验平台作为最后打开的网页，点击“查找目标”，界面自动跳转到查验平台所在的网页并在目标栏中输入开票日期。

12. 选择【鼠标键盘】-【键盘】-【模拟按键】组件，在右侧属性面板中设置[模拟按键]：Tab。

以上步骤运行效果如图6-8所示。

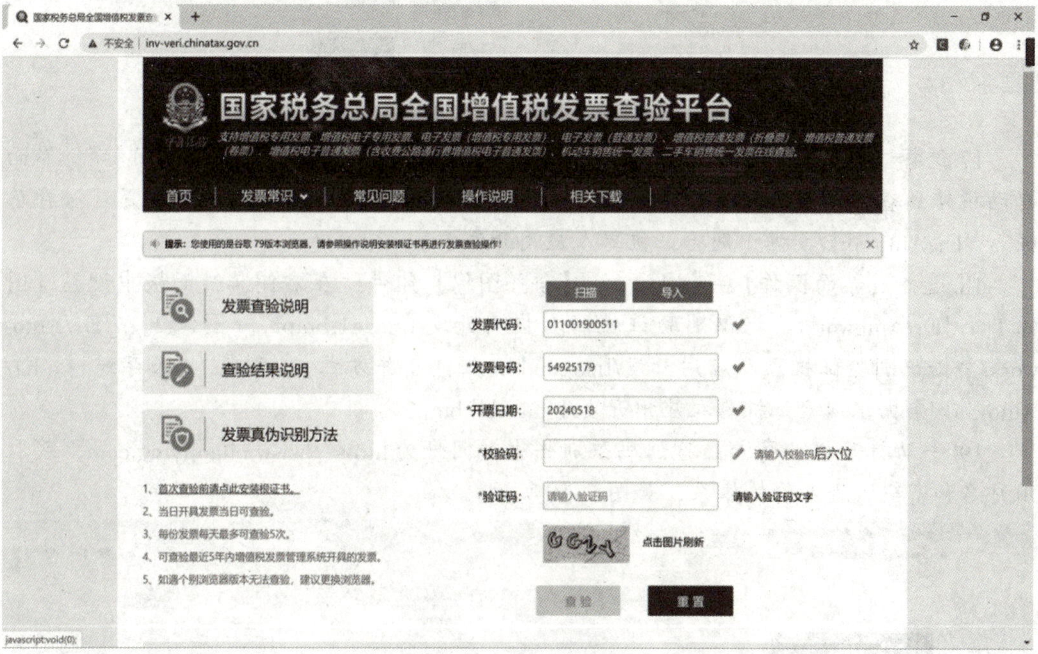

图6-8　流程运行效果-1

13. 选择【数据处理】-【字符串】-【获取右侧字符串】组件，在右侧属性面板中设置[目标字符串]：param['校验码']，[截取长度]：6，[输出到]：sRet。

14. 选择【鼠标键盘】-【键盘】-【在目标中输入】组件，在右侧属性面板中设置[输入文本]：sRet，将查验平台作为最后打开的网页，点击“查找目标”，界面自动跳转到查验平台所在的网页并在目标栏中输入校验码后六位。

15. 选择【鼠标键盘】-【键盘】-【模拟按键】组件，在右侧属性面板中设置[模拟按键]：Tab，运行效果如图6-9所示。

16. 选择【界面操作】-【界面元素】-【元素截图】组件，点击“查找目标”，界面自动跳转到查验平台并对验证码的问题图片进行元素截图，在右侧属性面板中设置[保存路径]：'E:/Autowork/票据识别验证机器人应用开发/Image1.bmp'。

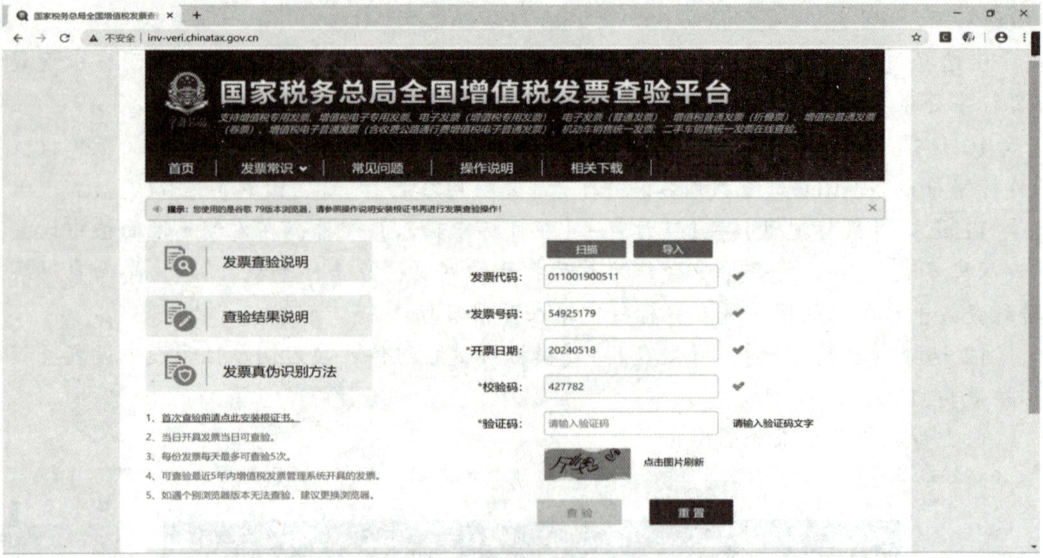

图6-9 流程运行效果-2

17.选择【界面操作】-【界面元素】-【元素截图】组件，点击“查找目标”，界面自动跳转到查验平台并对验证码图片进行元素截图，在右侧属性面板中设置［保存路径］：'E:/Autowork/票据识别验证机器人应用开发/Image2.bmp'。

18.选择【界面操作】-【图像】-【合并图像】组件，在右侧属性面板中设置［图像1］：'E:/Autowork/票据识别验证机器人应用开发/Image1.bmp'，［图像2］：'E:/Autowork/票据识别验证机器人应用开发/Image2.bmp'，［合并方式］：垂直，［保存到］：'E:/Autowork/票据识别验证机器人应用开发/ImageAll.bmp'。

19.手动打开超级鹰专业验证码识别平台，网址为https://www.chaojiying.com，获取用户名和密码，进入价格体系，如图6-10所示。

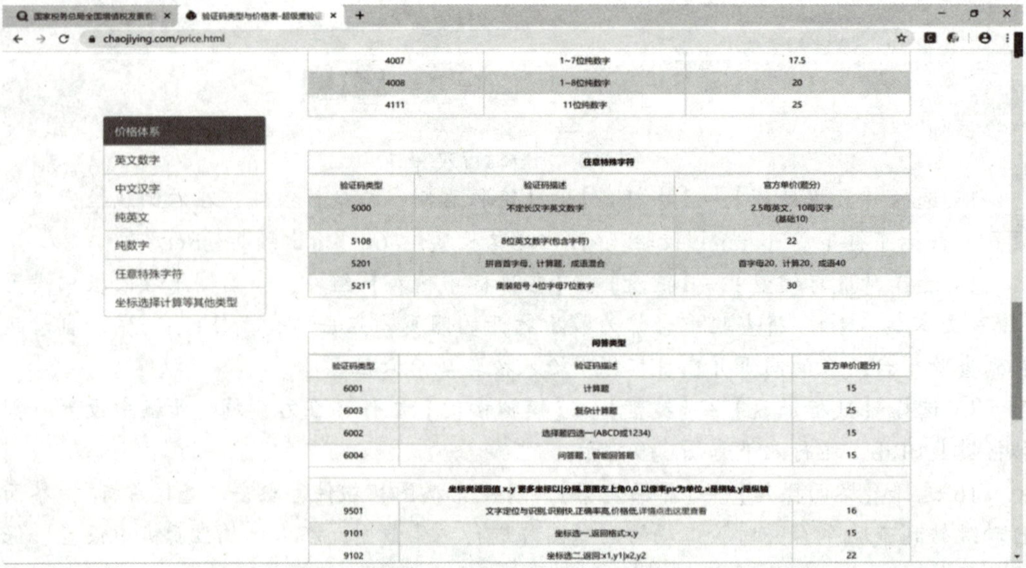

图6-10 超级鹰验证码类型

20. 选择【界面操作】-【OCR】-【超级鹰OCR】组件，在右侧属性面板中设置［图片路径］：'E:/Autowork/票据识别验证机器人应用开发/ImageAll.bmp'，［用户名］：'XXX'，［密码］：'XXX'，［验证码类型］：6004，［输出到］sText。

21 选择【鼠标键盘】-【键盘】-【在目标中输入】组件，在右侧属性面板中设置［输入文本］：sText，将查验平台作为最后打开的网页，点击“查找目标”，界面自动跳转到查验平台所在的网页并在目标栏中输入验证码。

RPA实现流程如图6-11所示。

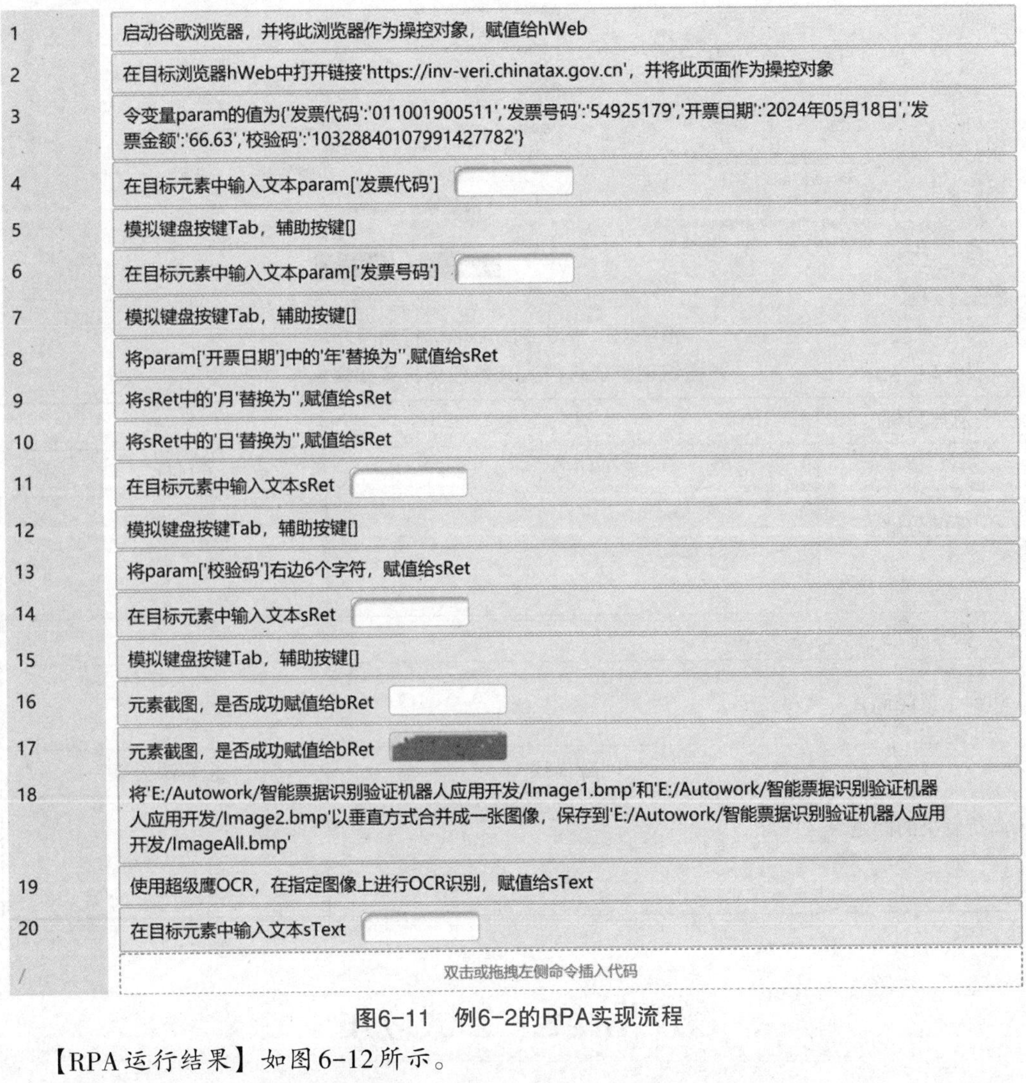

图6-11　例6-2的RPA实现流程

【RPA运行结果】如图6-12所示。

三、阶段小结

引导学生结合新知识学习及教师的演示操作，分析员工发票报销过程中要解决的主要问题，初步构思解决方案，填写票据识别验证机器人开发任务再认知表格（见表6-19），进一步明确开发任务及思路。

图6-12 例6-2的RPA运行结果

表6-19 票据识别验证机器人开发任务再认知表格

总体目标		
任务分解	子任务	子目标
任务难点		
知识、技能储备		
尚待解决的问题	问题描述	拟解决方案

第四阶段 尝试应用

一、增值税发票识别

（一）任务要求

通过互联网AI开发平台，识别增值税发票（如图6-13所示）。

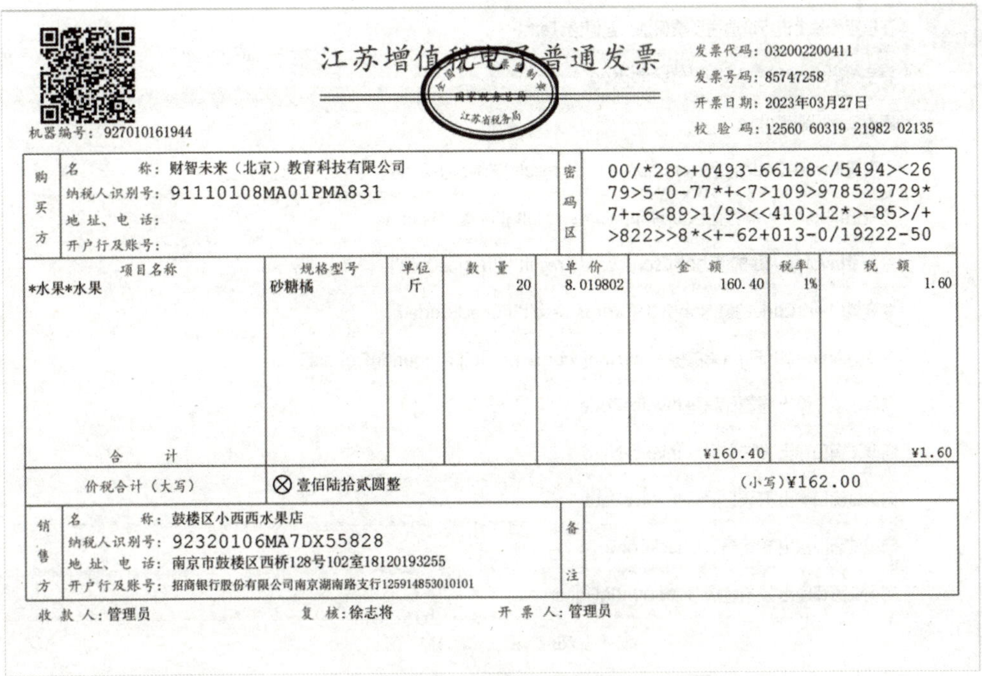

江苏增值税电子普通发票

发票代码：032002200411
发票号码：85747258
开票日期：2023年03月27日
校 验 码：12560 60319 21982 02135

机器编号：927010161944

购买方　名　　称：财智未来（北京）教育科技有限公司
纳税人识别号：91110108MA01PMA831
地址、电话：
开户行及账号：

密码区　00/*28>+0493-66128</5494><26
79>5-0-77*+<7>109>978529729*
7+-6<89>1/9><<410>12*>-85>/+
>822>>8*<+-62+013-0/19222-50

项目名称	规格型号	单位	数量	单价	金额	税率	税额
*水果*水果	砂糖橘	斤	20	8.019802	160.40	1%	1.60
合　计					¥160.40		¥1.60

价税合计（大写）　⊗壹佰陆拾贰圆整　（小写）¥162.00

销售方　名　　称：鼓楼区小西西水果店
纳税人识别号：92320106MA7DX55828
地址、电话：南京市鼓楼区西桥128号102室18120193255
开户行及账号：招商银行股份有限公司南京湖南路支行125914853010101

备注

收款人：管理员　　复核：徐志将　　开票人：管理员

图6-13　增值税发票

（二）任务实施

1.填写设计思路（见表6-20）

表6-20　设计思路

运用组件	
流程设计	

2.RPA实现

（三）参考流程

增值税发票识别的RPA实现流程如图6-14所示。

二、纳税申报系统登录

（一）任务要求

打开智能财税纳税申报系统（https://tax.caizhiweilai.com），输入账号、密码，并通过验证码识别。

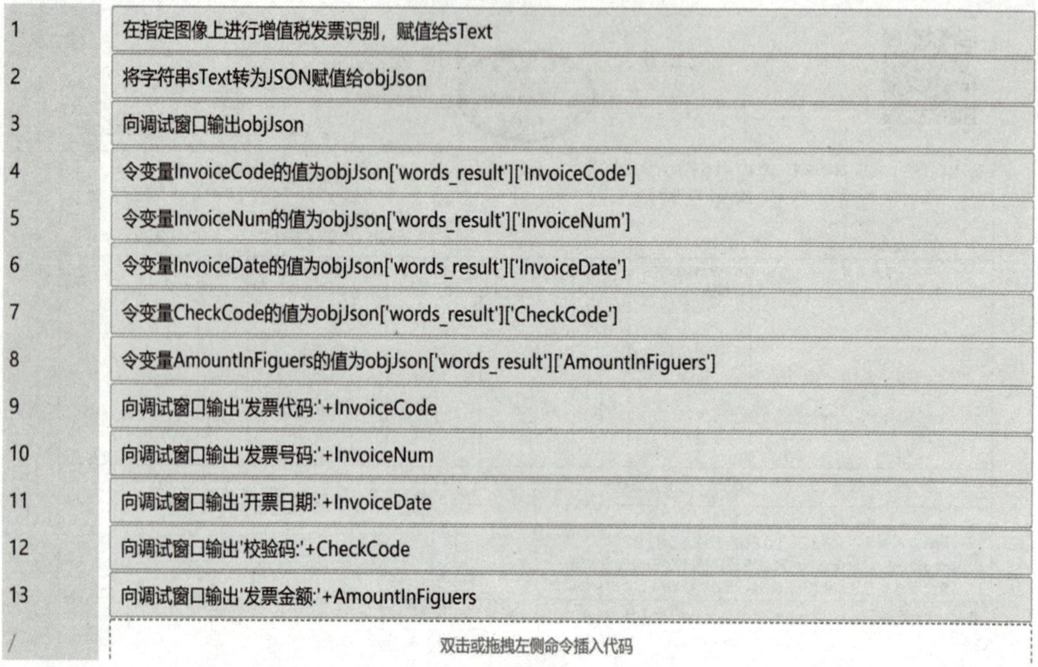

图6-14 增值税发票识别的RPA实现流程

（二）任务实施

1.填写设计思路（见表6-21）

表6-21 设计思路

运用组件	
流程设计	

2.RPA实现

（三）参考流程

纳税申报系统登录的RPA实现流程如图6-15所示。

三、阶段小结

引导学生结合尝试应用阶段的实际演练，确定票据识别验证的主要任务及解决方法，鼓励学生尝试用多种方法完成任务开发，填写票据识别验证机器人开发任务确认表格（见表6-22）。

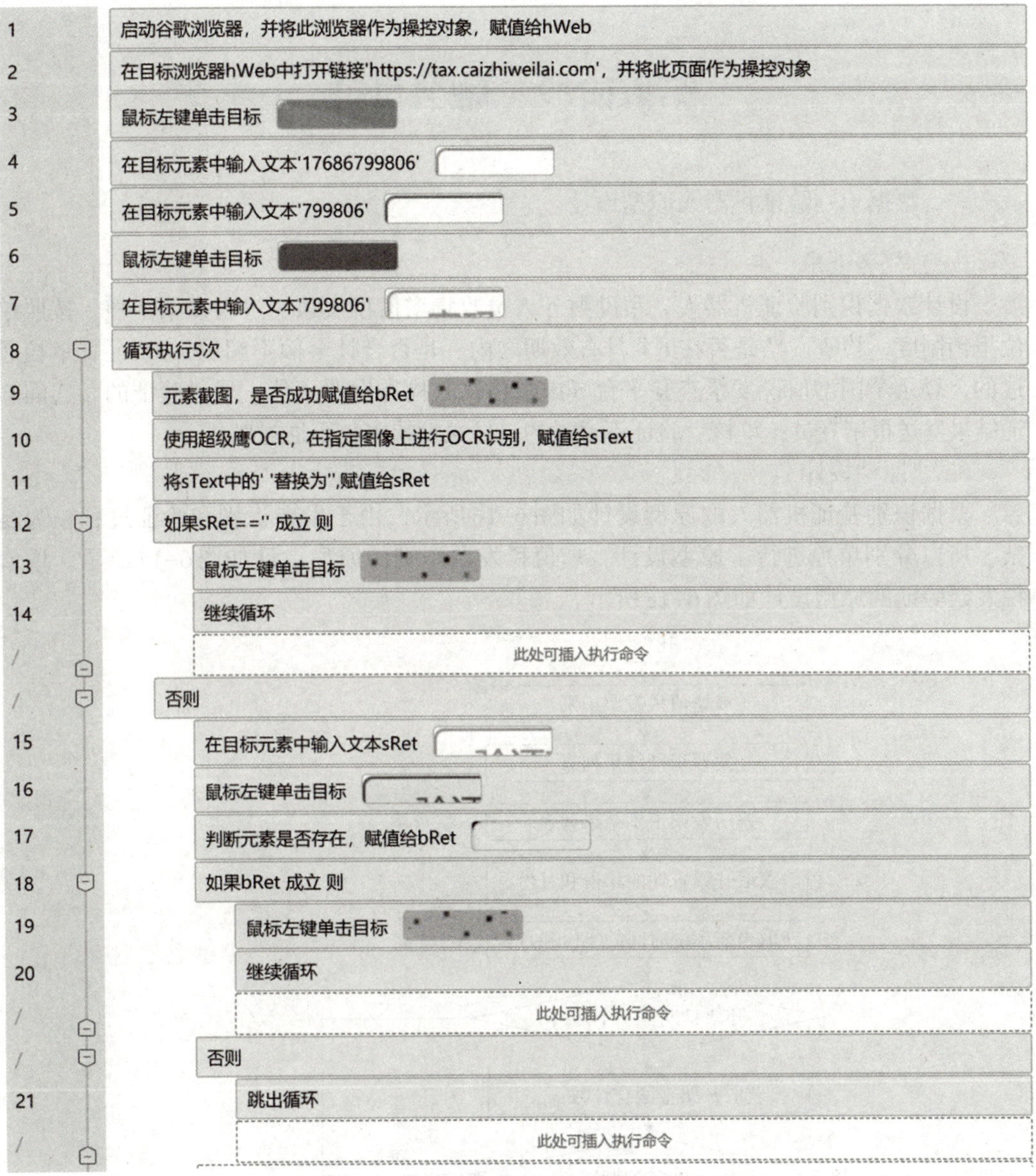

图6-15　纳税申报系统登录的RPA实现流程

表6-22　票据识别验证机器人开发任务确认表格

总体目标			
任务分解	子任务	解决方法	预期效果
任务流程			

第五阶段　融会贯通

一、票据识别验证机器人原型设计

（一）任务要求

设计票据识别验证机器人，帮助财务人员收集增值税发票，进行发票审核，按照单位报销制度，检查发票是否在1个月有效期之内、是否合计金额不超过5 000元，审核通过的，登录全国增值税发票查验平台（虚拟仿真）检查发票真伪，通过验证的，连同验证结果发送报销专员；审核、验证不通过的，发送发票审核不通过邮件。

（二）原型设计

票据识别验证机器人的原型设计如图6-16所示，由于发票识别和验证过程较为复杂，所以分别单独进行了原型设计，增值税发票识别的原型设计如图6-17所示，增值税发票验证的原型设计如图6-18所示。

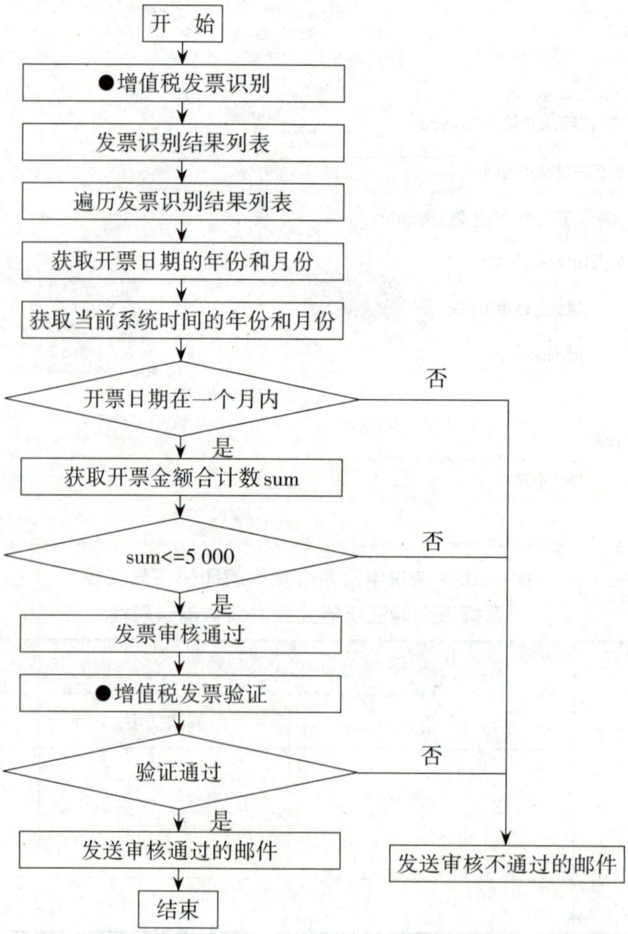

图6-16　票据识别验证机器人的原型设计

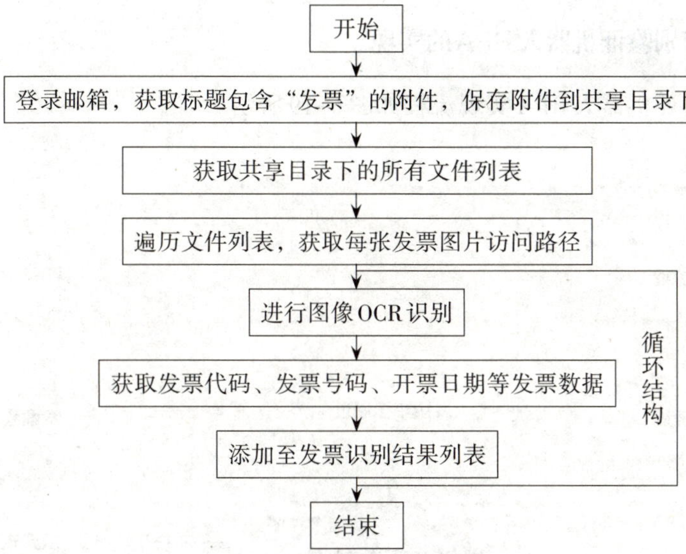

图6-17　增值税发票识别的原型设计

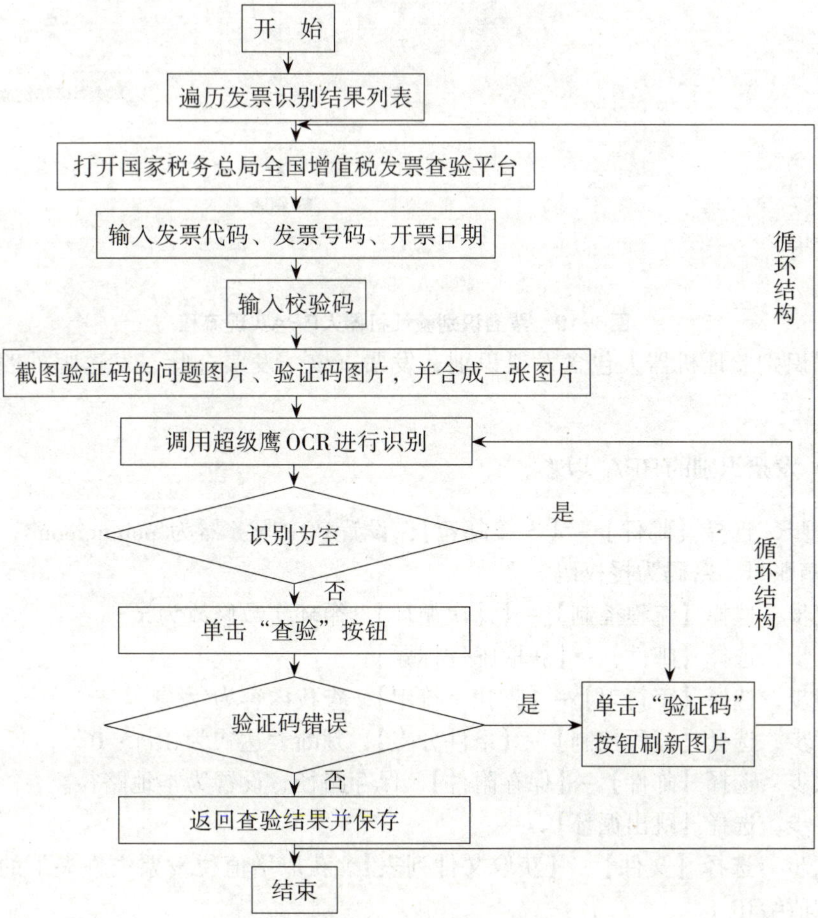

图6-18　增值税发票验证的原型设计

二、票据识别验证机器人RPA的实现

票据识别验证机器人RPA实现流程如图6-19所示。

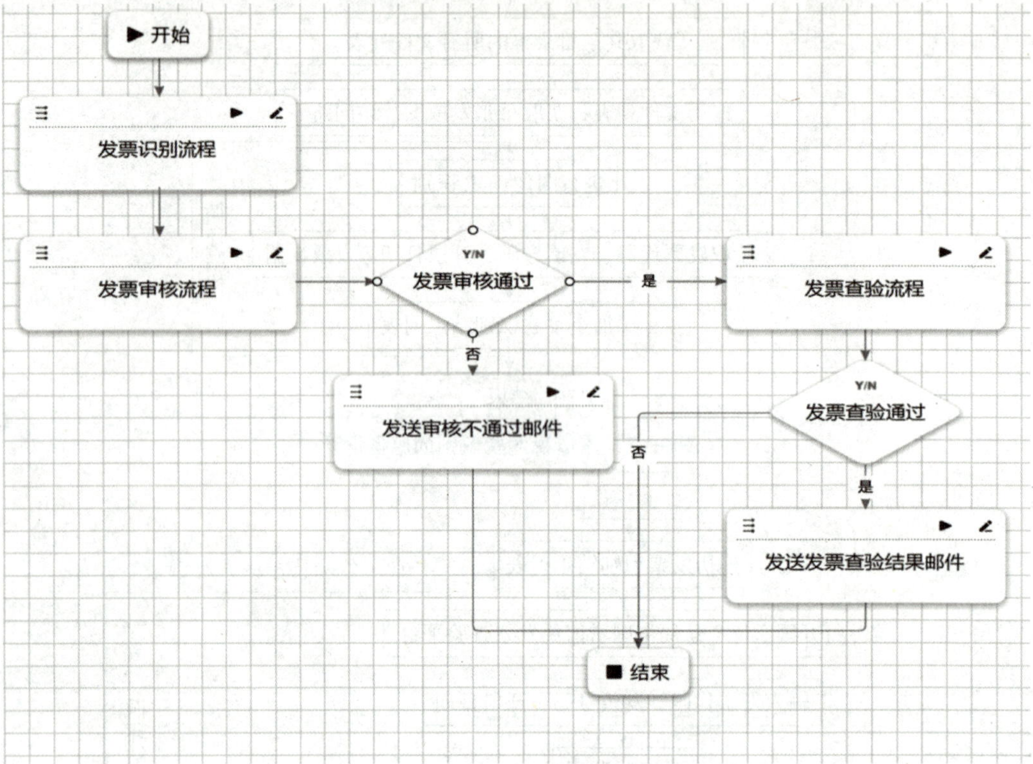

图6-19 票据识别验证机器人RPA实现流程

票据识别验证机器人包含发票识别、发票审核、发票查验、发送邮件四个自动化流程。

（一）发票识别的RPA实现

第一步，选择【邮件】-【连接邮箱】，设置POP服务器为'pop.qq.com'，邮箱账号为QQ邮箱账号，密码为授权码。

第二步，选择【流程控制】-【计次循环】，循环次数修改为5。

第三步，选择【邮件】-【获取邮件标题】。

第四步，选择【字符串】-【查找字符串】，查找内容为'发票'。

第五步，选择【流程控制】-【条件分支】，判断表达式为iRet>=0。

第六步，选择【邮件】-【保存附件】，保存路径，设置为本地路径。

第七步，选择【跳出循环】。

第八步，选择【文件】-【获取文件列表】，获取增值税发票文件夹下的文件路径列表，赋值给lRet。

第九步，选择【变量赋值】，令变量lResult的值为空列表[]。

第十步，选择【遍历列表】，遍历lRet路径列表，每次将该项赋给变量value。

第十一步，选择【图像特殊OCR识别】，对指定发票进行增值税发票的识别，赋值给sText。

第十二步，选择【字符串转为Json】，将字符串sText转为Json并赋值给objJson。

第十三步至第十七步，【变量赋值】，将objJson语句中发票代码、发票号码、开票日期、开票金额、校验码对应的值分别赋值给变量fpdm、fphm、kprq、fpje和jym。

第十八步，选择【变量赋值】，令变量dict的值为{'发票代码':fpdm,'发票号码':fphm,'开票日期':kprq,'发票金额':fpje,'校验码':jym}。

第十九步，选择【在列表末尾添加元素】，将字典变量dict的值添加到列表lResult。

第二十步，选择【输出调试信息】，向调试窗口输出lResult。在右侧属性面板中设置［输出］：lResult。

第二十一步，选择【跳出返回】，跳出当前流程块，返回lResult。

RPA实现流程如图6-20所示。

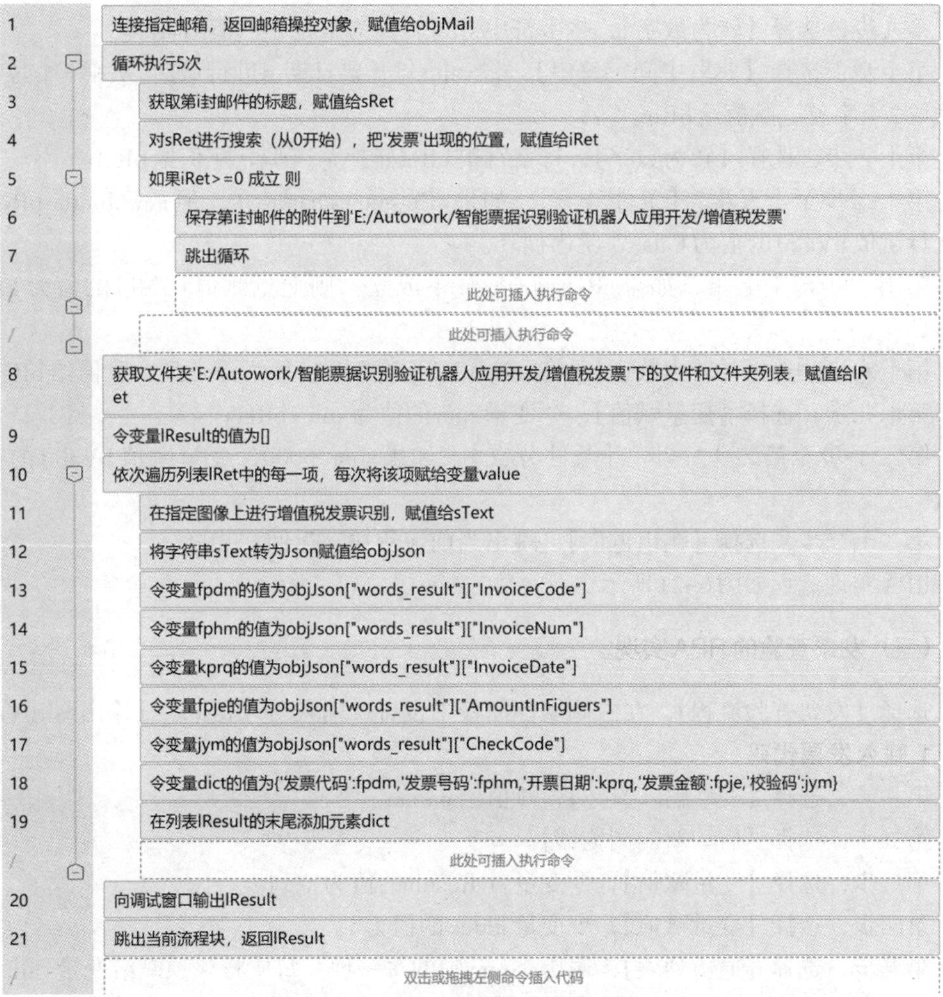

图6-20　发票识别的RPA实现流程

（二）发票审核的RPA实现

【发票审核流程】，在右侧属性面板中设置［输入］：lResult，［输出］：bValid。

第一步，选择【获取输入参数】，赋值给param。

第二步，选择【变量赋值】，令变量bValid的值为True。

第三步，选择【变量赋值】，令变量sum的值为0。

第四步，选择【获取系统时间（含日期）】，赋值给dtRet。

第五步，选择【获取年份】，获取时间dtRet的年份，赋值给nowYear。

第六步，选择【获取月份】，获取时间dtRet的月份，赋值给nowMonth。

第七步，选择【遍历列表】，依次遍历列表param中的每一项，每次将该项赋值给value。

第八步，选择【获取左侧字符串】，将value['开票日期']左边4个字符赋值给sRet。

第九步，选择【转为数字】，将字符串sRet转换为整型，赋值给sRet。

第十步，选择【获取中间字符串】，将value['开票日期']进行截断，从第5个位置开始截取2个字符，赋值给bRet。

第十一步，选择【转为数字】，将字符串bRet转换为整型，赋值给bRet。

第十二步至十五步，【条件分支】，如果sRet=nowYear成立，但nowMonth-bRet>3，则变量赋值bValid的值为False，跳出循环。

第十六步至十七步，如果sRet=nowYear不成立，则变量赋值bValid的值为False，跳出循环。

第十八步，选择【转为数字】，将value['开票金额']转换为浮点型，赋值给bRet。

第十九步，选择【变量赋值】，令变量sum的值为sum+bRet。

第二十步至第二十一步，【条件分支】，如果sum>5000，变量赋值bValid的值为False。

第二十二步，选择【跳出返回】，跳出当前流程块，返回bValid。

RPA实现流程如图6-21所示。

（三）发票查验的RPA实现

选择【发票查验流程】，在右侧属性面板中设置［输入］：lResult，［输出］：bValid。

1.输入发票代码

第一步，选择【获取输入参数】，赋值给param。

第二步，选择【启动新的浏览器】。

第三步，选择【变量赋值】，令变量errResult的值为空列表[]。

第四步，选择【变量赋值】，令变量index的值为1。

第五步，选择【遍历列表】，遍历param中的每一项，每次将该项赋给变量value。

第六步，选择【打开网页】，打开'https://inv-veri.chinatax.gov.cn'网页。

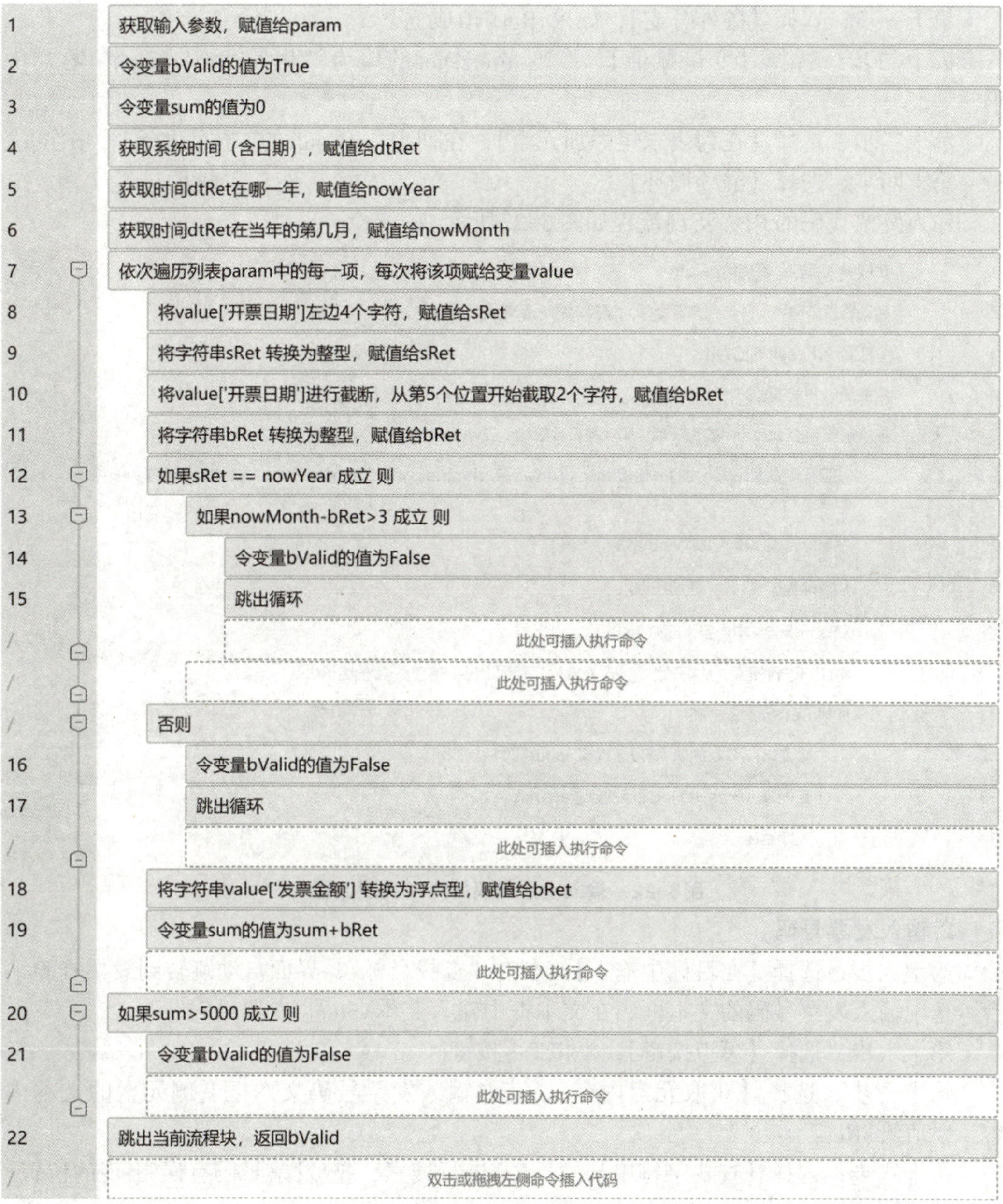

图6-21 发票审核的RPA实现流程

第七步，选择【在目标中输入】，点击“查找目标”，界面自动跳转到发票查验平台，选中输入发票代码的文本框，在文本框中输入文本value['发票代码']。

第八步，选择【模拟按键】，模拟Tab按键。

第九步，选择【获取元素内容】，获取输入发票代码文本框的右侧元素的文本内容，赋值给sRet。

第十步，选择【查找字符串】，对sRet进行搜索，把'发票代码有误'出现的位置，赋值给iRet。

第十一步，选择【条件分支】，如果iRet>=0成立。

第十二步，选择【变量赋值】，令变量errDict的值为{'发票代码':value['发票代码']}。

第十三步，选择【在列表末尾添加元素】，在列表errResult的末尾添加元素errDict。

第十四步，选择【继续循环】。

输入发票代码的RPA实现流程如图6-22所示。

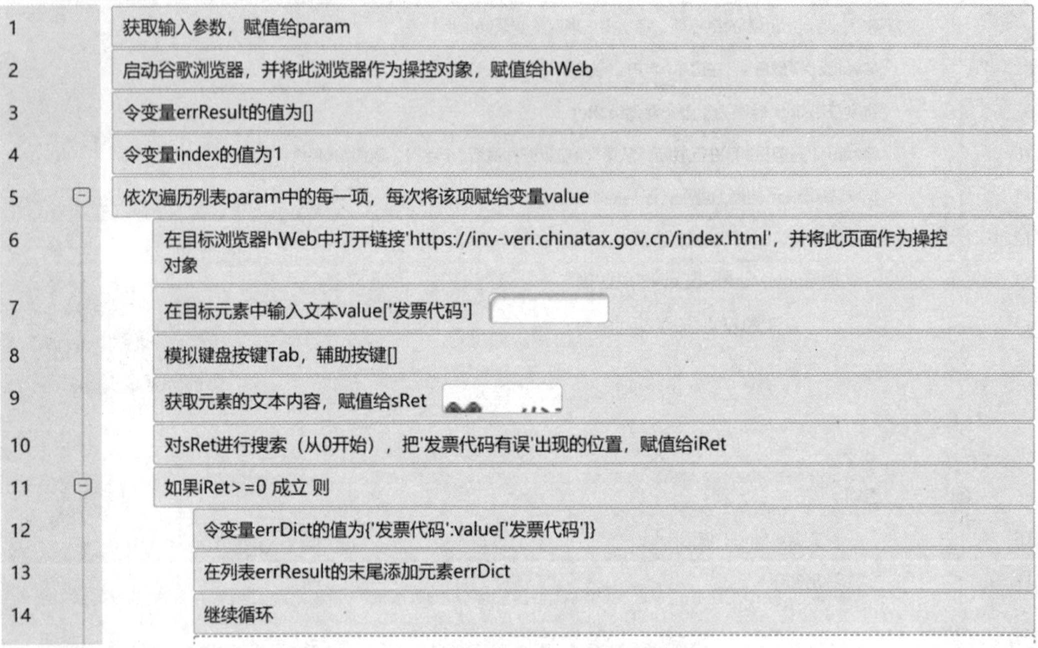

图6-22　输入发票代码的RPA实现流程

2.输入发票号码

第十五步，选择【在目标中输入】，点击"查找目标"，界面自动跳转到发票查验平台，选中输入发票号码的文本框，在文本框中输入文本value['发票号码']。

第十六步，选择【模拟按键】，模拟Tab按键。

第十七步，选择【获取元素内容】，获取输入发票号码文本框右侧元素的文本内容，赋值给sRet。

第十八步，选择【查找字符串】，对sRet进行搜索，把'发票号码有误'出现的位置，赋值给iRet。

第十九步，选择【条件分支】，如果iRet>=0成立。

第二十步，选择【变量赋值】，令变量errDict的值为{'发票号码':value['发票号码']}。

第二十一步，选择【在列表末尾添加元素】，在列表errResult的末尾添加元素errDict。

第二十二步，选择【继续循环】。

输入发票号码的RPA实现流程如图6-23所示。

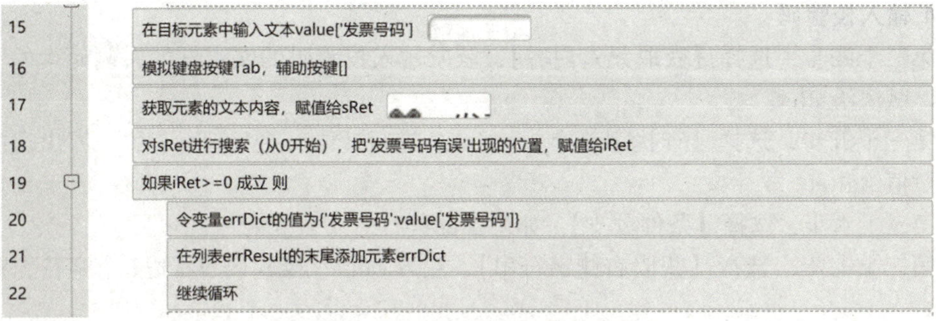

图6-23　输入发票号码的RPA实现流程

3. 输入开票日期

第二十三步，选择【替换字符串】，替换value['开票日期']中的'年'为''，赋值给sRet。

第二十四步，选择【替换字符串】，替换sRet中的'月'为''，赋值给sRet。

第二十五步，选择【替换字符串】，替换sRet中的'日'为''，赋值给sRet。

第二十六步，选择【在目标中输入】，点击“查找目标”，界面自动跳转到发票查验平台，选中输入开票日期的文本框，在文本框中输入文本sRet。

第二十七步，选择【模拟按键】，模拟Tab按键。

第二十八步，选择【获取元素内容】，获取输入开票日期的文本框右侧元素的文本内容，赋值给sRet。

第二十九步，选择【查找字符串】，对sRet进行搜索，把'开票日期有误'出现的位置，赋值给iRet。

第三十步，选择【条件分支】，如果iRet>=0。

第三十一步，选择【变量赋值】，令变量errDict的值为{'开票日期':value['开票日期']}。

第三十二步，选择【在列表末尾添加元素】，在列表errResult的末尾添加元素errDict。

第三十三步，选择【继续循环】。

输入开票日期的RPA实现流程如图6-24所示。

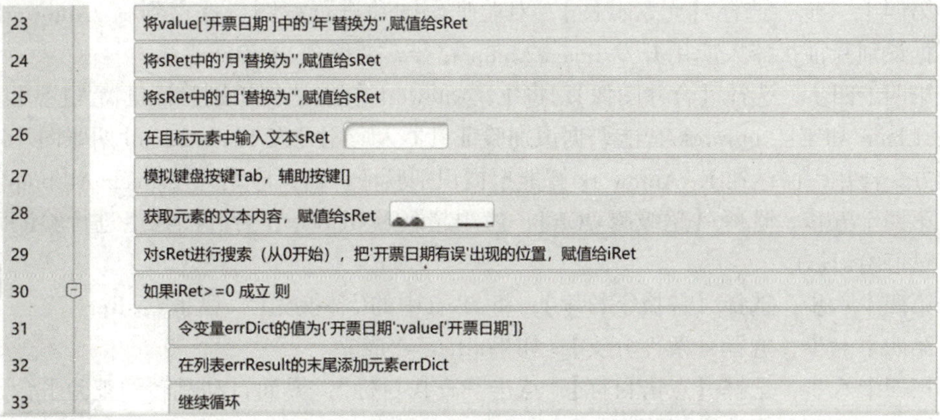

图6-24　输入开票日期的RPA实现流程

4.输入校验码

第三十四步，选择【获取元素内容】，获取输入校验码的文本框的右侧元素的文本内容，赋值给sRet。

第三十五步，选择【查找字符串】，对sRet进行搜索，把'校验码后六位'出现的位置，赋值给iRet。

第三十六步，选择【条件分支】，如果iRet>=0。

第三十七步，选择【获取右侧字符串】，获取value['校验码']右边6个字符，赋值给sRet。

第三十八步，选择【在目标中输入】，点击“查找目标”，界面自动跳转到发票查验平台，选中输入校验码的文本框，在文本框中输入文本sRet。

第三十九步，选择【模拟按键】，模拟Tab按键。

第四十步，选择【继续循环】。

输入校验码的RPA实现流程如图6-25所示。

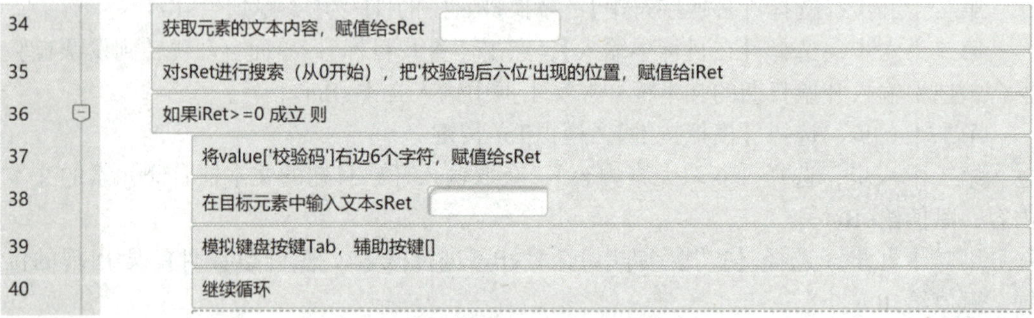

图6-25　输入校验码的RPA实现流程

5.输入验证码

第四十一步，选择【计次循环】，设置［循环次数］：5，［循环因子］：i，［初始值］：1，［步长］：1。

第四十二步，选择【元素截图】，对验证码问题图片进行截图，保存到'E:/Autowork/智能票据识别验证机器人应用开发/Image1.bmp'路径，并赋值给bRet。

第四十三步，选择【元素截图】，对验证码图片进行截图，保存到'E:/Autowork/智能票据识别验证机器人应用开发/Image2.bmp'路径，并赋值给bRet。

第四十四步，选择【合并图像】，将'E:/Autowork/智能票据识别验证机器人应用开发/Image1.bmp'和'E:/Autowork/智能票据识别验证机器人应用开发/Image2.bmp'两张图片以垂直的方式合并，保存到'E:/Autowork/智能票据识别验证机器人应用开发/ImageAll.bmp'。

第四十五步，选择【超级鹰OCR】，使用超级鹰OCR，在合并图像上进行验证码识别，赋值给sText。

第四十六步，选择【替换字符串】，将sText中的''替换为''，赋值给sRet。

第四十七步，选择【条件分支】，如果sRet==''成立。

第四十八步，选择【点击目标】，点击“查找目标”，界面自动跳转到查验平台，鼠标左键单击验证码图片进行刷新。

第四十九步，选择【继续循环】。

第五十步，否则，选择【在目标中输入】，点击“查找目标”，界面自动跳转到发票查验平台，选中输入验证码的文本框，在文本框中输入文本sRet。

第五十一步，选择【点击目标】，点击“查找目标”，界面自动跳转到发票查验平台，鼠标左键单击“查验”按钮。

第五十二步，选择【判断元素是否存在】，判断是否存在'验证码错误'的提示框，赋值给bRet。

第五十三步，选择【条件分支】，如果bRet成立。

第五十四步，选择【点击目标】，点击“查找目标”，界面自动跳转到发票查验平台，鼠标左键单击“确定”。

第五十五步，选择【点击目标】，点击“查找目标”，界面自动跳转到发票查验平台，鼠标左键单击验证码图片进行刷新。

第五十六步，选择【继续循环】。

第五十七步，否则，选择【跳出循环】。

输入验证码的RPA实现流程如图6-26所示。

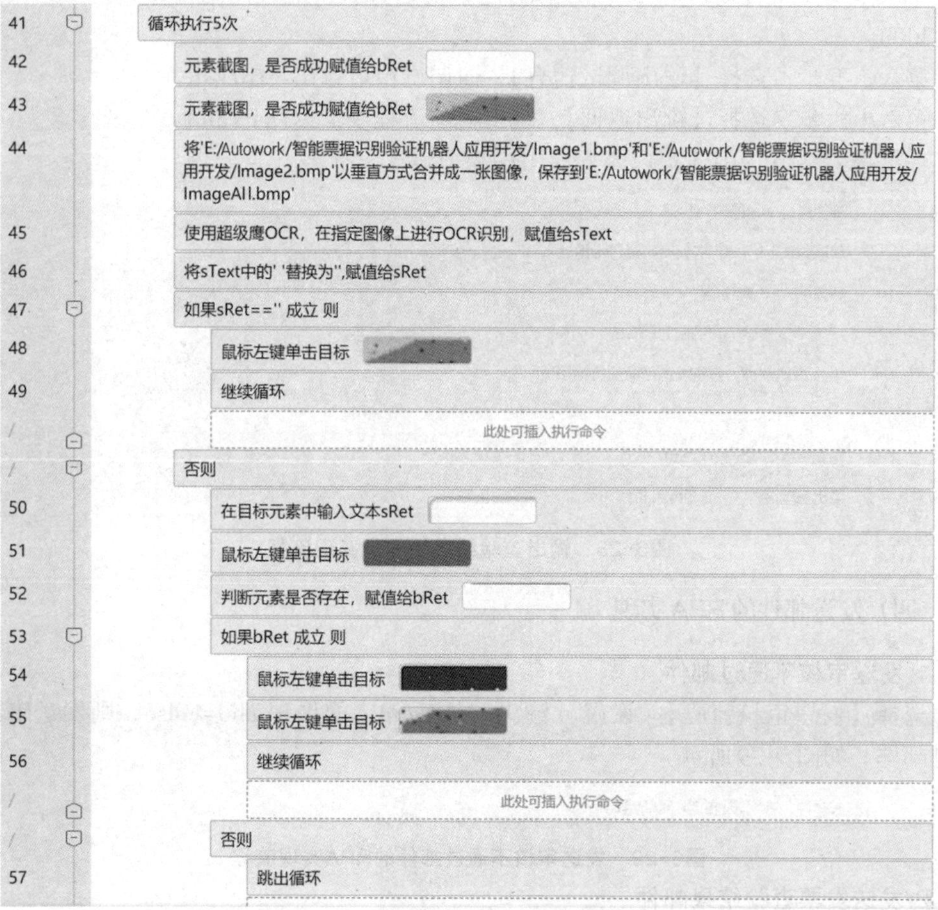

图6-26　输入验证码的RPA实现流程

6. 保存增值税发票查验结果

第五十八步，选择【元素截图】，点击“查找目标”，界面自动跳转到发票查验平台，对查验出的增值税发票进行截图，保存到'E:/Autowork/智能票据识别验证机器人应用开发/发票查验结果/增值税发票查验结果'+str(index)+'.bmp'。

第五十九步，选择【变量赋值】，令变量index的值为index+1。

保存增值税发票查验结果的RPA实现流程如图6-27所示。

图6-27　保存增值税发票查验结果的RPA实现流程

7. 输出查验结果

第六十步，选择【变量赋值】，令变量bValid的值为True。

第六十一步，选择【列表长度】，获取列表errResult的长度，赋值给iRet。

第六十二步，选择【条件分支】，如果iRet>=0成立。

第六十三步，选择【变量赋值】，令变量bValid的值为False。

第六十四步，否则，选择【发送邮件】，发送查验不通过的邮件，并将发送结果赋值给bRet。

第六十五步，选择【输出调试信息】，向调试窗口输出errResult。

第六十六步，选择【跳出返回】，跳出当前流程块，返回bValid。

输出查验结果的RPA实现流程如图6-28所示。

图6-28　输出查验结果的RPA实现流程

（四）发送邮件的RPA实现

1. 发送审核不通过邮件

选择【发票审核流程】，设置［输出］：bValid，如果bValid=False，则发送审核不通过邮件，如图6-29所示。

图6-29　发送审核不通过邮件的RPA实现流程

2. 发送发票查验结果邮件

选择【发票查验流程】，设置［输出］：bValid，如果bValid=True，则发送发票查验结果邮件，如图6-30所示。

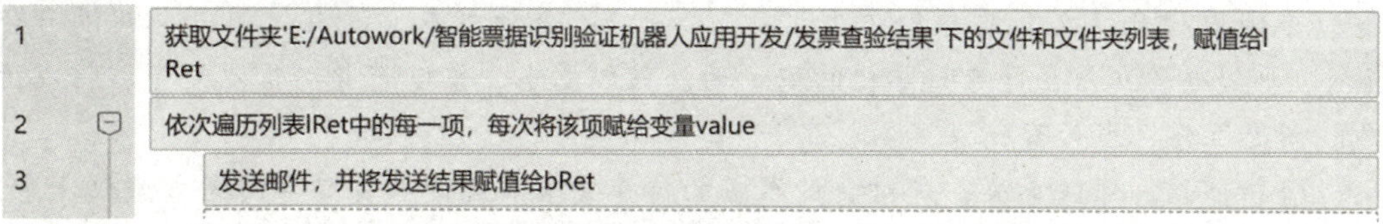

图6-30　发送发票查验结果邮件的RPA实现流程

三、阶段小结

通过运行展示多名学生设计的机器人，让学生看到任务可能存在的多种解决方案，引导学生对自己设计的机器人进行评价，及时发现问题，优化设计方案，填写票据识别验证机器人开发任务评价表格（见表6-23），并请同伴和教师对自己的表现作出评价，多角度了解自己，不断提升个人综合素质。

表6-23　票据识别验证机器人开发任务评价表格

<table>
<tr><td>总体目标</td><td colspan="6"></td></tr>
<tr><td rowspan="2">任务分解</td><td colspan="3">子任务</td><td colspan="3">完成情况</td></tr>
<tr><td colspan="3"></td><td colspan="3"></td></tr>
<tr><td rowspan="2">自我评价</td><td colspan="3">表现优异</td><td colspan="3">有待改进</td></tr>
<tr><td colspan="3"></td><td colspan="3"></td></tr>
<tr><td rowspan="5">同伴评价</td><td>考核项目</td><td>5</td><td>4</td><td>3</td><td>2</td><td>1</td></tr>
<tr><td>个人能力</td><td></td><td></td><td></td><td></td><td></td></tr>
<tr><td>参与度</td><td></td><td></td><td></td><td></td><td></td></tr>
<tr><td>领导力</td><td></td><td></td><td></td><td></td><td></td></tr>
<tr><td>合作精神</td><td></td><td></td><td></td><td></td><td></td></tr>
<tr><td rowspan="5">教师评价</td><td>考核项目</td><td>5</td><td>4</td><td>3</td><td>2</td><td>1</td></tr>
<tr><td>学习态度</td><td></td><td></td><td></td><td></td><td></td></tr>
<tr><td>逻辑思维</td><td></td><td></td><td></td><td></td><td></td></tr>
<tr><td>时间管理</td><td></td><td></td><td></td><td></td><td></td></tr>
<tr><td>创新精神</td><td></td><td></td><td></td><td></td><td></td></tr>
</table>

【启思悟理】 **坚持诚信，守法奉公**

中国现代会计之父潘序伦先生说：“立信，乃会计之本，没有信用，也就没有会计。”他创办的立信会计专科学校的校训为：信以立志、信以守身、信以处事、信以待人、毋忘立信、当必有成。

坚持诚信，守法奉公，是对会计人员的自律要求。会计人员要牢固树立诚信理念，以诚立身、以信立业，严于律己，心存敬畏；学法知法守法，公私分明、克己奉公，树立良好职业形象，维护会计行业声誉。

会计人员身处现金密集岗位，面临较高的风险，欲望的口子一旦打开，只会不可遏制地越张越大。我们在借助财务机器人来完成报销单据审核、发票审核过程中，要恪守职业道德，廉洁自律，严格按照财经纪律、法律法规执行报销、审核流程，坚守本心，不要放松对自我的要求，要对法纪有敬畏之心。

拓展阅读：中国智能财务发展的影响因素

2024年7月6日，在世界人工智能大会智能财务论坛上，国内目前最大规模的财务信息化调查报告——《2024年中国企业财务智能化现状调查报告》，正式发布。该报告汇集了1 546份调查问卷样本，通过对数据进行详细且全面的分析，对中国智能财务未来发展趋势进行了研判，并提出五个关键影响因素。

一、以ChatGPT为代表的新一代人工智能技术进入应用转化阶段，相关应用转化将成为推动下一轮智能财务发展的关键因素

结合近年关于ChatGPT等新一代人工智能技术的调查来看，财务人员对于ChatGPT等新一代智能技术抱有极高的期待，普遍认为ChatGPT等新一代技术将提升现有财务管理效能。但参照通用人工智能技术采用比率来看，相关技术尚未取得普遍应用，结合我们对于人工智能近期应用转化的观察，新一代人工智能技术在财务报告、司库、合规内控等领域已经取得实质性进展，并从技术应用、场景创新乃至产业模式角度逐步颠覆原有模式。假以时日，通过更多的场景化创新，ChatGPT等新一代人工智能技术将带动新一轮智能财务发展。

二、数字经济时代，政策指引对于财务数智化转型起到显著推动作用

在当今数字经济时代背景下，政策规划对于财务数智化转型推动作用愈发显著。结合近年财务信息系统成熟度与智能化评价分析，资金管理、电子档案、电子发票等功能应用都取得显著进步，这与近年来对司库管理、金税工程和电子档案政策的推行有密切联系。回顾今年财务共享中心的相关调查，也可以看到，在《企业会计信息化工作规范》推动下，企业财务共享中心建设数量显著增加。面对数字经济迅猛发展以及新一轮人工智能技术的冲击，企业需要借助更具前瞻性的政策指引引领财务数智化变革。

三、企业智能财务建设更加关注应用效果，行业最佳实践将发挥更大引领作用

受近年经济环境不确定性影响，企业财务人员对财务信息化预算保障普遍更为担忧，企业也更加关注数智化建设成效比。业财融合、管财融合成为提升财务服务能力，强化财务管控的关键抓手，当前大部分企业财务智能化建设已处于发展提升阶段，不同行业具有独特的运营模式和财务特点，对于财务数智化转型有其个性化需求，通过研究和借鉴同行业的最佳实践，企业能够少走弯路，迅速取得效果。

四、数据驱动模式逐渐成为大型企业智能财务建设的关键指导思路

通过今年的调查数据发现，面对企业数字化转型，企业传统端到端的智能财务建设模式逐步向数据驱动的管理模式转变，这一点和2024年评选的十大信息技术的结果可以相互验证。数据驱动模式带动了企业对于数据治理和数据安全的普遍重视。如果对相关调查样本进一步分析，可以看出大型企业集团更依赖数据驱动对智能财务建设的支撑作用，结合国资委推动财务发挥企业数据中心定位，被访企业更加关注如何借助智能化工具实现与企业内部数据互联互通，并通过相关数据资源提升全面预算、成本管理、企业绩效、风险管理等领域的价值。

五、数据资产入表与信息安全将成为企业智能财务建设关注重点

随着财政部发布数据资产入表暂行规定，数据资产入表作为企业财务管理领域的一项重大变革，具有深远的意义。通过将数据资产纳入财务报表，企业能够更加清晰、准确地反映其资产状况和经营成果，为投资者、管理层和其他利益相关者提供更全面、更有价值的财务信息。这一举措不仅有助于提升企业的透明度和公信力，还能为企业的战略决策提供有力的依据。伴随着资产入表的持续火热，企业同时也面临着前所未有的信息安全挑战，数据权属问题，敏感的数据、客户信息以及商业机密以数据产品的形式进行存储、传输、分发等，一旦遭到泄露、篡改或滥用，将给企业及相关方带来不可估量的损失，甚至可能触犯法律。因此，构建强大的信息安全防护体系成为企业智能财务建设中不可缺少的环节，需要企业在体制机制、人员、管理、技术等多个层面采取综合措施。企业只有在积极推动数据资产入表的同时，高度重视并切实加强信息安全防护，才能在数字化时代的浪潮中稳健前行，实现可持续发展的战略目标。

资料来源：佚名.《2024年中国企业财务智能化现状调查报告》发布，揭示财务发展五大新趋势[EB/OL].［2024-07-24］. www.ztccloud.com.cn/headline/66b1c9c603ae540ba1d6880c.

项目检测

一、知识检测

1.票据识别验证机器人开发中用到的组件有（　　）。

A.文件组件　B.OCR组件　C.时间组件　D.Json组件

2.在发票查验流程中添加异常校验的原因是（　）。

A.让流程设计更复杂一些　B.防止因验证码识别失败，导致流程退出

C.防止输入错误的发票要素信息　D.发票查验平台需要

3.目标元素截图子组件在（　）组件下。

A.界面元素　B.鼠标组件　C.图片组件　D.图像组件

4.百度AI平台可以帮我们（　）。

A.获取发票的校验结果　B.判断日期是否合理

C.得到发票的识别结果　D.判断金额是否合理

5.在AutoWork中，通过（　），可实现全国增值税发票查验平台的验证码自动输入。

A.人工手动输入

B.调用OCR组件的超级鹰OCR识别图片验证码

C.AutoWork无法实现验证码输入功能

D.使用界面元素组件

6.验证码的样式主要有（　）。

A.纯数字　B.纯英文　C.纯中文　D.问答类型

7.AutoWork实现发票查验的主流程有（　）。

A.发票识别流程　B.发票审核流程　C.审核结果判断　D.发票查验流程

8.传统方式处理票据的弊端有（　）。

A.手工建档，容易出错　B.缺乏备份

C.不能网络电子传输　D.人工进行票据真伪判断，有误判的可能

9.OCR的应用场景包括（　）。

A.人脸识别　B.车牌识别　C.证件识别　D.发票识别

10.OCR的技术组成有（　）。

A.图像处理　B.版面分析　C.字符识别　D.表格识别

11.OCR可以对图片上的文字进行识别并以文本的形式输出。（　）

A.正确　B.错误

12.AutoWork中的录制功能可以自动生成RPA流程。（　）

A.正确　B.错误

13.AutoWork可以实现截取两张图片并合并成一张图片。（　）

A.正确　B.错误

14.目前OCR应用广泛，可以实现对人脸的识别。（　）

A.正确　B.错误

15.Json组件可以将字符串转化为Json。（　）

A.正确　B.错误

二、技能检测

小刘是公司的业务员，由于工作原因，经常要为公司购买各种物品，事后大量的报销工作成为他最头疼的事情，请帮小刘设计一个机器人，能够实现如下功能：①可以完成发票的自动识别与查验；②多张发票可以自动计算金额合计；③多张发票金额合计可以与报销标准进行对比（公司报销标准为单次不超过800元），超过报销标准则在“报销申请单”中对应位置填写“费用超标”，同时不进行发票查验；否则填写“费用未超标”，同时进行发票查验。

1.测试准备：

（1）在电脑上创建名为“报销申请”的文件夹，将“报销申请单”下载到该文件夹下；

（2）在电脑上创建名为“报销单据”的文件夹，将两张发票下载到该文件夹下。

2.根据以下要求，设计RPA自动化流程：

（1）进入“管理端”发布并认领需求；

（2）获取报销单据文件夹下的文件路径列表；

（3）遍历列表，进行OCR发票识别；

（4）计算两张发票的金额合计；

（5）打开“报销申请单”，将金额合计填入B3单元；

（6）判断金额合计是否超过800元；

（7）如果金额合计超过800元，在“报销申请单”中B4单元填写“费用超标”；

（8）如果金额合计未超过800元，在“报销申请单”中B4单元填写“费用未超标”，同时登录全国增值税发票查验平台（虚拟仿真）进行发票查验，返回查验结果；

（9）运行设计好的机器人自动化流程，运行成功后在设计端上传机器人。

综合实训

智能报税机器人开发

一、实训目的

基于财智未来仿真电子税务局系统设计智能报税机器人，实现增值税纳税申报。

二、实训要求

1.进入“管理端”发布并认领需求，需求描述根据业务场景描述自行总结；
2.打开财智未来仿真电子税务局系统（http://tax.caizhiweilai.com/）；
3.使用超级鹰OCR进行验证码的自动输入（验证码类型为1004）；
4.能够正确处理超级鹰OCR识别验证码失败的情况；
5.完成网站与Excel的交互，即将Excel表格中的内容填入网页表格中；
6.确保开发完成的机器人可以实现报税，直至提示“申报成功”；
7.运行设计好的机器人流程并在“设计端”上传。

三、实训准备

（一）熟悉财智未来仿真电子税务局系统工作流程

1.打开浏览器，进入财智未来仿真电子税务局系统（http://tax.caizhiweilai.com/），如图7-1所示，鼠标点击“我要办税”。

图7-1　仿真电子税务局系统登录窗口

2.进入企业账号登录窗口，如图7-2所示。输入企业账号、密码，点击“登录”。
3.进入身份验证窗口，如图7-3所示。输入密码和验证码，点击“验证”。

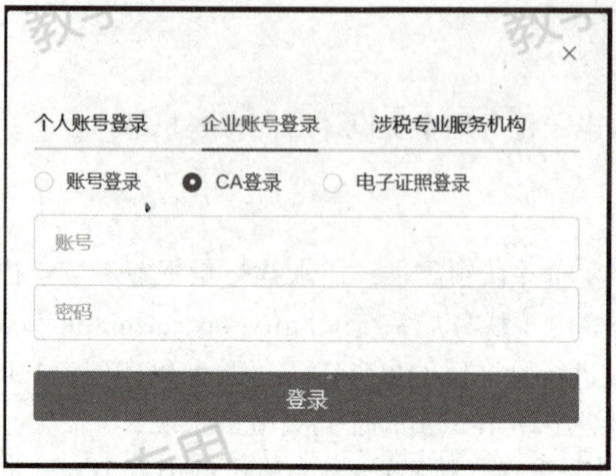

图7-2 企业账号登录窗口

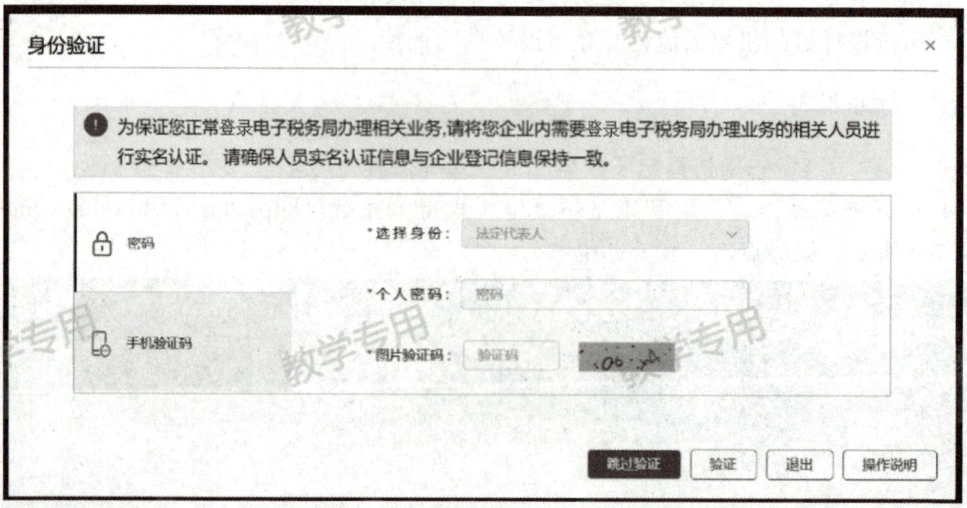

图7-3 身份验证窗口

4.进入系统主界面，如图7-4所示。依次点击“我要办税”“税费申报及缴纳”。

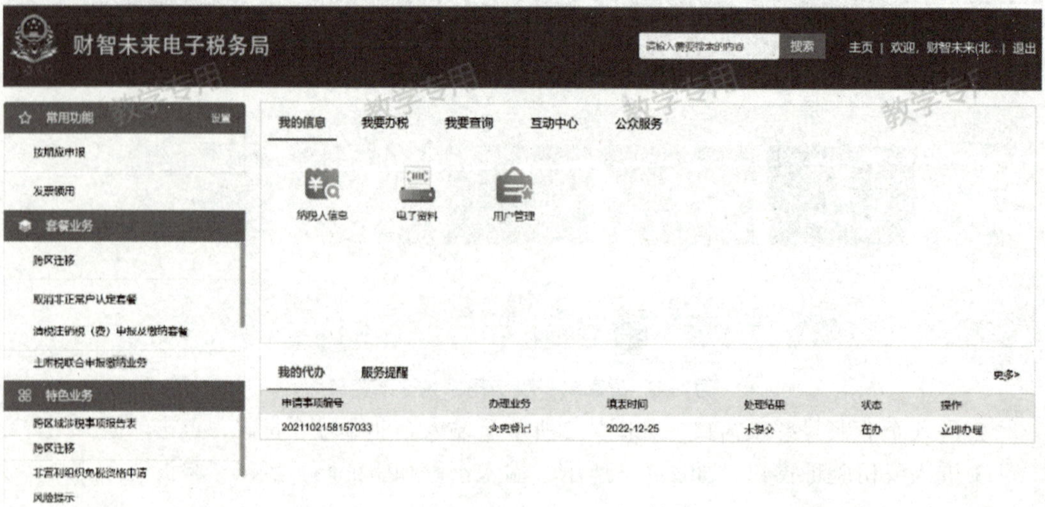

图7-4 系统主界面

5. 进入征收项目选择窗口，如图7–5所示。选择征收项目，点击“填写申报表”】。

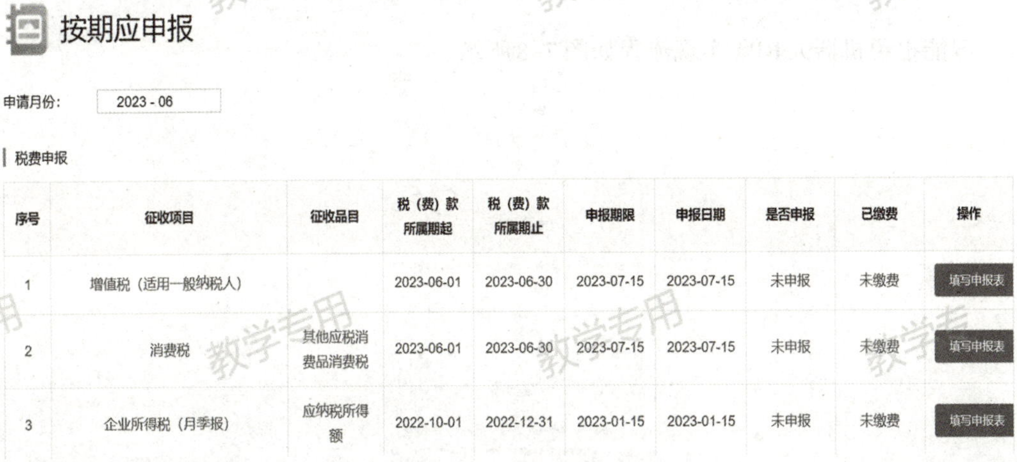

图7–5　征收项目选择窗口

6. 进入申报表填写窗口，如图7–6所示。录入相关内容，点击“申报”。

图7–6　申报表填写窗口

7. 申报成功，进入缴税窗口，如图7–7所示。点击“缴税”，完成该征收项目申报工作，可继续完成其他税种申报。

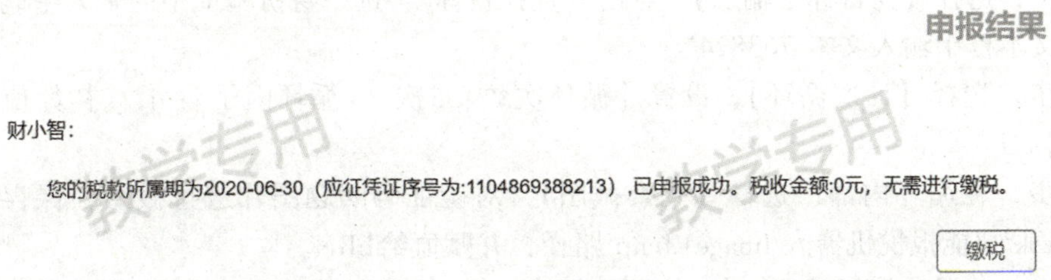

图7–7　缴税窗口

（二）下载申报数据“增值税纳税申报表_财智未来.xlsx”

（三）下载“登录账号密码”文本信息

四、智能报税机器人RPA实现流程

智能报税机器人RPA实现流程如图7-8所示。

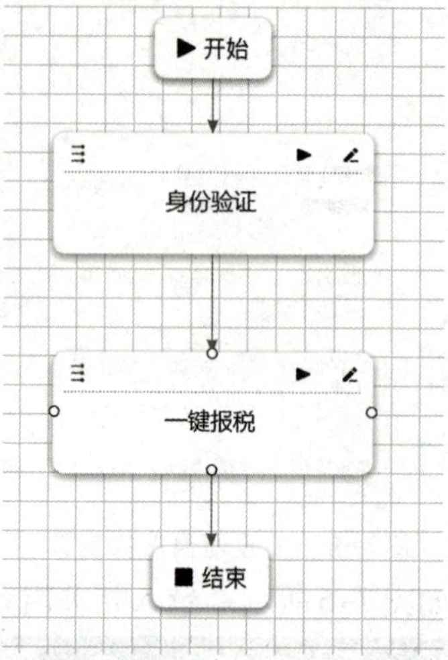

图7-8 智能报税机器人RPA实现流程

智能报税机器人包含身份验证、一键报税两个自动化流程。

（一）身份验证的RPA实现

第一步，选择【启动浏览器】。

第二步，选择【打开网页】，打开'https://tax.caizhiweilai.com'网页。

第三步，选择【点击目标】，点击“查找目标”，界面自动跳转到财智未来电子税务局，鼠标左键单击“我要办税”。

第四步，选择【在目标中输入】，点击“查找目标”，选中企业账号登录中账号的文本框，在文本框中输入文本'17682763824'。

第五步，选择【在目标中输入】，点击“查找目标”，选中企业账号登录中密码的文本框，在文本框中输入文本'763824'。

第六步，选择【点击目标】，点击“查找目标”，鼠标左键单击“登录”。

第七步，选择【在目标中输入】，点击“查找目标”，选中身份验证中的个人密码文本框，在文本框中输入文本'763824'。

第八步，选择【计次循环】，设置［循环次数］5次，［循环因子］：i，［初始值］：1，［步长］：1。

第九步，在循环内部，选择【元素截图】，对验证码问题图片进行截图，保存到'E:/Autowork/智能报税机器人/Image1.bmp'路径，并赋值给bRet。

第十步，选择【超级鹰OCR】，使用超级鹰OCR，对图片进行验证码识别，验证码类型为1004，赋值给sText。

第十一步，选择【在目标中输入】，点击“查找目标”，选中输入验证码的文本框，在文本框中输入文本sText。

第十二步，选择【点击目标】，点击“查找目标”，鼠标左键单击“验证”。
第十三步，选择【判断元素是否存在】，判断'验证码错误'是否存在。
第十四步，选择【条件分支】，如果存在。
第十五步，选择【点击目标】，点击“查找目标”，鼠标左键单击验证码图片。
第十六步，选择【继续循环】。
第十七步，否则，选择【跳出循环】。
RPA实现流程如图7-9所示。

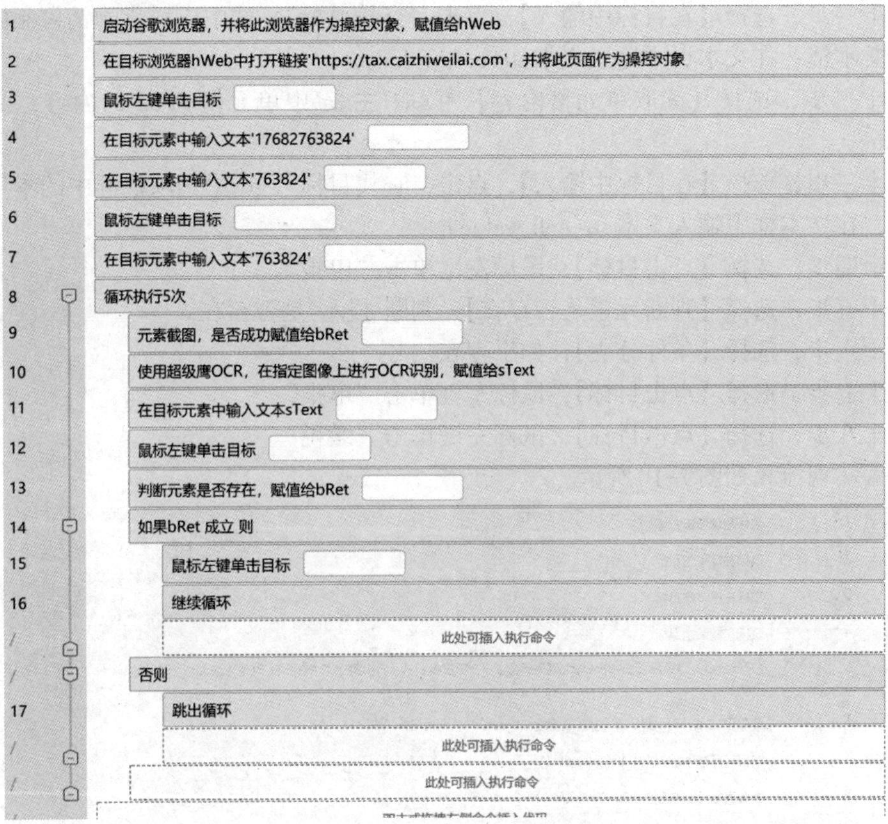

图7-9　身份验证的RPA实现

（二）一键报税的RPA实现

第一步，选择【点击目标】，鼠标左键单击“我要办税”。
第二步，选择【点击目标】，鼠标左键单击“税费申报及缴纳”。
第三步，选择【点击目标】，鼠标左键单击“填写申报表”。
第四步，选择【点击目标】，鼠标左键单击“已阅读”。
第五步，选择【打开Excel】，打开'增值税纳税申报表_财智未来.xlsx'。
第六步，选择【读取单元格内容】，读取'主表'中单元格'Q11'的内容，赋值给cell_value。
第七步，选择【在目标中输入】，点击“查找目标”，选中应税货物销售额中的本月数文本框，在文本框中输入文本str(cell_value)。

第八步，选择【读取单元格内容】，读取'主表'中单元格'Q20'的内容，赋值给cell_value。

第九步，选择【在目标中输入】，点击“查找目标”，选中销项税额中的本月数文本框，在文本框中输入文本str(cell_value)。

第十步，选择【读取单元格内容】，读取'主表'中单元格'W11'的内容，赋值给cell_value。

第十一步，选择【在目标中输入】，点击“查找目标”，选中应税货物销售额中的本年累计文本框，在文本框中输入文本str(cell_value)。

第十二步，选择【读取单元格内容】，读取'主表'中单元格'W20'的内容，赋值给cell_value。

第十三步，选择【在目标中输入】，点击“查找目标”，选中销项税额中的本年累计文本框，在文本框中输入文本str(cell_value)。

第十四步，选择【点击目标】，鼠标左键单击“申报”。

第十五步，选择【判断元素是否存在】，判断'提示'是否存在。

第十六步，选择【条件分支】，如果存在。

第十七步，选择【点击目标】，鼠标左键单击“申报”。

第十八步，选择【点击目标】，鼠标左键单击“缴税”。

RPA实现流程如图7-10所示。

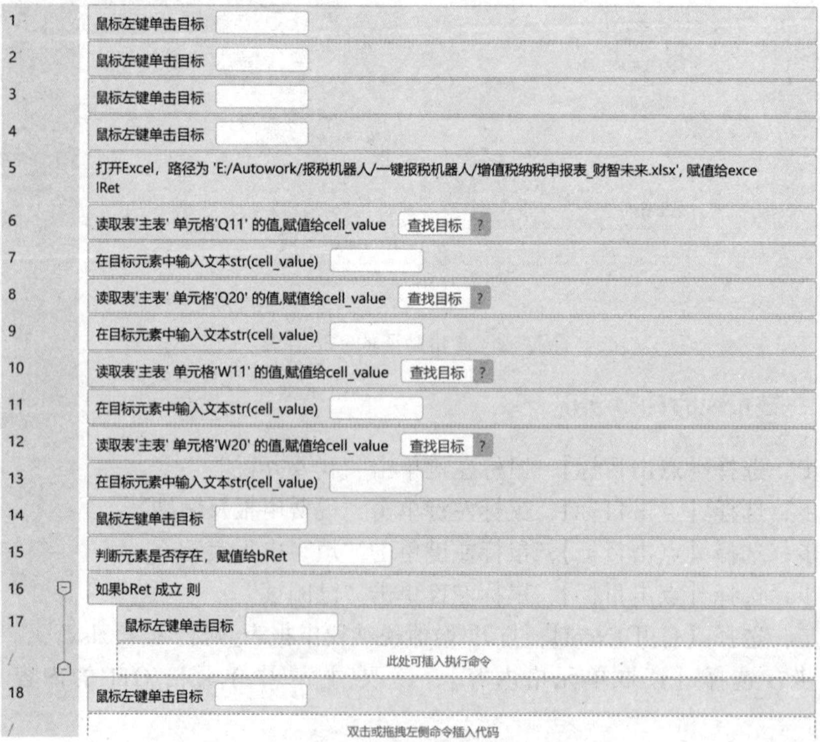

图7-10 一键报税的RPA实现

主要参考文献

[1] 程平. RPA财务机器人：原理、应用与开发［M］. 北京：中国人民大学出版社，2022.

[2] 财智未来编委会. RPA财务机器人开发与应用［M］. 北京：电子工业出版社，2022.

微课索引

为了便于学生自主学习，我们针对重点难点制作了20个微课，并以二维码的形式添加在本教材中，用手机扫描二维码即可直接观看，括号内标注了二维码的具体页码。